中华译学倡立传守与

以中华为根 译与学并重

弘扬优秀文化 促进中外交流

拓展精神疆域 驱动思想创新

丁酉年冬月 许钧撰 罗卫东书

中华译学馆·中华翻译研究文库

许 钧◎总主编

谈译论学录

许 钧◎著

ZHEJIANG UNIVERSITY PRESS
浙江大学出版社

总　序

　　改革开放前后的一个时期,中国译界学人对翻译的思考大多基于对中国历史上出现的数次翻译高潮的考量与探讨。简言之,主要是对佛学译介、西学东渐与文学译介的主体、活动及结果的探索。

　　20世纪80年代兴起的文化转向,让我们不断拓展视野,对影响译介活动的诸要素及翻译之为有了更加深入的认识。考察一国以往翻译之活动,必与该国的文化语境、民族兴亡和社会发展等诸维度相联系。三十多年来,国内译学界对清末民初的西学东渐与"五四"前后的文学译介的研究已取得相当丰硕的成果。但进入21世纪以来,随着中国国力的增强,中国的影响力不断扩大,中西古今关系发生了变化,其态势从总体上看,可以说与"五四"前后的情形完全相反:中西古今关系之变化在一定意义上,可以说是根本性的变化。在民族复兴的语境中,新世纪的中西关系,出现了以"中国文化走向世界"诉求中的文化自觉与文化输出为特征的新态势;而古今之变,则在民族复兴的语境中对中华民族的五千年文化传统与精华有了新的认识,完全不同于"五四"前后与"旧世界"和文化传统的彻底决裂与革命。于是,就我们译学界而言,对翻译的思考语境发生了根本性的变化,我们对翻译思考的路径和维度也不可能不发生变化。

变化之一,涉及中西,便是由西学东渐转向中国文化"走出去",呈东学西传之趋势。变化之二,涉及古今,便是从与"旧世界"的根本决裂转向对中国传统文化、中华民族价值观的重新认识与发扬。这两个根本性的转变给译学界提出了新的大问题:翻译在此转变中应承担怎样的责任? 翻译在此转变中如何定位? 翻译研究者应持有怎样的翻译观念? 以研究"外译中"翻译历史与活动为基础的中国译学研究是否要与时俱进,把目光投向"中译外"的活动? 中国文化"走出去",中国要向世界展示的是什么样的"中国文化"? 当中国一改"五四"前后的"革命"与"决裂"态势,将中国传统文化推向世界,在世界各地创建孔子学院、推广中国文化之时,"翻译什么"与"如何翻译"这双重之问也是我们译学界必须思考与回答的。

综观中华文化发展史,翻译发挥了不可忽视的作用,一如季羡林先生所言,"中华文化之所以能永葆青春","翻译之为用大矣哉"。翻译的社会价值、文化价值、语言价值、创造价值和历史价值在中国文化的形成与发展中表现尤为突出。从文化角度来考察翻译,我们可以看到,翻译活动在人类历史上一直存在,其形式与内涵在不断丰富,且与社会、经济、文化发展相联系,这种联系不是被动的联系,而是一种互动的关系、一种建构性的力量。因此,从这个意义上来说,翻译是推动世界文化发展的一种重大力量,我们应站在跨文化交流的高度对翻译活动进行思考,以维护文化多样性为目标来考察翻译活动的丰富性、复杂性与创造性。

基于这样的认识,也基于对翻译的重新定位和思考,浙江大学于 2018 年正式设立了"浙江大学中华译学馆",旨在"传承文化之脉,发挥翻译之用,促进中外交流,拓展思想疆域,驱动思想创新"。中华译学馆的任务主要体现在三个层面:在译的层面,推出包括文学、历史、哲学、社会科学的系列译丛,"译入"与"译出"互动,积极参与国家战略性的出版工程;在学的层面,就翻译活动所涉及的重大问题展开思考与探索,出版系列翻译研究丛书,举办翻译学术会议;在中外文化交流层面,举办具有社会影响力的翻译家论坛,思想家、作家与翻译家对话等,以翻译与文学为核心开展系列活动。正是在这样的发展思路下,我们与浙江大学出版社合作,集合全国译学界的力量,推出具有学术性与开拓性的"中华翻译研究文库"。

积累与创新是学问之道,也将是本文库坚持的发展路径。本文库为开放性文库,不拘形式,以思想性与学术性为其衡量标准。我们对专著和论文(集)的遴选原则主要有四:一是研究的独创性,要有新意和价值,对整体翻译研究或翻译研究的某个领域有深入的思考,有自己的学术洞见;二是研究的系统性,围绕某一研究话题或领域,有强烈的问题意识、合理的研究方法、有说服力的研究结论以及较大的后续研究空间;三是研究的社会性,鼓励密切关注社会现实的选题与研究,如中国文学与文化"走出去"研究、语言服务行业与译者的职业发展研究、中国典籍对外译介与影响研究、翻译教育改革研究等;四是研

究的(跨)学科性,鼓励深入系统地探索翻译学领域的任一分支
领域,如元翻译理论研究、翻译史研究、翻译批评研究、翻译教
学研究、翻译技术研究等,同时鼓励从跨学科视角探索翻译的
规律与奥秘。

  青年学者是学科发展的希望,我们特别欢迎青年翻译学者
向本文库积极投稿,我们将及时遴选有价值的著作予以出版,
集中展现青年学者的学术面貌。在青年学者和资深学者的共
同支持下,我们有信心把"中华翻译研究文库"打造成翻译研究
领域的精品丛书。

许　钧

2018 年春

自　序

　　作为一个大学教师，首先应该教好书，就是学界常说的，做好人才培养工作。按道理讲，教好书，确实是教师的本分。但实际上，对于当今的大学教师来说，最为关心、压力也最大的事情，是科研。在体制内，科研意味着争取大项目，发表国际顶级刊物的论文，获得高级别的奖项。在某种意义上，很多大学变成了科研所。对于我而言，人才培养、学术研究与社会服务，一样也不能少，在体制内存在，但要心存理想。

　　知识的传授，不能没有知识的传承、生产与创新。一个大学教师，在大学工作，不能囿于大学，还应该关注社会，注重交流。交流有多种形式，有学术圈内与同行的学术交流，也有在公共空间与普通读者的交流。

　　我在很多场合说过，我这一辈子，对翻译情有独钟，做翻译，教翻译，也研究翻译。因为心里有翻译，喜欢翻译，所以，最喜欢交流的，也就是对翻译的认识、理解，因此便喜欢谈翻译之于我、之于社会、之于世界的意义；谈我翻译的历程，翻译给我带来的发现，翻译给予我的幸福。

　　我在课堂上讲翻译，在国内外的学术会议上讲翻译，在公共空间（如图书馆）还是讲翻译。有些是精心准备的，但更多的是率性即席讲的，尤其是在公众场合。这次结集献给读者的，主要是我近 20 年来在学术会议上和在图书馆所做的一些有代表性的演讲或讲座。我发现，无论是国内还是国外，学界都喜欢开会，有研讨会，有研讨班，有论坛。我知道交流的重要性，对于各种各样的会议邀请，我会有选择地接受，凡是与翻译相关的，我会优先考虑。我也发起主办过不少会议，比如 2008 年召开的"傅雷一百周年诞辰纪念暨国际学术研讨会",与巴黎第八大学和法国国立艺术研究院共同主办的"翻译的地缘:法国、俄罗斯、中国"国际研讨会,还主办过卢梭、索绪尔、波伏瓦、杜拉斯等大家的国际学术研讨会。无论是参会还是办会,我少不了都要说几句,短如开幕致辞或会议总结,长如大会主旨报告,但更长的是学术讲座,比如 2017 年 12 月 11 日在北京大学讲文学翻译、文化交流与学术研究的互动,加上对话,近三个小时,讲座主持人凌建侯教授组织他的博士生,根据录音整理了我的讲座稿,竟长达三万两千余言。那次讲座,基本是即席的,有个提纲,根据听众的反应,调整讲座的深浅。学界很多同行都知道,我有一个习惯,往往要见到与我交流的人的那一刻,才知道到底想要讲些什么,因为交流对于我而言,不应该是自说自话,应该是心的交流、思想的交锋。从这部集子所收录的演讲稿来看,有不少长篇演讲稿都是根据录音整理而成的,比如在国家图书馆、上海图书馆和湖北省图书馆"长江讲坛"的演讲,都是即席的演讲,演讲后有与听众的互动,特别感谢这几家图书馆的讲座组织者,他们为整理我的演讲稿费了不少心血,也特别感谢广大听众对我的讲座或演讲的支持,感谢他们提出许多重要的问题,为我进一步思考翻译有关问题打开新的思路。这些公开的演讲,有的已经被收录进不同单位主编的演讲集,如南京大学文化艺术教育中心主编的《八方高论——南京大学人文艺术系列讲座讲稿集萃》(南京大学出版社,2006 年)、华中科技大学中国当代写作研究中心编的《存在与发现——2015 年秋讲·勒克莱齐奥　许钧卷》(长江文艺出版社,2016 年)、上海图书馆编的《12 堂文学阅读课》(上海交通大学出版社,2017 年)等。需要说明的是,涉及文学与文学翻译的讲座,有些文学翻译方面的例子,我在不同的场合都提过,整理的演讲稿中有看似重复的例子或文字,为保持历史原貌,这次结集没有做大的调整与修订,敬请读者原谅。此外,为了反映国际学术交流的状况,本书原拟收录两篇法文的演讲稿,一篇是在巴黎高等师范学校讲述我对文学翻译基本问题的思考,另一篇是在巴黎国家艺术研究院讲述我与中国近 20 位有着半个世纪以上翻译经历的老翻译家探讨文学翻译的情况,讲如何通过对他们的翻译经验的梳理与阐述,最后形成理论观点,导向理论的升华。但考虑到此书的绝大部分读者对法语不太熟悉,所以还是割爱了,以后再以别的方式出版。

回望所走过的路,我和严格意义上的翻译打交道已经近 40 个春秋。翻译,已经融入我的血液里,生命中始终抱有理想的我,越来越感受到我笔下翻译的每个字的分量,以至于我以《生命之轻与翻译之重》来命名过我写过的有关翻译的一个集子。翻译,意味着生命。因为有理想,所以愿意背负翻译之重,继续前行。

是为自序。

2018 年元月 5 日晨于朗诗钟山绿郡

目　录

上　编

中　编

下　编

上　编

《红与黑》汉译讨论与文学翻译批评

近十年来,随着中国改革开放事业的不断发展,翻译起着越来越明显的重要作用,无论是在科技、经济领域,还是在人文社会科学和文学领域,翻译的品种之多,速度之快,可谓盛况空前,形成了一个又一个出版热点,如前几年的外国文学名著复译热,中国古代典籍今译热,还有这几年陡然升温的外国文学家全集、文集、选集热,西方哲学人文社会科学著作译丛热。有人指出,中国已迎来了历史上的第四个翻译高潮。然而,在这看似十分繁荣的翻译事业背后,只要我们客观地去正视一下现实,冷静地去思考一下伴随着翻译热所出现的一些问题,我们就不能不看到在这繁荣的背后所隐藏的双重危机。今天,我想结合文学翻译所面临的问题,以《红与黑》翻译以及 1995 年中国翻译界围绕《红与黑》翻译所展开的一场大讨论为例,谈谈文学翻译批评的建设问题。

刚才我谈到,我国的翻译事业看似蓬勃发展,当今译坛也一片繁荣,但却充满危机。在我看来,其危机主要表现在两个大的方面:一是有一股见利忘义之浊流猛烈地冲击着翻译市场,剽窃、抄袭、假冒之作纷纷出笼,毫无顾忌地在各地图书市场登台亮相;二是有不少译者不能严肃地对待翻译这项艰苦而神圣的事业,对原文一知半解或不求甚解,仓促操刀,急功近利,译文品质低劣,在量的繁荣背后,隐藏着质的危机,若发展下去,我国翻译事业后患无穷。除了这双重的危机,我们还可以看到,在翻译的理论建设上,还存在着一些模糊的观点,有的人认为翻译无理论可言,言下之意是翻译实践根本用不着理论指导。面对这些问题,一些有识之士纷纷指出,应该采取有力的措施,加强翻译批评。我本人也曾多次撰文,在《中华读书报》与《文汇读书周报》上呼吁从三个方面入手去进行整治。一是运用法律武器,将翻译中的剽窃、抄袭行为绳之以法;二是开展道德批评,对一些有悖于翻译的神圣使命、粗制滥造的做法进行毫不留情的批评;三是开展健康的学术批评,在译学理论的指导之下,切磋译艺,探讨提高翻译质量的各种有效途径。为了把这项工作推向深入,让文化界、学术界、新闻界关心翻译事业,使之健康发展,1995 年中国翻译界在《文汇读书周报》《读书》《中国翻译》等报刊的支持下,围绕"读书界所关注的名著复译问题,不失时机地发起了一场面向社会,有读者参加,历时半年的关于《红与黑》汉译的讨论和争鸣。它规模大,历时长,涉及面广,讨论热烈,可说是新中国成立以来文学翻译界前所未有的盛举",有着"深远的影响"①。有关这场讨论,著名翻译家冯亦代先生在 1996 年 4 月香港中文大学翻译系举办的"外文中译研究与探讨"翻译学术会议上做过题为《一九九五年翻译界的一场大辩论》的报告。他指出:"改革开放以后译事大兴,但不合格的翻译太多,引起出版翻译作品质量的混乱,应当建立翻译的理论,提高翻译质量。一九九五年的争论,对于提高翻译的质量,极为重要。"②冯亦代先生的报告对这场争论做了全面的介绍,各位若有兴趣,可以参见金圣华教授主编的《翻译学术会议——外文中译研究与探讨》。

　　有关《红与黑》汉译的讨论,是在外国文学名著复译潮高涨的背景之下展开的。据我们所掌握的材料,《红与黑》的第一个汉译本发表于 1944 年,是青年诗人赵瑞蕻执译的,由重庆作家书屋出版,译文只有 15 章,薄薄的一册,很不完整。从它的问世至今,有半个世纪了。在这半个世纪中,相继有十几个译本问世,就我们所了解,已经出版的,有赵瑞蕻(上海作家书屋,1947 年),罗玉君(上海平明出版社,1954 年),黎烈文(台湾远

---

① 　方平. 序//谢天振. 译介学. 上海:上海外语教育出版社,1999:3.
② 　冯亦代.一九九五年翻译界的一场大辩论//金圣华. 翻译学术会议——外文中译研究与探讨. 香港:香港中文大学出版社,1998:40.

景出版事业公司,1978 年),郝运(上海译文出版社,1986 年),闻家驷(人民文学出版社,1988 年),郭宏安(译林出版社,1993 年),许渊冲(湖南文艺出版社,1993 年),罗新璋(浙江文艺出版社,1994 年),臧伯松(海南出版社,1994 年),赵琪(青海人民出版社,1995),亦青(长青出版社,1995 年),邹心胜、王征(北京燕山出版社,1995),杨德庆、刘玉红、李宗文、粟晓燕(九州图书出版社,1995 年),边芹(花城出版社,1997 年),杨华、杜君(海天出版社,1997 年),胡小跃(漓江出版社,1997 年)等家的译本。在我们这个时代,无论是译事,还是译理,值得探讨的东西很多,但是大众舆论偏偏选中了《红与黑》,是有其必然的原因的。若回顾一下《红与黑》这部法国文学古典名著在中国的翻译历史,思考一下它在中国的命运,我们可以看到,起作用的不仅仅是文学方面的因素,还有着政治、意识形态和经济方面的种种因素。首先是政治和意识形态方面的原因。中国莎士比亚学会会长、著名翻译家方平先生在《历史将会给予充分的肯定——评〈文字·文学·文化——《红与黑》汉译研究〉》一文中介绍,在 20 世纪 60 年代初,"我国思想战线上展开了一场声势浩大的批判修正主义运动。在外国文艺领域里三部古典名著:巴尔扎克的《高老头》、托尔斯泰的《复活》和斯丹达尔的《红与黑》被押上受审席,成了集中批判的重点对象"①。后来,在"文革"中,江青又对《红与黑》中的人物、所谓的"野心家于连"做了猛烈的政治批判。直到 1978 年改革开放,外国文学园地才迎来春天,饥渴的读者迫不及待地汲取外国文学养分,当时发行的唯一的《红与黑》中译本(罗玉君译)在短短的几年时间内累计印数超过 100 万册。其次,到了 90 年代初,商品经济大潮冲击了文化市场,随着我国加入《伯尔尼公约》,外国文化产品的输入受到了版权的限制,不少出版社不约而同地把目标指向了已不受版权保护的外国古典文学名著,掀起了一场复译潮。我们刚才介绍过,在 1993 年至 1997 年的短短 5 年时间里,就有近十个《红与黑》

---

① 方平. 历史将会给予充分的肯定——评《文字·文学·文化——〈红与黑〉汉译研究》. 博览群书,1999(7):22.

译本问世。不可否认,这一现象的产生,明显有着经济因素的作用。面对
这一现象,不少学者进行了思考,提出了一系列的问题,广大读者也对文
学名著复译的必要性提出了不同看法。同时,有学者指出,在《红与黑》的
十几个版本中,出现了非常复杂的情况:有在名利驱动之下抄袭、剽窃的
译本,有不负责任、粗制滥造的译本,但更有把文学翻译视为生命,追求与
原作相媲美的理想译本的严肃译家。如郝运先生几十年如一日,他在给
我的信中说,他做翻译,是按他"对原著的理解,兢兢业业,尽心尽力去
译";罗新璋先生"朝译夕改,孜孜两年,才勉强交卷"①;许渊冲先生为使译
文"脱胎换骨,借尸还魂,青出于蓝而胜于蓝"②,在理论和实践上都大胆而
不懈地追求;郭宏安先生在读中学时,第一次读了罗玉君译的《红与黑》,
大学二年级"便有些迫不及待,跟头把式地读了原文的《红与黑》",对《红
与黑》的那份喜爱,使他在"心里翻译不止一遍","无意中为翻译《红与黑》
准备了三十年"③。

　　面对这种复杂的情况,怎么办? 为了使翻译事业健康发展,翻译批评
理应发挥它的作用。我们借助读书界和翻译界对《红与黑》复译情况的关
注,有意识地做了以下几个方面的有益尝试。

　　(1)对那些有抄袭、剽窃之嫌的译本,我们从维护翻译事业神圣性的
高度出发,进行了揭露与批判。在我与《红与黑》第一个译者赵瑞蕻先生
的谈话中,赵瑞蕻先生就明确指出在复译高潮中,"个别本子竟有抄译的
现象,就是抄郝运的译本,许多地方一句一句、一行一行地抄,有时只改动
了几个字,这是不可容忍的"④。我本人也在《出版广角》1995 年第 3 期,

---

① 罗新璋. 译者识语//斯当达. 红与黑. 罗新璋,译. 杭州:浙江文艺出版社,1994:
　　515.
② 许渊冲. 译者前言//许钧. 文字·文学·文化——《红与黑》汉译研究. 南京:南
　　京大学出版社,1996:284.
③ 郭宏安. 我译《红与黑》//许钧. 文字·文学·文化——《红与黑》汉译研究. 南
　　京:南京大学出版社,1996:155.
④ 赵瑞蕻,许钧. 关于《红与黑》中译本的对谈//许钧. 文字·文学·文化——《红与
　　黑》汉译研究. 南京:南京大学出版社,1996:40.

以《复译还是抄译》为题,分析了海南出版社出版的《红与黑》译本,指出该译本的前十章与上海译文出版社郝运的译本的文字相同率在80%以上,是个抄袭本。另外,我还在《中华读书报》撰文,指出青海人民出版社出版的译者署名为赵琪的《红与黑》译本明显是从几个版本中各"取"一段,拼凑而成的。比如第一章的第一段一字不差地"取自"郭宏安的译本,第二段取自郝运的译本……长春出版社出版的《红与黑》同样也有严重的剽窃行为。我们的工作引起了翻译界同行和媒介的普遍关注。《光明日报》发表了署名文章《世界名著译作虚火太盛》(1996年8月7日),对困扰着翻译市场的抄袭、剽窃之风所带来的消极影响进行分析;《新华日报》发表了《偏食、重版、剽窃、侵权——外国文学翻译出版问题多》(1996年8月9日)一文,呼吁出版管理部门制订出必要的法规条例,加强对翻译出版物版权市场的管理。德语文学翻译家杨武能先生也发表了题为《窃贼心态初窥》的文章①,披露了长江文艺出版社出版的一套"世界文学名著新译"中的黄某某、马某某所"译"的《少年维特之烦恼》,纯属抄袭之作。我们知道,面对受利益驱使的抄译、剽窃之风,道德批评的力量虽然显得很单薄,但其积极作用是不可忽视的。我始终认为,在学术领域,道德批评始终不能少。

(2)在外国文学名著复译潮中,翻译批评工作者理应负起责任来,对复译现象进行实事求是的分析,从理论和实践上澄清人们对翻译的模糊认识。为此,我主持的南京大学西语系翻译研究中心在《文汇读书周报》编辑部的支持下,围绕《红与黑》汉译所提出的问题,展开读者意见征询活动。意见征询表刊登在《文汇读书周报》1995年4月29日那一期上,包括两个部分。第一部分是"对《红与黑》汉译的基本看法",共提出10个问题:1)《红与黑》多次复译,现已有十几个版本,您对此现象怎么看?2)文学翻译应着重于文化交流还是文学交流?3)翻译外国文学名著,是否应尽量再现原作风格?译者是否应该尽量克服自己的个性,以表现原作的

---

① 杨武能. 窃贼心态初窥. 出版广角,1997(2):8-9.

个性？4)文学翻译语言应该带有"异国情调"，还是应该完全归化？5)有人认为文学翻译首先应该求精彩而不应求精确，您认为对不对？6)有人认为文学翻译可多用汉语四字词组，您的看法如何？7)文学翻译是否应该发挥译语优势，超越原作？8)有人认为文学翻译是再创造，再创造的最高标准是"化境"，主张一切都应该汉化，您怎么看？9)您喜欢与原文结构比较贴近，哪怕有点欧化的译文，还是打破原文结构，纯粹汉化的译文？10)您主张译文与原作的等值，还是对原作的再创造？第二部分选择了罗玉君、郝运、郭宏安、许渊冲和罗新璋五位较有代表性的译家的五段译文，调查读者"比较喜爱哪一种译文"，了解读者在新的历史时期对译文的审美期待。在短短三个星期的截稿期里，除台湾、西藏之外，全国其他各省区市都有读者来信，我们共收到 316 份意见表和长信。不少读者在信中说，他们的信不仅仅代表个人意见，有的是同学共同的看法，有的是综合了几位同事的观点，甚至有一家三代人商讨的结果。浙江平湖机床厂徐祖望读者说，"我在我的社交范围(工人、职员、医生、教师、学生)内做了调查，就如何看待翻译作品这个问题交换过意见"。可以说，这 316 封信所带来的，绝不仅仅是 316 位读者的意见。参加讨论的读者，最小的是 14 岁的初一学生，最大的是 75 岁的退休老人。西北工业大学的巫耀堂老人患了眼疾，看不清楚，仍坚持寄来了他一笔一画写下的意见。武汉大学的三年级学生冯凤阁写下了长达 28 页的文字，对涉及文学翻译的一些基本问题进行了认真的思考。这一次征询调查活动，几乎覆盖了各个年龄层次和文化层次，不论是稚嫩的中学生，还是已具有相当鉴赏审美能力的研究生、学术造诣深厚的专家，不论是工人、职员、教师，还是机关干部、科研人员，每个人都在调查答卷里表明了自己的态度和观点，尽管多是自发的经验累积和直觉指导下的漫谈，却恰恰为我们象牙塔里的专家学者们提供了许多新的视角、新的思路、新的层面，其中不乏颇有见地的论述。通过调查，根据读者的意见和选择，我们至少可以归纳出三点看法：1)读者的审美习惯和要求，是多元的，《红与黑》的多种译本在一定程度上满足了不同层次读者的需要。2)从我们提供讨论的 5 个译本看，译文各有千秋，各具特色。后面出的几个版本较之罗玉君的译本,质量有所改进,更受欢迎,说明严肃的复译是值得肯定的。3)从读者对译文语言的要求看,大多数读者比较喜爱与原文结构较为贴近的译文。译者的动机和追求与读者的反应不尽一致,这一现象值得深入探讨。此外,在翻译理论方面,众多读者对名著复译、文学翻译再创造的"度"、异国情调与"归化"、四字词组的使用等问题提出的许多见解具有重大的理论价值,给翻译研究工作者在以后的研究探索中提供了新的思路。

(3)突破了翻译批评经常出现的"是非判别"的简单化倾向。参与《红与黑》汉译批评的学者没有限于对翻译结果的正误性判别,而是通过不同译文的对比,对不同翻译者的立场、方法和审美旨向进行深刻的剖析,如翻译家施康强在《红烧头尾》①一文中,通过比较罗玉君、罗新璋、许渊冲等译家对《红与黑》开篇第一句的不同处理和罗玉君、郝运、闻家驷、郭宏安、罗新璋、许渊冲等译家对《红与黑》最后一句的传译,结合不同译家对翻译的不同主张,对不同译家不同的翻译观、翻译主张和方法进行了分析与批评,如针对许渊冲先生提出的与原文竞赛,"而竞赛中取胜的方法是发挥译文的优势"的主张,明确指出许渊冲先生的"这个理论和这个理论指导下的实践,或者说支撑这个理论的实践"令人困惑。又如译林出版社编审、翻译家韩沪麟从编辑的角度,对文学翻译,特别是对名著复译中提出的问题进行了探讨,认为不同的译文有不同的价值,前辈的"译本该受到更多的尊重才是,后译对前译该抱有最大限度的宽容才对"。同时,还结合目前翻译中美化译文的倾向,就"美"的问题提出了自己的见解:"就单从文学品味而言,所谓美文也绝不在于辞藻的绚丽多彩,而在于蕴育于文字之中的一种底气,或曰文气,在于通篇文字的节奏感;同样是稀松平常的字,有人把它们连缀在一起,就成了很美的文章;反之,单独看是很美的,如把它们堆砌在一起,就令人生厌,不堪卒读。傅雷译本、杨绛译本、李健吾的《包法利夫人》之所以给我留下极深的印象,绝不是因为他们的

---

① 施康强. 红烧头尾. 读书,1995(1):68-74.

译文里有多少华丽的辞藻,有多少四字成语,而是因为由他们深厚的中外文功力、文学素养,乃至高尚人品所形成的译文,具有一种整体的统一、连贯、匀称与和谐,这种厚实的底蕴和文采,是成熟和臻于完美的标志。"①这些批评文字在理论上加深了人们对文学翻译的认识,在实践上为文学翻译提供了参考依据。

(4)对《红与黑》汉译的讨论,拓展丰富了文学翻译批评的形式。以往的文学翻译批评,往往局限于译文与原文的静态对比,对涉及或影响翻译过程的因素很少加以考虑。在有关《红与黑》汉译的讨论中,与翻译有关的许多因素都被纳入了探讨范围,如在上面我们已经谈到的读者因素、编辑因素,以及译者的主体因素等,从而开阔了批评视野,开拓了批评的疆界,把对静态的翻译结果的分析扩展为对动态的翻译过程的讨论,确立了原作作者(包括原作历史环境)——原作——(原作读者)译者——译作——译作读者(包括译作历史环境)的翻译系统,将不同时代的审美因素、社会因素容纳在文学翻译理论的研究范围之内,从而完成了从点到面到立体的理论的初步构建。特别需要提出的是,将讨论作为批评的一种方式,本身就开拓了文学翻译批评的视野。和单纯的文学批评不同,文学翻译批评好像从来就是理论家或是语言家的事情——读者因为大多不通原文,一向被婉拒在批评之外。但是作为译作的直接消费者,读者既然是译作生产的决定因素之一,那么他们对译文有着怎样的审美期待就不能不引起我们所谓翻译家或者翻译批评家的深思。《红与黑》的汉译讨论不仅考虑进了读者的因素,而且将其作为讨论批评的重要一部分,对他们的意见做了理论性的梳理。这样,从形式上来看,讨论既接受了中国传统的批评手段,如译者与译者之间、批评者与译者之间、读者与译者之间的书信和对谈,这样就保留了许多译者(特别是不太从事翻译理论研究的译者)和读者的直接感性经验;也采用了科学的方法,例如借助《文汇读书周

---

① 韩沪麟. 从编辑角度漫谈文学翻译——兼评许译《红与黑》译者前言//许钧. 文字·文学·文化——《红与黑》汉译研究. 南京:南京大学出版社,1996:20.

报》所开展的读者意见征询以及在这之后所进行的大量的整理、归纳工作和在此基础上完成的《为了共同的事业——〈红与黑〉汉译读者意见综述》①；更有学术意义上的专论，如本人运用翻译层次论的观点，借助语言学、社会语言学及文化等不同途径对文学翻译中的风格、语言、形象以及文学翻译的实质进行了探讨。

（5）文学翻译批评是一项非常严肃的工作，它需要批评者有敏锐的批评意识、深厚的学术素养、严谨的学风和实事求是的精神。但在目前的文学批评和文学翻译批评实践中，往往出现两种不好的倾向：一是无原则的吹捧，一味说好话；二是恶意的攻讦，根本达不到批评的目的。在对《红与黑》的讨论中，无论是读者对译者的批评，还是批评者与译者的交锋，虽然也有偏激的言辞，但从总体上来说，组织者和参与者一直注意营造一种健康的学术交锋与有利于翻译事业发展的批评氛围。翻译家罗国林在《出版广角》发表了《批评不等于否定》一文，他这样写道："去年 7 月在北京参加亚洲翻译家论坛会议之余，许钧约我去许渊冲教授家聚会，参加者还有罗新璋和施康强。这是一次不寻常的聚会，因为许钧公开批评过罗新璋、许渊冲教授所译的《红与黑》，尤其撰专文批评过罗新璋的译本，而这一次他又是带着尚未发表的新批评文章来的，请许、罗二位过目，当面征求意见。批评者和被批评者聚在一起，有友好诚挚的倾谈、严肃认真的探讨，也有慷慨激昂的争论。双方都虚怀若谷，把个人置之度外，进行真正的学术讨论。这应该称得上翻译界的一段佳话，作为圈内人和见证者，我深受感动。我认真读过许钧批评罗新璋译《红与黑》的文章，觉得他的确是以求真求是的态度，进行翻译的探索，一扫文人之间以批评之名行相互攻讦之实的积习。这是值得称道和提倡的。反过来说，罗新璋的译本受到不少赞扬（包括许钧的赞扬），也受到一些批评，这正说明他的译本特色突

---

① 参见：许钧. 文字·文学·文化——《红与黑》汉译研究. 南京：南京大学出版社，1996：88-100.

出,受到人们广泛的关注。"①我认为,罗国林的观点绝不是对个人的一种赞扬,而是对健康的翻译批评的一种肯定。在组织与参与《红与黑》翻译讨论的活动中,我本人也深深感受到了老一辈翻译家的广阔胸怀和他们对翻译事业的关心以及他们对真理的探索精神。我曾在书信、谈话和文章中多次对译界前辈许渊冲先生的翻译主张和实践提出了不同的看法,如在致许渊冲先生的长信②中,对许先生的翻译诗学、翻译哲学和翻译美学主张提出了质疑。在《"借尸还魂"与形象变异——德·瑞那夫人形象比较》③《"化"与"讹"——读许渊冲译〈红与黑〉有感》④中,对许先生的翻译目的、翻译方法和具体翻译提出了不同看法和批评。许先生没有把我的批评视作对他的"不敬",而是从学术的角度,采取严肃的态度,提出了反批评,撰写了《谈重译——兼评许钧》⑤一文,进一步阐明了他的翻译主张,并明确地指出了他在翻译认识论、方法论与目的论三个方面与我的分歧,他指出:"我看我和许钧有三大分歧:第一,在认识论方面,他认为翻译是科学,我认为翻译是艺术,他要用科学方法来解决翻译问题,认为翻译的公式是 $1+1=2$,一个字只有一个'等值'的译法;他只重视词的表层形式,更重'形似',更重'直译',结果成了他自己说的斤斤计较于'微观细节'的'文字翻译匠'。我却要用艺术方法来解决翻译问题,认为文学翻译的公式是 $1+1>2$,译字句都要发挥译语的优势(许钧称之为'讹'),更重深层含义,更重'神似',更重'意译',这是我们的第一个分歧。第二,在方法论方面,他强调'再现原作风格',我却提出'三化'(深化、等化、浅化)的艺术。他认为'化无定法','深浅无常'难以掌握,我却认为只要自问译文

---

① 罗国林. 批评不等于否定. 出版广角,1996(2):60.

② 许钧. 关于《红与黑》汉译的通信(一)——许钧致许渊冲//许钧. 文字·文学·文化——《红与黑》汉译研究. 南京:南京大学出版社, 1996:43-48.

③ 参见:许钧. 文字·文学·文化——《红与黑》汉译研究. 南京:南京大学出版社, 1996:199-208.

④ 参见:许钧. 文字·文学·文化——《红与黑》汉译研究. 南京:南京大学出版社, 1996:209-220.

⑤ 许渊冲. 谈重译——兼评许钧. 外语与外语教学,1996(6):56-59.

是否使自己'知之、好之、乐之'就能掌握,所谓'知之',就是知道原作说了什么;所谓'好之',就是喜欢译文怎么说法;所谓'乐之',就是'说什么'(what)和'怎么说'(how)使你感到乐趣。这种乐趣如果引起共鸣,就把一国创造的美转化为全世界的美,与全世界共享,那是世界上最高级的善(叔本华语)。第三,在目的论方面,他认为翻译的目的是交流文化,我却认为交流的目的是双方都得到提高,共同建立新的世界文化。所以就该欢迎译文胜过原文,重译胜过原译。庞德把汉武帝的哀歌译成意象派的新诗,得到了国际声誉;我们也就应该把'魂归离恨天'送上国际文坛(杨宪益夫妇在《红楼梦》中译成 return in sorrow to Heaven,我在《西厢记》中把'休猜做了离恨天'译为 is this a paradise or a sorrowless sphere?)。这样,重译就可以使国际文坛变得越来越丰富多彩,越来越灿烂辉煌!"客观地说,这种严肃的批评态度是值得倡导的。

(6)在有关《红与黑》汉译的整个讨论中,我们始终有一种清醒的理论意识,通过对《红与黑》汉译的讨论,针对译界翻译探讨与翻译实践往往相脱节的状况,以实际例子来说明两点:一是翻译是有理论的,而且不仅有理论,还有不同的理论与观点;二是翻译理论是有指导性的,在不同的理论与观点的指导下,会有不同的实践。历史上就翻译的实质、标准、功能、目的有过不少争论,不少译家发表了不同的看法,但因时间、空间的关系,探讨不够集中,也不够深入。《红与黑》的汉译,折射出许多共性的问题。因此讨论《红与黑》的翻译,其意义远远超过《红与黑》汉译本身,可以就《红与黑》汉译所遇到的问题扩展开去,对文学翻译的一些具有共性的基本问题进行探讨。《红与黑》汉译讨论对文学翻译理论的建设无疑是有益的:它几乎牵涉到文学翻译所能牵涉到的所有基本原则:文学翻译中实践与理论的关系问题(实践与理论谁先谁后?);文学翻译的目的,文学翻译的功用;翻译与创作的关系(它在何种意义上可以被称为"再创作"? 再创作有没有应有的度?);翻译的语言问题;翻译的风格问题(译者有没有自己的风格,应不应该有自己的风格?);等等,无一不被涵盖在内。更为重要的是,从横向上来看,它使文学翻译理论的研究在实践的基础上迈向了文化的背景。在整个讨论中,有小到人名地名运用的细节探讨,亦有大到文本风格乃至文本风格之后的时代、历史背景和社会文化因素对翻译的影响的专门研究。作为讨论的一个阶段性总结,我们主编了《文字·文学·文化——〈红与黑〉汉译研究》一书,如书名所揭示的那样,一切都被包容在这三者的和谐统一之上。对文学翻译而言,文字是文学、文化的载体,含有文学、文化的沉淀;翻译当中一个词的运用早已超出了它的语言意义,因此,文学翻译批评并不是排斥对词汇或句式的考查及正误,但是它更应当被置于文化的大背景下来进行。做文学翻译或文学翻译批评的人,于是首先应当把文学翻译当作对外文化交流的手段来对待,如是才能有开阔的视野与胸襟,才能看到文学翻译中所包含的更为本质的东西。

关于《红与黑》汉译的讨论已经过去 3 年多了,但是它的意义应该是深远的。我们今天有机会再旧话重提,目的正是要探讨与总结这场讨论对文学翻译与文学翻译批评带来的多重启迪,进一步加强文学翻译批评的理论建设,探讨文学翻译批评的途径和方法,给我国的文学翻译事业指明一个方向,使其能健康而繁荣地发展。

谢谢各位!

(本文系 1999 年 4 月 29 日在香港语言学会和香港翻译学会组织的演讲会上所做的演讲的文稿,演讲地点为香港中文大学。)

我所理解的傅雷

　　42年前,傅雷走了。我是在30多年前听说过傅雷的。因为学法语,知道了翻译,因为学翻译,知道了有一个翻译家,叫傅雷。30多年来,傅雷好像一直没有走,没有离开过我。我读傅雷,研究傅雷,一步步接近傅雷,似乎离他越来越近了。

　　在傅雷家乡江苏南汇召开的"傅雷著译作品研讨会"上,我说,在我30岁的时候,傅雷对于我而言是一部书,一部普通的书,因为那时我只知道傅雷是个做翻译的,他翻译的《约翰·克利斯朵夫》《高老头》等外国文学作品很好读,很有意思。但我记住的只是他译的书,记住的是作者的名字,很少想到翻译这些书的傅雷这个人。在我40岁的时候,傅雷对于我而言,是一棵树,一棵常青树。因为研究翻译,我知道了翻译是一种历史的奇遇,是翻译使原作的生命在异域、在异国的文化土壤上得到延伸与传承。由此而想到傅雷,我想,傅雷和罗曼·罗兰,可谓是一段历史的奇缘。要是没有傅雷,罗曼·罗兰在中国也许不可能拥有那么多知音;是因为傅雷,《约翰·克利斯朵夫》才在中国这块土地上获得了新的生命,像本雅明所说的那样,"获得了来生"。是傅雷这棵译界的常青树,延续了巴尔扎克、梅里美、罗曼·罗兰等法国文学家在中国的文学生命。

　　由傅雷翻译的书,我开始关注书后的人,关注赋予了原著生命的翻译家傅雷。渐渐地,我懂得了翻译,懂得翻译不仅仅是一种简单的文字转换,而是一种思想的播迁,一种跨文化的交流。等我成长到了50岁,傅雷于我而言,已经不仅仅意味着《约翰·克利斯朵夫》《贝姨》《高龙巴》等数百万字的经典译作,也不仅仅是赋予原作生命,使原作生命在中国得到延伸的译界常青树,而是一个人,一个大写的人。围绕傅雷这个人,脑子里经常出现一个个问题:何为翻译?为何翻译?翻译何为?确切地说,对于傅雷而言,翻译意味着什么?傅雷为什么如此专注于翻译?他的翻译到底给中国、给中国读者带来了什么?

带着这些有关傅雷、有关翻译的根本问题,我参加了纪念傅雷逝世 40 周年的"傅雷著译作品研讨会"。在会上,哲学家郑涌说,我们如果仅仅从翻译与艺术的角度去评价傅雷是不够的,因为傅雷不仅仅是翻译家,而且还是一个思想家,他传播的是思想的圣火,他是"思想圣火传播者永远的榜样"。88 岁高龄的北京大学张芝联教授是傅雷生前的好友,他认为,我们对傅雷,关注其翻译的技术层面比较多,但实际上,傅雷是个"文艺家、翻译家",还是个"政治家、知识分子和心理学家"。要理解傅雷,研究傅雷,必须研究傅雷这个人,研究傅雷所处的时代和傅雷赖以生存的文化空间。从他们的话中,我感觉到,从对傅雷的翻译的关注,到对傅雷思想的关注,再到对傅雷这个人的关注,可以构成接近傅雷、理解傅雷的不同途径。

要理解傅雷,必须以阅读傅雷为基础。傅雷的书,我读过很多,我读过他的所有译作,还有他的家书。这次会议期间,我有幸读到了当代世界出版社刚刚出版的《傅雷文集·文艺卷》,其中收有傅雷的"小说散文""文艺评论""著译序跋""政治杂评""美术论著"和"音乐论著"。近来又读文集,也许是职业的缘故,我又联想起与傅雷翻译相关的一些重要问题。

对于傅雷而言,翻译意味着什么?傅雷为什么如此执着于翻译?在傅雷文集中,在他为其译作所写的序言、前言或附识中,我们可以找到傅雷本人对这些问题的一个个答案。对于傅雷而言,翻译的意义是多重的。

在黑暗的岁月,傅雷想通过翻译寻找光明。我们知道,1931 年,傅雷从法国回国后,虽然满腔抱负,立志要有一番作为,但他性格刚直,愤世嫉俗,委实难以融入那个"阴霾"遮顶的黑暗社会,于是他只得闭门译书,献身于对法国文学的翻译。20 世纪 30 年代初,国内正处于"九一八"事变、军阀混战时期，傅雷有感于许多中国人"顾精神平稳由之失却，非溺于激情而懵懵懂懂，即陷于麻痹而无所作为"，陆续翻译了罗曼·罗兰的《贝多芬传》《弥盖郎琪罗传》和《托尔斯泰传》，即《巨人三传》。1934 年 3 月 3 日，他在致罗曼·罗兰的信中，表达了他翻译的初衷："偶读尊作《贝多芬传》，读罢不禁号啕大哭，如受神光烛照，顿获新生之力，自此奇迹般突然振作"，"贝多芬以其庄严之面目，不可摇撼之意志，无穷无竭之勇气，出现于世人面前，实予我辈以莫大启发"；"又得拜读《弥盖郎琪罗传》和《托尔斯泰传》，受益良多"（见《傅雷文集·书信卷》，当代世界出版社，2006 年，第 462-464 页）。鉴于此番经历，傅雷曾发誓翻译此三传，期望能对陷于苦闷中的年轻朋友有所助益，从中汲取与黑暗社会抗争的勇气和信心。

正是在对光明的渴望与找寻中，傅雷与罗曼·罗兰达成了精神的契合。他从罗曼·罗兰的"长河小说"《约翰·克利斯朵夫》中发现了人类生存最基本的元素——爱和当时的中华民族所需要的英雄主义，于是，他投入了更大的热情，翻译了罗曼·罗兰的这部伟大作品。在译著的卷首部分，附有原作者的原序，我们借此可以揣摩出傅雷将这部"贝多芬式"的大交响乐呈现给人们的意愿："在此大难未已的混乱时代，但愿克利斯朵夫成为一个坚强而忠实的朋友"，"成为一个良伴和向导"，"使大家心中都有一股生与爱的欢乐，使大家不顾一切地去生活，去爱！"（见《约翰·克利斯朵夫》原序，《傅雷译文集》第 7 卷，安徽人民出版社，1982 年，第 9 页）不难发现，傅雷是希望以伟大的人道主义精神激起人们对世界的爱、对人生的爱、对一切美好事物的爱。

傅雷想通过翻译寻找光明的强力动机在他为重新翻译的《贝多芬传》写的序言中表现得更为明显。那是在 1942 年 3 月，傅雷重新翻译出版了《贝多芬传》。他认为，"现在阴霾遮蔽了整个天空，我们比任何时候都更需要精神的支持，比任何时候更需要坚忍、奋斗、敢于向神明挑战的大勇主义"（见傅雷《贝多芬传》译者序，《傅雷译文集》第 11 卷，安徽人民出版社，1982 年，第 7 页）。他在"译者序"中写道："唯有真实的苦难，才能驱除浪漫底克的幻想的苦难；唯有看到克服苦难的壮烈的悲剧，才能帮助我们担受残酷的命运;唯有抱着'我不入地狱谁入地狱'的精神,才能挽救一个萎靡而自私的民族:这是我十五年前初次读到本书时所得的教训。"他要将"所受的恩泽"转赠给比他年轻的一代,借伟人的精神力量,拓展中国人民的精神视野,启迪民心民智,帮助中华民族正视眼前的黑暗,重新振作起来,发扬大无畏的勇气,为挽救和振兴中华而勇往直前。

在举国惶惶、中华民族面临巨大的灾难的时刻,傅雷又想通过翻译,给颓丧的人们燃起希望。他在莫罗阿的《人生五大问题》译者前言中写道:"在此风云变幻,举国惶惶之秋,若本书能使颓丧之士萌蘖若干希望,能为战斗英雄添加些少勇气,则译者所费之心力,岂止贩卖智识而已哉?"(见《傅雷文集·文艺卷》,第206页)在这里,我们可以看到,对于傅雷,翻译不是语言技巧的玩弄,不是西方智识的贩卖,更不是如今天的有些人那样,把翻译当作赚钱的营生,干些"抄译"的勾当。

在"现实的枷锁"重压着人生、国人在苦恼的深渊中挣扎时,傅雷希望通过翻译,给痛苦的心灵打开通往自由的道路。为此,他选择了罗素的《幸福之路》,把它介绍给中国读者。在译者前言中,他写道:"现实的枷锁加在每个人身上,大家都沉在苦恼的深渊里无以自拔;我们既不能鼓励每个人都成为革命家,也不能抑压每个人求生和求幸福的本能,那末如何在现存的重负之下挣扎出一颗自由与健全的心灵,去一尝人生的果实,岂非当前最迫切的问题?"他有感于"人生的暴风雨和自然界的一样多,来时也一样的突兀;有时内心的阴霾和雷电,比外界的更可怕更致命。所以我们多一个向导,便多一重盔甲,多一重保障"(见《傅雷文集·文艺卷》,第209页)。他翻译此书的目的是非常明确的,那就是希望起到精神向导的作用,给彷徨歧路的国人指一条路,给脆弱的心灵以保护,给禁锢的灵魂以自由。

新中国成立后,傅雷主要着力于翻译巴尔扎克的小说,这既有主流意识形态的影响因素,也有傅雷的主动追求。他翻译巴尔扎克,是想让善恶颠倒、是非不辨、美丑不分的世界吸取教训。在《夏倍上校》《奥诺丽纳》《禁治产》简介中,傅雷写道:"每个中篇如巴尔扎克所有的作品一样,都有善与恶,是与非,美与丑的强烈对比;正人君子与牛鬼蛇神杂然并列,令人读后大有啼笑皆非之感。——唯其如此,我们才体会到《人间喜剧》的深刻的意义。"(见《傅雷文集·文艺卷》,第 221 页)

通过傅雷所写的这些文字,我们可以得到重要的启迪,以更好地理解原作,更好地理解其翻译的意义。是的,读傅雷的翻译,理解他翻译的意义,我们不能忽略他翻译的初衷和动机。他的翻译之路,给我们树立了榜样,有助于我们明确新时期的翻译工作目标:为输入优秀的外国文化遗产,弘扬中华民族文化,拓展我国读者视野,振兴中华民族,做出贡献。只有在这个意义上,去理解傅雷的翻译,我们才有可能超越文字和文学的层面,真正认识到傅雷的翻译所具有的文化和思想意义,真正认识到傅雷的生命价值。

(本文系 2008 年 4 月 9 日在国家图书馆举办的傅雷翻译展开幕式上的讲话的文稿。)

阅读傅雷　理解傅雷

　　傅雷做出了各个方面的贡献,我们今天有一次机会,进行一次座谈,在我看来这就像是一次世纪之约。一百年前的 4 月 7 日,傅雷降生到这个世界,58 岁的时候他离开了我们。42 年了,我们不但没有忘记他,反而随着时间的流逝,越来越想念他。为了纪念他,我们这几天举行了一系列的活动。前天,"洁白的丰碑——纪念傅雷百年诞辰展览"在国家图书馆隆重开展,中共中央政治局委员、国务委员刘延东,文化部部长蔡武,国家图书馆名誉馆长任继愈等一批学术界、翻译界的同仁来到这里。昨天上午,在人民大会堂,上海市人民政府、中国作家协会和文化部举办了傅雷百年诞辰的纪念会。这两次活动我都参加了,我自己仿佛又经受了一次精神的洗礼。看到傅雷的画像,看到了傅雷各种各样的目光,有深沉的目光,有忧虑的目光,有愤怒的目光,也有关切的目光,我还看到他时而露出的会心的微笑。

　　傅雷带给我们的到底是什么呢? 昨天夜里,我真的不知道为什么,竟然在梦中又与他相见了。或许是日有所思、夜有所梦吧,这两天我是真正地沉浸在傅雷的世界当中了。同时,在思念当中又有几分思索。今天,我想结合自己的一些感受,谈谈傅雷,谈谈傅雷所象征的某种意义。当然,这都是自己的一孔之见,权作我走近傅雷、与傅雷交流的一次约会。让我们大家一起来跟他约会。

　　傅雷首先是一个翻译家,可能很多人都这么认为。诚然,没有翻译,就没有我们所认识的傅雷,或者说,就没有我们可以借助的某种文字的世界,进入傅雷所要展现的世界。但是,要真正理解傅雷,在我看来,必须对"翻译"这个词有所理解。只有理解了翻译,理解了翻译所代表的文化意义、思想意义,才有可能打开一条通路去理解翻译之后的傅雷。

"翻译"这个词,我想在座的各位,包括我自己在内,可能都有不同的理解。30 多年来,我自己对"翻译"这个词的理解,在不断地拓展,也在不断地加深。随着我对翻译理解程度的逐渐深入,我才慢慢地对傅雷的生命、傅雷的生命价值,有了一些新的感悟。在座诸位,请您现在闭上眼睛,展开联想,谈到"翻译",您会想到什么?如果说,经过这一个多小时的讲座,大家对"翻译"这个词有了新的了解,那么我想大家对傅雷的生命意义也一定会有重新的认识。如果那样,我会感到非常高兴。实际上,"翻译"这个词在我看来,也是中国语汇当中非常特别的一个词。它既可以代表翻译者这样一种主体,比如傅雷,他翻译了巴尔扎克;同时又可以代表一种行动,就是刚刚我们说的翻译。此外,它还可以作为一种结果,比如说巴尔扎克的《高老头》是傅雷的翻译。也就是说,它既代表着翻译的主体,也代表着翻译的行动,还代表着翻译的结果。所以,我们理解这个概念的时候,就不能狭义地只去理解傅雷翻译了什么。

首先,作为一个翻译家,傅雷与别的翻译家是有所不同的。而翻译主体的变化,可能导致结果上的根本变化。比如说,傅雷作为一个翻译家,他所翻译的《高老头》,与另外一个人所翻译的《高老头》,就不一样。主体一发生变化,结果就跟着发生变化。

其次,在不同的时代,他所翻译的作品的情形也不尽相同。各位知道,有很多书,在某一个时刻翻译,跟在另一个时刻翻译,它表达的意义是不一样的。比如说,傅雷在 20 世纪 30 年代翻译的《约翰·克利斯朵夫》,和现在另外一个人翻译的《约翰·克利斯朵夫》,意义会一样吗?在 20 世纪 30 年代的时候,中华民族面对着深重的灾难,这个时候整个大地笼罩在一片黑暗当中,人民渴望的是光明。而恰恰在这个时候,傅雷有机会跟法兰西土地上的罗曼·罗兰相会,他们的精神产生了共鸣,在这个时候他翻译了《约翰·克利斯朵夫》,其意义早已超越了翻译本身。

而从翻译的结果来看,翻译的成果一直没有得到应有的评价。比如说一个画家画的一幅画,在座的肯定会说,啊,张大千的,黄宾虹的,或者刘海粟的,你们可能很快就会有某种评价,与我们现在的一般的画家的画,与一个大学刚刚毕业的学生的画作,它们之间当然是不可同日而语的。但是我们今天对于翻译的理解、对翻译的评价,就存在很大的偏差。傅雷的翻译,和一个我们目前市场上也在流传的同名的翻译,它们之间的价值差别到底有多大? 我们有没有进行过这样一种深刻的反思? 同样的一本书,出自傅雷之手和出自他人之手的结果,那是不一样的。

我认为,理解翻译就要从这个词本身出发,把它当作一个翻译主体,当作一个翻译行动,或者当作一个翻译结果来考察。我们要考察翻译,或者说考察傅雷的翻译,就必须从这一个一个环节当中去考察。实际上,对翻译这个词,每个人的理解总是不同的。

我做过一些社会调查,在南京,大概是 6 年多前吧,我在一个居民区里,因为我认为人类的翻译行动、翻译活动是一个广泛的活动,所以我就到这个居民区里,做了一个调查。调查的对象都是 60 岁以上的老人,男的女的一共 20 个人。我问他们,一听到"翻译"这个词,你们立刻会想到什么。最后的结果非常有趣,也让我感觉非常羞愧。其中有 6 个人说,一谈到翻译,他们马上想到《小兵张嘎》里那个胖翻译官。我想也许是南京这座城市带有太多历史的记忆,日本大屠杀给他们造成的影响,以至于《小兵张嘎》中那个胖翻译官的形象,已深深地刻在了南京人的记忆中。

这个调查,给了我一个新的思考空间。一个译者,他做的事情总要带有某种民族性,带有一定立场、一定历史,与国家行为相伴而生。所以,翻译并不是透明的、中性的。胖翻译官的形象,已经走上了翻译的另外一个阶段,成了一种出卖民族的丑恶灵魂。但是我并没有为此而感到气馁,这只不过昭示了翻译作为一种行为,它可能会产生的各种不同的表现方式。

后来在西安,我又做了类似的调查。不过这次调查,没有到居民区。我遇到了宾馆的工作人员,遇到了出租车司机,还遇到了大学里的老师,调查的对象差不多也有 20 来人。他们的回答,又让我感到非常惊喜。同样的问题,他们回答了另外一个人的名字:玄奘。

大家都知道玄奘,他是中国翻译史上一个闪光的名字。大雁塔下二十几年译经,他给中国文明带来的到底是什么呢? 据说,他到印度取经,历经 20 余年,回来的时候,提前了一天到长安。本来朝廷是安排文武官员去迎接他的,最后因为他回来得早了一天,朝廷的人没有见到,可没想到万人空巷,许多人去长安城外迎接他,人多得竟然像今天接待明星一般发生了踩踏事件。那么,玄奘给我们带来的,给我们整个中华民族带来的,到底是什么呢? 梁启超说,如果没有佛经的翻译,中国的汉语可能要失去很多丰富的内容。中华民族就是有这么一种精神,可以向外来的世界敞开,通过翻译不断地丰富自我的文化。

此外,我在南京大学每年都要开一门"翻译通论"的课,这门课面向文科,但也有部分理科的学生选修。每年的第一节课,我总是会提相同的一个问题,请学生列举 5 位翻译家的名字。或许是第一次上我的课有点紧张,很多人连一位都写不出来。但是能写出来的,我进行了 5 届的调查,有 3 个名字是经常出现的,一个是玄奘,一个是傅雷,还有一个是林纾。在大学生、硕士生的眼里,这三个人对中国的文化而言,意义非常重大。傅雷,包括玄奘以及林纾,为什么在他们离开世界这么多年以后,依然能够在中国的文化中被传承下来?

这说明一个问题,一个人只有当他的生命跟中华文化、中华民族的发展相结合,他所做的贡献,只有经过了时间的沉淀,才会慢慢地显示出分量,才会在众多的名字当中被越来越多的人记住,而且随着时间的推移,分量越来越重。

我再追问,傅雷这个名字,对于那些同学而言意味着什么? 这样的调查,也进行过很多次。在各个不同的人群、各个不同的时期,回答有时却惊人地相似。很多人,特别是 40 岁以上的人,许多都说自己是读着傅雷的著作长大的。老人说的时候眼睛里会闪出一束光芒,年轻人也会有某种自豪感。在现在 20 来岁的人当中,傅雷也许已经不是一个标志性的符号。但是,在我们的课本里,在我们的选集当中,傅雷还是一直被整个地延续下来,而且在新的时期中国文化走向国际的过程当中,傅雷的名字一定会显示出它更多的价值。

刚刚我谈到翻译,就我个人而言,我对傅雷的认识与理解,也是随着时间的累积而不断加深又加深的。"文革"前的时候,我就知道有傅雷的书,但是从没看过,也不知道这个译者的名字。在 1971 年的时候,我有机会学习法语。因为学法语,自然就要对法国文学有所了解,而巴尔扎克肯定是一个跳不过去的名字。所以,慢慢慢慢到了 1973 年、1974 年的时候,就知道了傅雷。那时候有些老师的家里,也已经有了傅雷的书,因为搞法语的老师都是忘不了傅雷的。虽然图书馆有一段时间,大概在 1971 年、1972 年的时候,还查不到他的书,但是因为老师家里有,所以就偷偷地拿来读。读了以后,就要去对原文,开始的时候,法文刚学,当然对不出什么名堂。只是觉得这个中文比法文好,所以当时的感觉就是,中文的东西就是比法文的好。大学毕业之后,1976 年我去法国,带了一本中文版的《高老头》,就是傅雷翻译的《高老头》。以后就一直关注翻译。再后来,在整个阅读当中,因为脑子里有了傅雷,有了他的翻译,而且他翻译的东西在我看来比原文还要好,所以自己也就逐渐喜欢上了翻译。当时想的是,要是哪一天我有机会,也能翻译一本书,那该多幸福。冥冥之中,其实是在傅雷译作的召唤下,我才走上了翻译这条路。后来回国,就迫不及待地想把在法国看到的一些好书翻译成中文出版。从 1980 年开始,我就慢慢走上了翻译这条路。

我在翻译的过程中,遇到了极大的困难。原文说什么,要变成中文,谈何容易。所以我就开始学习傅雷,一本书他是怎么翻译的,动词怎么处理,逐渐学到一些翻译技巧。在核对的过程中,我有些发现,发现有个别的词翻译得好像不太准确。对这样的发现,自己有些沾沾自喜。我发现原著书里有的词他好像漏掉了,没有翻译,或者有个别词,傅雷翻译的与我理解的不一样。所以,当时对于傅雷翻译的认识,实际上完全局限在文字的表层。甚至对于一些翻译方法,我和傅雷也有些不一样的认识,我认为翻译应当是非常忠实的,而傅雷的翻译以传神为要。慢慢地,我发现了一些有关翻译原则与方法的问题,有了一些思考。

　　一般人学翻译,开始注重的是表面的一二三,却不了解文章字面后面的一二三四。也就是说,初学翻译的人,很多时候只是在字面上理解含义,不知道字面后可能深藏的意义。而傅雷恰恰能够从字面深入到字面以后,从字里行间挖掘意义。随便举一个例子:Il y a du divin même dans un puse. 这个法文原句如果我直译过来非常简单,就是一个虱子里头也有神圣的那种东西,这是巴尔扎克的一句话。但是到了傅雷笔下,马上显现出某种特有的内涵和风姿。他的翻译为:"一虱之微亦有神明。"短短八个字,让字面之后所蕴含的意义毕现无遗,很快拉近了读者与作者之间的距离。所以在起初,傅雷之于我,是那一本本翻译的书,我记住的是那些书的名字,但是翻译家的艰辛我并不知道,然后慢慢地通过翻译,我发现,从一国文字到另一国文字的翻译过程是相当辛苦的。正如钱锺书先生所言,从一国文字到另一国文字,那是一路颠簸,一路障碍,要达到另外一种文字的彼岸,没有对自己所属民族的那种文字的高超的功夫,及深厚的文字修养和文化修养,是非常难以达到的。所以,在我 20 多岁、将近 30 岁的时候,傅雷代表的仅仅是法国的一些名著。但是,后来因为自己喜欢上了翻译,去钻研翻译,还学到了不少西方的理论。美国著名的翻译理论家奈达说过,任何一部文学著作,其寿命只有 50 年,50 年以后就要灭亡。傅雷的译作,如果从他 1929 年翻译《艺术哲学》第一章算起,他的作品到了 20 世纪 80 年代、90 年代,50 年早就过去了,但是却依然拥有生命,为什么呢?

　　这是一个问题。今天,包括郭沫若翻译的东西,比如《少年维特之烦恼》,都已经开始渐渐为人们所淡忘,市面上也已经很难找得到。但是傅雷翻译的任何一部作品,在今天都仍然拥有生命力,这到底是为什么呢?仅仅是他翻译得好? 或者说他翻译得传神? 还是因为另有原因?

　　以前,30 岁或者 30 岁以前,我关注傅雷的整个翻译过程。当时我就想,傅雷到底翻译了什么? 他选择了什么东西来翻译? 我觉得这一点非常非常重要。如果读傅雷的译作,然后再回过头看他翻译了什么,你就会明白,傅雷翻译的每一部作品,都是跟我们国家一定时期的那种精神状态,国人的那种精神需求、文化需求,以及在善与恶的分辨当中的某种要求,紧密相连的。刚才我已经讲到过他的《约翰·克利斯朵夫》,罗曼·罗兰写这本书的时候,第一次世界大战刚刚爆发,整个欧洲精神崩溃、颓废,好像看不到一点光明。罗曼·罗兰一直在寻找,希望找到一种大勇主义,即书中所说的"打开窗户吧",让自由的空气进来,让大勇主义进来,也就是我们所说的大英雄主义。所以,罗曼·罗兰写作这部书,实际上是想为欧洲、战后的欧洲人,呼唤一种英雄主义,为人类带来某种出路和希望。因为第一次世界大战之后,痛苦、绝望、怀疑,笼罩了整个欧洲大陆。傅雷在20世纪30年代与他相遇,之后就仿佛一下子跟这位《约翰·克利斯朵夫》的创造者,也就是罗曼·罗兰,形成了一种灵魂上的共鸣。他感觉到中华民族也同样是一个灾难深重的民族,整个中国同样也笼罩在一片阴霾之中,所以他翻译了《约翰·克利斯朵夫》。而在整个翻译期间,大家知道,中国正处于抗日战争的水深火热之中。那种对英雄主义的召唤,对光明的渴望,给了傅雷极大的翻译动力。所以,他的书一出版,我们可以想象,读者一定是踊跃的。傅雷的书,在两个历史时刻,真可谓是万人争购,一个就是《约翰·克利斯朵夫》出版的时候,即抗日战争结束前的那段时期;第二个就是在1978年之后。

傅雷的译作,总是跟我们中华民族的特定历史时刻、特定的需求与渴望结合在一起。比如他翻译的《文明》,1947年翻译的斯诺的一些文章,后来集结成册,即《美苏关系检讨》。傅雷翻译了很多文学书籍,为什么那个时候他会去翻译斯诺的《美苏关系检讨》? 第二次世界大战之后,苏联与中国处于一种特别的微妙关系之中。如果我们去读傅雷写于1945—1946年的一些杂文,就会发现他对于苏联当时出现的某种野心是有所警觉的。他要翻译这部书,实际上是要提醒我们的民族,在跟苏联的关系当中要时刻保持警惕。

新中国成立后,傅雷开始翻译巴尔扎克。如果你去读他的译者前言,就会发现,傅雷写的这些东西都非常简单,但又透露出十分强烈的信息。

巴尔扎克的《人间喜剧》让我们注意到，人类世界存在善恶不分、美丑混淆、真假难辨这样一种情况，傅雷正是要让我们警惕这样的世界。所以说，傅雷的翻译，往往是跟当时国家所处的形势密切相关的。读了他的译著，好像让人感觉到某种光明的涤荡。并且，他选的书往往带有一种朴素的价值，至今读来仍然不过时；傅雷传神的笔触、深刻的理解，又赋予了其文字以某种穿透力。傅雷的作品，包括傅雷这个人，就好比一棵常青树。他不仅在翻译的艺术上，打破了西方学者所谓的文学翻译作品50年就要过时的说法，而且他的译作，就好像一棵根系发达的常青树，给我们留下了宝贵的精神财富，给中华文化带来了新的因子。所以他的作品能够不断地延续下去，而且随着时间的推移，还会显示出越来越多的价值。因为他所选择的作品，都是经得住时间考验、经受得了历史选择的经典。而在上述过程当中，我对于傅雷的认识也在逐渐深刻，并且对于翻译本身，也有了新的认识。

我一直在想，如果没有傅雷，罗曼·罗兰就不会那么幸运地在中国被这么多的读者所了解。罗曼·罗兰在法国并不是超一流的作家，他在法国的影响远远不及其在中国的影响。同时，如果没有傅雷，而是另一个人翻译了巴尔扎克，我想《高老头》《贝姨》《邦斯舅舅》等一大批名著，它们留给大家的印象，可能又会是另外一番景象了。所以，慢慢慢慢我就觉得，翻译真的像是历史的一桩奇缘。现在，大家可以想象，也许一部荣获诺贝尔文学奖的作品，一个大学刚刚毕业、没有受过任何较好文化熏陶的年轻人都敢去翻译。而这样所造成的结果，就是原作的生命被阉割了。翻译有的时候就像一桩婚姻，两颗心相遇了，他们的灵魂共鸣了，气质相投了，翻译起来就是一桩美妙的婚姻，会有非常好的结晶。可如果遇到一个不好的翻译，这样的生命就会凋萎。所以在很长一段时间里，对于"翻译"这个词，就像德国一位非常有名气的学者所说的，翻译啊，实际上是让一个国家的文化得到重生。所以说，没有傅雷的翻译，在中国就不可能有巴尔扎克那样的生命，不可能有梅里美那样的生命，也不可能有罗曼·罗兰在中国的影响力。所以在这个意义上，我想罗曼·罗兰也好，巴尔扎克也好，他们都非常应该感谢傅雷。我们今天通过傅雷可以理解，翻译是一段美妙的奇缘。

但是，历史上对于翻译的理解却并非如此。据我所知，大文学家歌德，他开始对于翻译并不是那么看重。他说，翻译就像媒婆，有的时候强行把两者拉在一起，结果不一定好，但弄好了可能促成一段姻缘。所以起初当他的作品被翻译时，他完全不以为然。但后来随着年龄的增大，他发现自己的作品已经了无生趣。他觉得自己的书，在德意志的土地上慢慢地枯萎了，失去了芬芳。后来法国有个翻译家奈瓦尔，翻译了他的《浮士德》，送给他读，歌德眼前顿时一亮。后来歌德在日记中写道，当他读到奈瓦尔翻译的 *Faust*（《浮士德》），就好像在法兰西的土地上，那束枯萎的鲜花重新盛开，获得了生命，散发出越来越浓郁的芬芳。我想，傅雷就是让巴尔扎克、罗曼·罗兰、梅里美的那些在法兰西大地上日渐枯萎的鲜花，在中华大地重新开放、散发出更加浓郁芬芳的人。

这里，我们不妨检讨一下。如果中国的《红楼梦》，中国一些好的作品，落到一个不是很好的译者手里，它的命运会如何呢？对于翻译的品质，在座的各位不一定特别敏感。实际上，一个好的翻译家的作品，起到的是吸引的作用，会吸引越来越多的人阅读。而阅读的人越多，对作品的理解才会越丰富，无形中也就丰富了作品的内容。所以，一部好的作品，它必须被翻译，价值越高它就越有可能被翻译，而且要呼唤翻译。如果一部作品不能被翻译，就好像不能被阅读，而不被阅读，它就要死去。正是像傅雷这样的翻译家，让一部作品的生命得以在另外的一片土地上不断延伸。如果要理解翻译，我想这一点大家千万不能忘记。

傅雷这棵常青树，不但延续了国外一些文学家在中国的生命，更重要的是，他的译作滋养了我们的整个民族。因为傅雷的译作，到了后来已经不仅仅是译作那么简单，他的文字的生命开辟了某种体裁。我是一个做翻译的，经常用一本叫《描写词典》的翻译词典。我先后用过两部《描写词典》，记不清是哪个出版社的了。但是我发现其中的很多描写，一些非常好的词语，都是从傅雷的译作当中摘录的。这说明，傅雷的译作，已经成为公认的写文章、翻译文章时的一种工具,它成了中华语言的一种宝典。在这个意义上,傅雷不仅在思想上给大家带来了光明,而且在语言层面也赋予我们以养分,成为我们学习的榜样。

然而,我想翻译的作用还不仅限于此。傅雷为什么能够选择这些翻译? 他为什么能够采取这样的一种方法来翻译? 他的作品为什么会有如此之大的影响力? 带着这些问题,我开始尝试从艺术反观傅雷这个人,其间读到金梅写的《傅雷传》,还有其他的一些书,以及傅雷为其译著撰写的前言、后记等。我觉得单靠一己之力不行,所以就利用工作之便,让我的学生也来研究傅雷。今天上午给大家做讲座的金圣华教授,我记得她在法国做的博士论文,就是研究《高老头》。好像北京外交学院也有一位老师在法国做的博士论文,也是研究《高老头》。那么在我这里,我同样让学生从傅雷译作的用词造句、形象塑造等方面,从整个层面上逐步展开研究。四五年前,曾经有个学生说,现在的文学大概可以分为两类,一般人都认为是外国文学、中国文学。中国文学,大家知道,那么外国文学到底是什么呢? 外国文学实际上也有两类,我们所读到的外国文学,是中国翻译家翻译的外国文学。他说,法国出版的法文版《红与黑》与中国出版的中文版《红与黑》,它会是一个品质吗? 所以,他提出,当然前辈也有这么提出的,实际上外国文学中,还可以分出翻译文学一类。翻译文学这个概念提出后,他就以傅译《约翰·克利斯朵夫》为研究对象,着手做一个有关翻译文学经典的形成和影响的研究。经过研究,他发现一部翻译文学经典的产生相当不容易,它需要一种历史的沉淀,更需要翻译家本人与作者之间形成某种合力,才有可能产生出真正好的翻译文学作品。而傅雷恰恰是这方面的典范。我一直在想,我也读了一些东西,包括他的书信、他写的一些政论,以及他的《世界美术名作二十讲》等。就在刚刚来这里之前,我又去看了一次展览。我想,如果用天才这两个字形容傅雷,真的是不为过的。他到法国一共就 4 年时间,去之前学了一点点法语,在去的轮船上还在学法语。到法国之后,他住在南方一个小镇上,跟房东太太学法语。但是一两年之后,他到巴黎大学去,就听关于罗浮宫的美术学课。当时他学法语也就一年多不到两年的时间,对法语谈不上精通,但是他却能够透过语言的表层,直接触及法兰西乃至世界美术的精髓。在众多的美术画作当中,他对于那些闪光的珍珠般的画作,对于它们的影响,都有着真切的分析,24岁就完成了《世界美术名作二十讲》。我一直在想,我们现在的一些年轻人,从小学就开始学英语,中学又学,大学还学,托福也考了,但是却依旧停留在语言的层面上。他们不知道运用语言这种工具,把它作为认识世界、创造世界的一种符号。唯独傅雷,他拥有这种眼光,能够透过语言的表层,深入这个民族的深层内部。他具有那种有穿透力的目光。他所写的《世界美术名作二十讲》,至今都是国内美术学院重要的教科书。去年我在巴黎,遇到中国美术出版社总社的总编辑程大利先生。当时我问他对《世界美术名作二十讲》的看法,他当时只用了五个字:经典啊经典。它的经典之处就在于,傅雷善于在众多画作当中提炼出对于我们民族有用的东西。

我经常上法翻中的翻译课。有一次上研究生的课,我就问他们,今天你们对我这堂课有没有什么期待、什么希望啊?他们很开心,啊呀,许老师也翻译了很多东西,而且也读了傅雷的很多东西,对傅雷翻译的一些窍门啊、技巧啊很熟悉,他们说我们可以听你讲这些。我当时就说,你们是不是就想听我讲一讲长句怎么变成短句,形容词怎么变成动词啊?我说这些东西教科书上都有,但是你们可以想一想,当时是谁叫傅雷去做翻译的,又是谁让他选择那些东西翻译的。现在你们是研究生了,我记得巴金先生17岁就开始做翻译,不仅去寻找了当时我们国家所需要的东西翻译,而且还办自己的杂志,将翻译的作品发表出来,为国人提供精神食粮。可是现在的研究生,想到的恐怕只是翻译技巧,这个字怎么译成那个字。更为重要的是,我们的国家现在究竟需要什么样的东西来翻译。通过《世界美术名作二十讲》,傅雷让我们看到了语言和思想之间的一种紧密关系。作为译者,我们应当具有一种选择的眼光。

《世界美术名作二十讲》,让我们看到傅雷对于西方美术、艺术世界的一种独到的认识和特别的把握,同时也让我们看到,他在每一个历史时期,对政治的敏感性都是非常强的。抗战之后,傅雷写过一些杂文,新中国成立之后的 1953 年、1954 年,他又写了一些杂文。我看过他文集里的一封信,好像是 1952 年时写的,他当时就提出:一个人如果只讲假话,只讲套话,还有什么意义啊!可见,他当时就对讲假话、讲套话提出了严厉的批评。傅雷,他在每一个能够给我们民族带来某种新希望的时刻,都会在政治上特别敏感,而且很尖锐,发些文章。他是一个政治非常敏感的人,所以才会跟马叙伦一道,筹建"中国民主促进会"。傅雷应该算作民进最早的成员之一,如果是现在,他可能就是政协副主席了。他在书信里记载,第一次开会在上海,三十几个人,本来说好选 3 个理事,结果一选选了 6 个,后来 6 个变成 9 个,9 个变成 11 个,最终变成 15 个。傅雷认为,民主促进会是促进民主,不是每一个人都去争夺一个位置,所以就愤然退出了。可见,他在政治上是有抱负、有追求、有原则的。我读过他写的一些文章,发现在我们民族灾难深重的时刻,他往往能够指出我们民族的某种前进方向。

回到文学上来。大家知道,上海滩,1944 年,当时张爱玲非常红,傅雷写了《论张爱玲的小说》。在今天看来,也是对张爱玲的写作最有独到见解的一篇文章,而且还开创了一代评论风气。傅雷对真的追求、对艺术的批判,以及对思想的把握,让我们能够更好地了解张爱玲,也让张爱玲自己得以更好地了解自己。

傅雷也当过中央文物编审科的科长,去过敦煌。他对中国的艺术有独到的见解,包括后来对黄宾虹画的看法,操办他的画展。拥有这一切,美术上的独到眼光,文艺上的评论勇气,开先锋的批评方法,政治上的追求与敏感,求真的勇气,对中国文化独到的见解,可是傅雷为什么独独选择了翻译呢?16 岁、17 岁就写小说发表,他为什么不去当艺术家、当小说家、当别的什么家?他为什么就如此专注于做翻译呢?这就像一个谜,我在不断地探索。后来,我慢慢发现,是因为他觉得当整个国家言论不是很自由、政治至上的时候,一个人是很难发表自己的观点的。所以,他把翻译作为一种表达自己思想、倾注自己理想的手段。读傅雷的作品,你能感受到他有他的政治追求、对美的追求,所以在这个意义上,傅雷的翻译实际代表了他自己思想的某种传达。他可谓一个不折不扣的思想家。所以到了"文革",人妖颠倒,语言暴力,再加上人的尊严遭受玷污,一向求真的傅雷,就觉得再也没有机会了,连翻译的机会都没有了。如果再也没有表达自己思想的机会,人的尊严被玷污,要去靠说假话过日子求得一次生存的机会,对一位思想家而言,一定是不能够接受的。所以他写下了那封遗书,一共13条,一点一滴记得清楚。我每次看他的遗书,都会真的落泪,他交代亲戚的每一件事情都落实了,然后就非常平静地走了。而走的这个过程,实际上也是傅雷对我们那个时代的一种控诉。前两天有记者问我,他说你对他的死怎么看? 我说他死得值得,但也非常残酷。在南京,我们 5 月份可能要召开一次大的会议,叫"'傅雷与翻译'国际学术研讨会"。通过联系,我想请余光中先生来,他今年有 80 岁了,结果他说因为有别的事不可能过来,是身体的原因,但他很快写了两页纸给我寄过来,字写得恭恭敬敬、工工整整。他说,他在上中学的时候,没有人没读过傅雷翻译的东西。傅雷的家书、傅雷翻译的作品,对他的影响非常之大。傅雷在中国文化的发展过程当中,特别是 20 世纪的贡献非常之大,但是这样的优秀人才,没有得到善待,他的生命凋零了。他说,我们的国家应该以傅雷为荣,也应该以傅雷为戒。由此我想,傅雷真是有政治上的一种敏感性,他对于艺术的追求,对于中西文化精髓的深刻理解,使其成为两种文化之间的一种摆渡。同时,他又是一位思想家。而恰恰在这个意义上,我们看到了翻译的作用之所在。傅雷所要塑造的,是我们国人的一种精神,他要借助对西方的吸收来融合中国文化。所以随着我们对翻译不断深入的认识,再回过头看傅雷所做过的点点滴滴,就会明白,傅雷翻译的文字,绝不是随意的一种翻译,而是真正融入了自身的心血和追求。而且在文学上,他延续了国外那些大家的生命,促使西方文化与中国文化产生互动,以此滋养中国的文化,进而在思想上达到一种传播真的境界。在我看来,傅雷的人格是非常伟大的。现在傅雷对于我来说,已经不仅仅是那一本本书,也不仅仅是一种翻译的艺术,而是一个大写的人。

那么今天,我觉得我们来纪念或者学习傅雷,应该是不一样的。傅雷翻译的一生,既包含广义的翻译,也有狭义的翻译。在我看来,翻译有两种类型:第一种是一种符号到另外一种符号的翻译,"诗中有画,画中有诗"。也就是说,从诗歌到音乐,可以进行翻译;从绘画到音乐,也可以相互翻译。实际上,人类要认识世界,就是要创造一种符号。一个人掌握的符号系统越多,比如说音乐符号、绘画符号、文字符号,他对世界的认识就会越全面、越细腻。可是今天,我们把符号当成了一种所谓的尊严,家长要小孩子学钢琴、学绘画,目的不是培养孩子认识世界、创造世界的方法,而是为了能够上好的学校,甚至为了高考能多得几分,数万人去争那个所谓提前报考的艺术专业。反映到翻译上,你认识的符号越多,对世界的认识相对而言就越深刻、越全面。因为,每一个符号系统对于每一个世界的表达路径都是不一样的。傅雷对这些符号具有深刻的理解,他洞悉音乐符号,所以傅聪成为音乐家并非偶然。傅雷对绘画符号,对于黄宾虹,对于他的画所积淀的中国文人传统和文化传统,看得非常透彻。所以,程大利先生才说,傅雷的眼睛都比我们早看透 50 年,他能够看到这些,而我们现在的中国画界才慢慢认识到黄宾虹的了不得。同时傅雷也掌握了文字符号,所以他是一个全面认识并掌握符号系统的翻译家。他的《世界美术名作二十讲》,就是符际翻译的一种根本性体现,傅雷透过表面的一切,抓住了其内在的精髓。第二种翻译,是从一个民族到另外一个民族的翻译。法国作家斯塔尔夫人说,人一生最大的贡献,最了不起的事情,就是把文学从一种语言翻译到另外一种语言。这是一件非常了不起的事情,而傅雷却做到了。所以,我想法国的这些作家会非常感谢傅雷,我们中国人也会非常感谢他。

文字表层之下,文学翻译的背后,傅雷所要传达的是一种思想、一种文化。如果我们今天评价傅雷,仅仅是从文学与文字艺术的角度切入,肯定是不够的。他的文字、文学与文化是互动的,在互动中产生思想的力量,而后传播出去。所以,傅雷是影响了中国文化征程的一个人。几年前读到一份报纸,上面有人说,一部数百万字的西方文学作品,阅读之后的

20 年、30 年,有时就融为几个字,比如《战争与和平》里"幸福的家庭都是相似的,不幸的家庭各有各的不幸";而傅雷翻译的《约翰·克利斯朵夫》,就是四个字"江声浩荡",这四个字荡涤到人的灵魂。

在翻译当中,傅雷恰恰就是把文字化作了一种思想,在文字中注入了个人的强烈感受,使译作的文字与原作的文字产生共鸣。"江声浩荡"这四个字,就好像预示着一个英雄的横空出世;"江声浩荡,自屋后上升",莱茵河边那个浩荡的江声起来之后,就预示了一个英雄的降临。但是你再去看另外两个译本,一个译作"江流滚滚,震动了房屋的后墙";另一个译作"屋后江河咆哮,向上涌动"。同样一句话,只有傅雷翻译出了那种气势。我曾经问过这两个译本的译者,我说"江声浩荡"那么好,为什么你会翻成"江流滚滚,震动了屋子的后墙"? 他说,你想一想嘛,在屋子的后面有一条江,然后滚滚,对不对? 那不是我屋子的后墙也要震动吗? 我说原文,他说原文看不出来就一定是"浩荡","浩荡"两个字并没有的。英国人的翻译跟这个又不大一样,gronder 名词就叫 grondement,grondement 指轰轰的声音。只有傅雷,在这个字当中感受到河的某种象征意义。百余万字的作品当中,他能够敏锐地发现这一音乐的动机,每到高潮处就出现这个动机。所以整部书中,有多少次出现这个词,就应该有多少次"江声浩荡"。傅雷恰恰抓住了这些,他从整体上抓住了其象征的作用,并且前后照应,几处遇到都是"浩荡的江声"或者"江声浩荡"。但是,有的翻译家却只是从字面上理解,根本不能照顾到全文,不知道也忘记了当中出现过几次这一音乐华章般的强烈动机,更别说在译文中重复地烘托出这一动机来了。

在傅雷眼里,翻译不是死的文字转换。这就像余光中所说的,翻译就像一只鸟。有的人一字一词地对应,就像一只鸟,连根毛都没有少,但是它是一只死鸟,至多是一个鸟的标本。但是,傅雷的翻译,有的时候也许会失去一根毛或者别的,因为在翻译的过程中,存在不可调和的矛盾,必须加以改造,不改造,国人就无法接受,所以,看上去好像它失去了一些什么,或者跟原文不能够一一对应,但是,它传达的却是新鲜的生命,是一只活的鸟。这就是一个翻译匠和一名翻译家之间的区别:翻译家像傅雷一般赋予作品鲜活的生命,而翻译匠最多做出一个一根毛都不少的标本。我们要感受的,恰恰就是傅雷在其翻译文字当中所感受到的东西,所以说翻译是难。最近,我在上课的时候,遇到一些翻译的例子真的翻译不出,我说如果傅雷先生在就好了,我真的可以去请教他。比如说,法国有个女院士尤瑟纳尔(Yourcenar),她在一部小说中模仿我们的话本小说,说我们的姑娘多么美,可是翻译的人是怎么来处理的呢?"啊呀,这个姑娘,她脆弱得像芦苇,她甜蜜得像口水",还说"她咸得像眼泪"。我到现在也没有看懂,什么叫"甜蜜得像口水",还"咸得像眼泪","脆弱得像芦苇",实际上那个不是脆弱,应该是说这个姑娘非常柔,如杨柳。但是法文原文是这样的,如果不改,中国人不明白什么叫"甜得像口水";可是如果改了,那些制作鸟的标本的批评家,就会说你跟原文不一样。所以在翻译的过程当中,我们再去看傅雷,就能明白他所有的文字到最后,都是朝着一种鲜活的方向前进。

我看过傅雷的很多译本,他追求"神",比如形容一个人肚子很大,开始翻译成"大腹便便",后来觉得这个词不够好,最后改成"腆着一个肚子",形象马上就不一样了。说一个人在房间里悄无声息地往前走,最后他改成三个字,非常简单,"悄悄地",看上去不经意的文字,却传达出一种新鲜的事物。所以当我们探究其翻译过程时就会发现,傅雷在翻译艺术上不断追求的,一个是形与神的问题,一个就是归化与异化的问题。

傅雷注重"神似",并认为翻译形神皆备最好。但是,从外语到汉语,发音变了,字形变了,而形式一变,意义就有可能产生变化。这时,如果一味机械地翻译,意思也就完全走样了。傅雷从对绘画符号的深刻理解当中,看到了形与神之间的这种特殊关系,由此提出,在文学翻译中求本,在形似与神似之间,应该是重神似、不重形似。翻译之难在傅雷那里,成了一种挑战,它是对原文的挑战和超越。傅雷让原文的东西在中国这片土地上,跟中国的文化水乳交融而不露痕迹,构成了一种语言创造的典范。

总结一下我们今天的内容,从对翻译这个词的理解,到 30 年来对翻译的探索,傅雷对我而言,其意义是不一样的。他代表一种文化的高度,影响到学界的思想,滋养了中华民族的文化。这样去想,我们就可以回答出,为什么傅雷执着于翻译、钟情于翻译这个问题。以后再去理解傅雷的意义,你就会明白,翻译对于傅雷,是一种思想的表达、理想的体现、热爱祖国的显示。由此理解他的翻译事业,我们才能够真正超越文字的表层,上升到文化以及思想意义的层面。

最近有记者采访我,他说,现在纪念傅雷到底有什么意义?我们中国人做事总要找点意义,我们活着也要有点意义,如果没有意义或者说没有意思,也就不活了。任何事情都要追求一种意义,而翻译恰恰对"意义"这个词异常敏感,因为没有意义就无从传达,所以有一首歌里唱:"啊!你是天,你是地,你是意义,除了你没有真理。"傅雷认为,翻译从一开始就要穿透文字、抓住意义,然后再把意义转移到另一种语言,赋予其新的生命。他的这种理解,比一般的理解多出一个层面。所以,当有人问我翻译到底有什么意义的时候,我说我们在今天纪念傅雷,其意义是多重的。因为我们这么一个时代,已经是一个全球化不断加快的时代,经济是一体化的,在欧洲,它的国界可以打开,它的货币都可以统一,但是唯独它的文化却不能够统一。文化必须要多样化,如果所有的民族文化都统一了,那么世界也就失去了它的丰富性。所以,我们要维护文化的多样性,而文化又是跟语言结合在一起的。可是,大家学英语的时候却都忘记了,如果全世界都学英语、不讲中文,我们中国还会存在文化吗?如此一来,我们的"四书五经"就没有了,就不可能再传下去了。要维护文化的多样性有个前提,就是必须有语言的多样性,而翻译恰恰就是保护语言多样性的一种最好方式。同时,翻译的意义还在于,通过翻译可以非常敏感地发现与我们不同的东西,即差异,而翻译最重要的就是能够尊重差异、表现差异。我们为什么要去翻译外国的东西,傅雷为什么要去翻译外国的东西?正在于他要发现西方与我们之间的不同,而这些不同的东西对于我们中华民族来说,又恰恰是一种补充、一种丰富。今天,我们宣传与弘扬傅雷广阔的胸怀以及求真的勇气,因为这些正是我们这个时代所需要的。今天我们在纪念傅雷的时候,实际上不仅仅是为了翻译,更是为了翻译之后其所代表的世界的相互交流、交融、补充以及丰富的过程。而傅雷的影响,已经远远超越了中国,法国已经把傅雷作为一种中法交流的象征。法国的文化部、外交部,10年前就创立了"傅雷计划",希望把法国的百部优秀作品推向中国。法国是一个崇尚自由与博爱的国家,它把自己的作品向外传播的计划命名为"傅雷计划",这恰恰体现出傅雷精神的重要性,体现出傅雷的时代意义。在今天,傅雷已不仅仅属于中国,他更属于整个世界;傅雷精神,可以帮助我们跨越文字的障碍,在文学上有所交流,在文化上有所互补,促使全世界的人们为了一种和平和谐的文化而努力追求。

回顾傅雷的一生,他的心灵是那么善良和纯洁,他求真的勇气又是那么可贵。我想,他求美的每一个足迹,一定都会深深印在我们每一个人的脑海中,印在每一个中国人的心里。带着如此的感悟再次阅读傅雷,我们一定可以体会到那些文字分外珍贵。今天,在这里,仅以我自己的理解,从翻译的角度谈了一些我个人对于傅雷的认识,谈得可能比较粗浅,但是不管怎样,我们拥有这么一个世纪的约会,非常幸运。非常感谢大家,谢谢!

(本文系2008年4月9日在国家图书馆所做的演讲的文稿,由国家图书馆根据演讲录音整理而成。)

理解与翻译

——谈《不能承受的生命之轻》

对各位听众的到来，我首先要鼓掌，要表示感谢！在140多年前，法国有一位著名的诗人从丑当中发现了美，他就是波德莱尔。他的诗集《恶之花》就是在丑和恶当中发现了"花"，以丑为美，从恶当中发现了善与美。他曾经说过这样一段话："世界要完了。……儿子将由于贪婪的早熟而逃离家庭，不是在18岁，而是在12岁，他将逃离家庭，不是去寻求充满英雄气概的冒险；不是去解救被锁在塔里的美人，不是为了用高贵的思想使陋室生辉不朽，而是为了去做买卖；为了发财；为了和他卑鄙的爸爸竞争……而资产者的女儿在摇篮里就梦想到自己会被卖到一百万。"当我读到这段话的时候，就联想到了我们的时代。人类的理想慢慢丢失，英雄气概不复存在，如今很多人出门，不是去寻求刺激的冒险或高贵的思想，而是去寻求金钱。今天来之前，我心里还非常忐忑不安：怕没有人来听讲，因为听我讲文学发不了财。没想到来了这么多人，在我们这个时代还有那么多的人关心文学！文学所代表的就是梦想，就是冒险，就是去寻找被锁在塔里的美人，就是在恶的世界中去寻找善与美。所以，我要向你们致敬！为你们鼓掌！

这几天大家都沉浸在一种非常兴奋的情绪里，特别是上海的刘翔，他带着我们一起离开大地"腾空飞翔"，看他110米栏比赛的时候，几乎感觉不到自己的存在。但是，在我们振奋过后又不得不回到各自负担的沉重的日常生活中来:能源危机、效益下降、社会的不安定以及各种各样的沉重负担,让我们在对刘翔的赞美声中又联想到自己的生存,在"重"与"轻"当中联想到自己的存在。所以,我们每一个人、我们的每时每刻应该说都与昆德拉在《不能承受的生命之轻》这部书所揭示的主题"轻"与"重"息息相关。在现今社会中,我们总是想生活在理想的世界,总是在渴望着某种东西,而这些渴望的东西、理想的东西、梦想的东西总是那么轻,犹如往天空中飘去的一缕轻烟。然而,人们总是在"轻"与"重"这种对立中成长。人如果总是生活在天上的话,那必将忘记在地上的生活。在地上,你要面临社会的压力、背负家庭的负担、孩子上学时的那种焦虑以及我们对于未来的那种渴望与焦虑的并存。我想,若能把这所有的一切都与昆德拉的《不能承受的生命之轻》联系起来思考的话,也许我们可以得到一份答案。因此,我非常感谢上海图书馆。因为是上图给了我这个机会能与上海的广大读者面对面,就文学、人生、存在来谈谈自己的看法。我采用了"理解"与"翻译"这两个词。前者是我们认识的一个最重要的方面,我们始终(一辈子)都在试图理解他人与自己。当我们遇到困难、不解、误解的时候,会深陷迷茫而感到困苦、困惑,而这一切又与我今天要讲的昆德拉的《不能承受的生命之轻》的主题有了联系。昆德拉这部小说的第三部分为"不解之词",它所涉及的很多关键词都是我们人生所必须面对的。理解是一切的开始,但是当我们理解自己都非常困难的时候,又怎能说我们理解了别人、理解了我们身边的这个世界、理解世上即将发生的一切呢?因此,理解是一个人一辈子所永远追求的,是一个过程,是难以一下就完成的,这也是在一种无限当中寻找个人的一种有限。

"理解"是"翻译"的第一步。我们每个人总要发表自己的看法,要表述对世界的看法,表述对社会的看法,表述对他人的看法。若一个人只有理解而没有表达,他便会非常痛苦。在家里,你会渴望与子女、妻子、兄弟姐妹、朋友的交流;在外面,你会渴望与上司、周围的同行以及整个世界的交流。这个交流的过程,实际上也就是把我们自己的认识、想法传达出来,而这个传达的过程就是"翻译"。应该说这个词离我们非常之近,它渗透到生活的方方面面:小孩一出生与母亲的交流始终就是在翻译之中,小孩总是会问:"妈妈,这是什么意思呀?"当孩子不明白母亲的话语时,总是会要求妈妈再说一遍,而在这个过程当中,母亲若是重复原话就无法达到翻译的目的,于是就会用另一种话语来解释。因此,翻译绝对不是同义反复,不是一个字一个字的完全对应,而应该是以自己的理解为基础,对他人所说的和自己所要表达的内容,用另一种方式恰当地表述出来,从而进行沟通理解。实际上,一部书、一个国家的文化,在我看来应该是有赖于翻译的。可"翻译"究竟是什么呢?刚才提到的表达自己的思想与对他人的理解,就是翻译。你要表达,就要不断地翻译自己的思想。对一个国家的文明的发展而言,我们文化的积累是需要翻译的,试想"四书五经"若没有不同版本的翻译,没有不断的阐释、注释,没有不断地一代又一代地阐释,就不可能传承至今。正是由于有不断的阐释与翻译,有当代人的不同理解,"四书五经"的内容才得以逐渐地丰满、丰富。可以说,我们现时对它的理解较之以前那个时代已经不一样了,因为已注入了当代人对"四书五经"的理解。在这个意义上,"翻译"就成了一个民族文化得以不断地传承、开拓、继续下去的一个保证。而作为各种不同的语言和文化之间的翻译也同样如此,如"歌德"要到达中国,我们的"鲁迅""曹雪芹"要到达法国,均要通过翻译。《红楼梦》的生命通过翻译家在法兰西、美利坚、德意志的土地上重新开花结果,歌德的《浮士德》在中国也有了新的生命。正是由于翻译家们对一部部著作的呕心沥血,才使得国外的文化在疆界上不断地得以拓展,在时间上不断地得以延伸。所以,翻译也是异域文明在时间和空间上不断地拓展与延续的过程。

基于对翻译这样的理解,当上海译文出版社邀请我来翻译《不能承受的生命之轻》的时候(当时我正在写一部书——《翻译论》,也就是试图对人类理解"翻译"这个过程的活动在学理上进行阐释,可以说我的整个心都沉浸在写作之中),我没答应。这其中有两个原因:第一,以前(1987年)我并不是特别喜欢昆德拉,认为他总是与政治结合在一起,而我本人对于政治问题有自己的看法,有自己的理解。当纯粹地把政治看成一种

"权"与"术"的结合之时,我是不太赞成的,而我以前认为昆德拉就是在很大程度上借助政治的纬度发挥其影响。第二,以前我总感觉昆德拉不过是一个"二流"作家。由于自己的翻译工作,我有幸能与普鲁斯特、雨果、巴尔扎克这样的大家在历史的空间当中进行"对话"。所以,对于昆德拉自然也就不屑一顾了。但是,出版社的赵武平先生几次来电话对我说:"你可能没有真正地认识昆德拉,另外,翻译《不能承受的生命之轻》,你将面临巨大的挑战。"我心想:到底会有什么挑战呢? 他又说:"这部小说在1987年由著名作家韩少功翻译之后,在港、台、大陆均引起了轰动,发行了100多万册。它激活了中国创作界的思想,激活了中国文学界对于小说艺术的重新认识。也许是你对昆德拉的认识太肤浅了吧! 若你能在韩少功之后来翻译,你能够接受这种挑战,应该说这对于一个从事翻译工作的人而言是一件非常重要的事情。"

赵先生提出的两个观点使得我慢慢地动心了:其一,他说我可能小看或者是误解了(不了解)昆德拉。我自己是搞翻译工作的,当有人说我误解或不解的时候,自己心中总是很痛苦的。因为,翻译最为重要的精髓就是"理解"与"使理解"(understand and make understand),即:你只有理解了它,才有可能使别人理解,这是基础。但是,你即使理解了也不一定能够使别人理解。而当别人说我误解或者不了解昆德拉的时候,就会产生一种试图去理解的愿望。其二,作为翻译而言,一个作家翻译了一部作品并引起了巨大的轰动,而且此作品的翻译在全国产生如此大的影响,然而现在要重新翻译,这对自己来说确实是一个挑战。于是,我就答应考虑一下。随后,我就查找了大量的资料(包括法国人、加拿大人、美国人以及中国的昆德拉研究者所写的文章、资料、书籍),在读过总共不下120万字的文字资料之后,我豁然发现昆德拉怎么提供了那么多"理解"的可能性! 后来,我曾经说过这么一段话:"1978年改革开放以来,我们遇见了许多的外国作家,包括福克纳、博尔赫斯、卡夫卡等大家,可没有一个作家的作品能带来那么多阐释的可能性。"有如此之多的作家、哲学家、比较文学家以及普通读者对昆德拉的这部小说提出了不同的看法,各有各的理解,这顿时吸引了我,而我又该如何去阅读这部书呢? 所以,在翻译之前我就在想:是否能寻找一种属于自己的阅读方式和理解的可能呢?

实际上,一个人的理解能力是不断发展的,如果今天让我再把这部书重新翻译一遍的话,或许有个别的字、关键的词又有了新的变化。因此,可以说一部书的翻译是随着一个人对于此书理解的不断加深,而使得翻译活动不断地发展。然而,对于昆德拉的《不能承受的生命之轻》这部书确实有着很多不同的理解:譬如哲学家俞吾金就从哲学的角度对昆德拉的话语进行阐释,他认为此作品铸造了新的时代精神;中国比较文学学会会长乐黛云则认为昆德拉成功地完成了哲理与故事、梦与现实的结合,或者是创造了一支把哲学、叙事和梦合为一体的、复杂的交响乐;文学评论家们更是推崇昆德拉掀起了小说的革命,对小说的"新"与"奇"以及对昆德拉小说的技巧与创新进行了探讨;而一般的读者透过《不能承受的生命之轻》看到的是一个美丽的,最后变成了凄婉的,进而再变成一个绝望的爱情悲剧。

由《不能承受的生命之轻》改编的电影《布拉格之恋》基本上就是在政治的背景之下,对这种爱、对一种绝望的生存悲剧的演绎。20 世纪 80 年代,四五十岁的人阅读这部书所联想到的就是"文化大革命",昆德拉所面临的境遇与我们那一代人是何等的相似,以及在这相似之后的思考带来的一种共鸣。因此,不同的读者在不同的时代对小说的认识就显得那么不同,那么丰富,香港人、台湾人、大陆人读后的感受各不相同,把所有的感受结合起来,就形成了一种阅读昆德拉的一个完整的但仍有待于发展的版本。这个版本确实在不断地发展。到了去年,我发现人们阅读与理解昆德拉小说的可能性又变化了,又拓展了。以上海为例,大家都熟悉上海市作协主席、著名作家王安忆,她就这样说过:"我一直对米兰·昆德拉的《不能承受的生命之轻》感到不安,它几乎成了我理解力的一个障碍,我不相信它只有自己所能看到的那些,可除去了那些,我又真的看不见别的。我对自己以及对它充斥着怀疑,为了释解这种折磨人的困惑,我决心以实证的方法分析这部小说,求得客观的认识。"于是,在 2003 年 7 月这部书的新译本问世之后，王安忆就以实证的方法(逐字逐句)阅读并分析了它。为此，她写了一篇文章，叫《事实与诠释》。而她在阅读的过程当中确实是非常用心的，表现在对整部小说的结构、关键词以及对二元对立的灵与肉的分析。分析到最后，她是这么说的："就这样，性，政治，在无度的诠释中，成了历史反思的主要特征。为什么是性和政治，而不是其他，这又是一个令我不安的问题。"也就是说，十几年前王安忆读小说，读完了以后便一直处于不安的状态之中，甚至对自己的理解力也产生了怀疑。此时又读，等再读完了以后她认为自己已经得到了释解，可最终发现"性，政治，在无度的诠释中，成了历史反思的主要特征"，而"为什么是性和政治，而不是其他"，这个令她不安的问题又开始折磨着她。

最近，我在南京看到了上海媒体的一篇报道：《一个初一的小女孩读懂了昆德拉》。说上海时代中学一位初一的学生，写了一篇读书大赛的参赛文章：《生命的轻与重——读〈生命中不能承受之轻〉有感》，最终获得了征文大赛的一等奖(上海的《新闻晨报》全文刊登)。这个女孩仅 13 岁，生活在一个非常不幸的家庭里，在文章里她写道："我常常被这种困惑挤压得透不过气。在学习的日子，我无时无刻不想着逃离校园。可是一旦放假，我又因无所事事而深感自责。我讨厌朋友之间鸡鸡狗狗的纷扰，但在热闹的人群外又总是品尝着凄清和孤独。我害怕因老师的器重带来的大小事务，又会在老师的冷落中黯然神伤。我厌倦父母无休止的争吵，在他们离婚后我又不得不面对安静生活后面死一般的寂寞。"一个 13 岁的孩子生活在这沉重的大地上，带着自己所承受的生命重荷，没有离开这片大地，而只有她的幻想与理想。联系这些困惑与痛苦，她读了《不能承受的生命之轻》，这样的阅读究竟为其带来了什么样的感悟呢？她说："从现在起，我要重新安排自己的生活。当我欣赏网球比赛时，不会再为少背几个英文单词而苦恼；当我和同学聊天时，不会因为错过经典小说而悔恨；当我在公园里悠闲散步时，也不会因为停练了一会儿钢琴而自责。我要让沉重的生活变得轻松起来；我要和妈妈一起把阴暗的小屋漆成温馨的粉红；我要让家里的每一个角落都塞满我喜欢的书籍；我还要帮助伤心的妈妈重拾儿时的文学之梦……不要再去分析生活是轻是重,也不要害怕生活是轻是重,重,就勇敢地扛起,轻,就紧紧地抓住。"这个 13 岁的女孩的文化程度并不高,因为她带着对生活的感悟去阅读这本书,所以她读出了自己所能理解的昆德拉。在这个意义上,我也确实认为王安忆的不安与折磨是对的,而这个小女孩读懂了昆德拉也是可能的。

在翻译《不能承受的生命之轻》的过程当中,我与不少作家有过交流,而在小说出版了之后,我也同样与许多朋友进行了交流。据我了解,阅读《不能承受的生命之轻》的人群中年龄最大的 88 岁,最小的 13 岁(都是我认识的人)。在南京有一位初一的学生,她爷爷是中国写作学会的会长。有一次我在她爷爷家做一个访谈(关于学英语与母语之间的关系),她拿出一本《不能承受的生命之轻》,并要求我题几个字。我就在她的书上写了一句话,我说:"翻译就是爱!"我还对她说:"当你去理解一件事情的时候,你必须怀着一种热爱的态度,对你的生活你必须带着热爱的态度;当你去翻译一位作家的作品的时候,你也必须带着一种热爱的态度。"她告诉我已经读过了这部书,身边的几个同学也都买了这部书。我当时就感觉很奇怪,怎么这么多初中的学生读这部书,于是就问她:"你读了这本书有什么想法?"她回答:"世界怎么如此复杂啊!"阅读了这部书,居然让她对世界的复杂性有了理解,其实这也是对于世界的一种理解,因此我觉得很好。最近,我浏览了一下卓越网,若把网民们对读这部书的感想全部念一遍的话,那我今天就可以不用言语了。因为,我感觉他们对昆德拉的不同理解开拓了我对《不能承受的生命之轻》的理解。或许我所理解的东西,他们还不曾理解,但是他们所能理解的那一部分被我忽视了。可以说在这部书当中,几乎每一个人都可以读出自己的那份感觉,这样的说法并不夸大。我仔细浏览了网上的内容,感觉说什么的都有,但都与自己的生存相联系。例如,有关高二、高三的学生生活,有一个同学留言:"我是一个高三的家伙,马上要高考了,忽然就遇到了这本书,我就读下去了。生活不就是这样吗?就让它'重'吧!"这就很有一点要承担起生命的重、高考的重的感觉。再如,有一个人大学毕业后来到了北京,忽然在那个都市里找不到"北",顿时感觉非常孤独,于是他在这部书中找到了理解孤独和感受孤独凄凉的美。他说:"生活当中能够有这样一份孤独,不被世界纷繁的世事所侵扰,这不是很好吗?"

关于这部书的理解,大家可以发现一个发展的过程。在 1987 年小说刚问世的时候,普通的读者发出的"声音"并不多。有关昆德拉的理解,发出的都是专家学者的声音。而不同的专家从不同角度去阅读去理解。例如,哲学家阅读感觉它是哲理化的小说,小说家去阅读又感觉它是小说化的哲理,文学家去阅读认为它是小说的革命,政治家去阅读又认为它是革命的小说。普通读者往往在这些看法的影响下看这部小说,而与自己的经历联系甚少,最多的是联系我们民族的命运("文化大革命")。对那个时候的一个解读过程,我把它称之为"外部的阅读",很少结合自己的生存。可是,现时的人们再来阅读昆德拉,就出现了新的方面,普通读者真正从各自的生存状态出发去理解作品。于是,就出现了不同的人对于昆德拉有着各不相同的理解的现象。

那么,我自己又是如何去"走近"这部书,从而理解并翻译它的呢?关于阅读,我们在有的地方与昆德拉的看法是不一致的。中国传统的阅读方式是:一定要了解作家,然后再了解作品。即先看创作作品的是一个什么样的人,接着再从此人的品性当中来理解这部作品的品位。如果这个作家是一个品位不高的人(指在我们的道德评判标准里),自然其小说品位也不会高。我们在小学学习阶段开始,读一篇文章,总要强调一部作品的"历史背景"。可是,昆德拉就比较反对这种读法。在他看来,作品是第一位的。你们不要去追究我是谁,你只要去读我的作品就可以了!我认为,这点确实是我们在阅读一部名著的过程之中值得思考的问题,即我们到底是要弄清作家其人,再来理解其作品,还是要通过对其作品全部的理解之后,再来定位此位作家呢?因此,在这里面就出现了一些矛盾。昆德拉认为:自己在作品当中是表达了真正写作思想的昆德拉。我感到这是一个非常有趣的问题,因为在我们阅读昆德拉作品的时候,可以发现几乎所有书中都没有对作者的详细介绍。他的书上只介绍了出生年月,除此之外就是告诉读者他用捷克文写了哪些作品,又用法文写了哪些作品,而生平经历的介绍,似乎对其而言都不重要,因为他说这与其作家身份无关。

可是,我们在翻译的时候却往往要作个序,或者是写篇译后记,这也是我们中国的翻译家在翻译外国作家的作品时经常采取的一种方式。如我们翻译巴尔扎克的作品,都会写一篇序,称之为"译本序"。可当我答应要翻译《不能承受的生命之轻》的时候,上海译文出版社提出了一个非常重要的条件:要求我不要加任何自己的文字,不要写序,也不要写译后记。我当时感觉无法接受,这实在是很不平等,我作为一个翻译,为何就没有权利发表一点自己的看法呢? 出版社又强调:你可以独立发表你的意见与看法,但请不要与他的书"同行",因为他是一个独立体,你也是一个独立体,不要把你自己的理解作为理解他的书的先导。法国的结构主义文学批评流派当中非常重要的一条就是:文本批评,即不问作家是谁,只分析作品本身。昆德拉显然是受到了结构主义、文本分析流派的影响。在这点上我持有不同的看法。若我们不对昆德拉的出身、经历有所了解,也许对他的作品的理解就不可能真正有效地展开。

关于昆德拉,不少人这样对我说:"昆德拉原来在捷克斯洛伐克(简称"捷克")的时候没有名气,后来他流亡到了法国才开始有了名。"可我查询了一些资料,发现实际上并不是完全这样。1975 年,在他离开捷克之前,昆德拉就已经是捷克作家协会主席团成员了。后来他在法国出名了(1977 年)。1977 年,在中国,"四人帮"刚被打倒了一年多,改革开放还没有开始。就在那一年,捷克有 76 名人民艺术家、360 名功勋艺术家、7000多名艺术工作者签名发表了捷克斯洛伐克文艺界《宣言书》,其中有这样的表述:"我们极端鄙视这么一帮子人,他们狂妄自大,虚荣心重,优越感强,自私自利,无耻之尤,甚至为了几个臭钱,不惜出卖自己祖国的利益,参加了叛徒集团,脱离了人民,离开了人民的生活,背弃了人民真正的利益而投入帝国主义怀抱,成了反人道主义的工具,堕落为那些颠覆和制造各国间不和的人的传声筒。"其实,这个宣言就是针对昆德拉等一些流亡作家所写的。在这样的声讨中,昆德拉的作品在捷克当然不可能流传,他的作品绝对不可能在捷克的土地上发出自己的声音。但是,历史总是在不断地发展,这种情况一定会有改变,历史会说话的。昆德拉离开捷克到了法国之后,很多人认为理解其作品要围绕两点:一个就是他的故乡,另一个就是他的寓国(指接纳他的那个国家)。在他的小说中,总有许多的梦。梦也可以分为两种:一种就是害怕没有离开自己出生的地方,比如在"无知"中,主人翁到了法国后天天做梦,等到梦醒时分就感觉自己怎么还没有离开布拉格,显得忧心忡忡。另一种梦就是在寓国,他担心自己遭到别人的不理解。对于这么一种矛盾的过程,我们如果从其特殊的流亡者的身份切入,对他那种灵魂漂泊的经历加以理解,我们就会对他的作品有一些新的认识。所以,在这个意义上,我认为了解一点昆德拉的历史以及其特殊的身份是有利于我们对他的理解的。

在理解昆德拉的过程中,我认为有这么几点需要指出:

第一,我们理解昆德拉,如果只注重外部因素,从政治的角度切入,有可能会产生"误读",有时候我们会读出他的反动,我们对"共产主义"这样的字眼会特别敏感,在翻译中对有些过于敏感的词语就会采取软化或删节的处理办法。如今,我们的时代已经相当开放,我们的国家与政党也发展得相当强大。或许在 17 年前有人会认为昆德拉的小说是在颠覆某种制度,而现今这种可能性已经慢慢淡化了。

第二,昆德拉的作品的开头非常有意思,如《不能承受的生命之轻》的开篇。法国的作家对于小说的开头,不同的流派大相径庭,如巴尔扎克的小说《贝姨》《高老头》等,作品开头总是:"在一八四几年的一天,在法国某城市某某街出现了某某人……"小说家对于所发生的每一个事物、人物、时间、地点均交代得一清二楚,叙述者对于小说中所发生的一切似乎都了如指掌。可是,到了存在主义小说家的时候就发生了变化,如大家都不陌生的阿尔贝·加缪,他有一部小说叫《局外人》,开始便写道:"今天,妈妈死了。也许是昨天,我不知道。"这简直让人难以想象,一开始就把这个"不知道"带入到叙事当中,以至于后来主人翁默尔索杀了人,连自己是怎么杀的都不知道,由此而昭示了某种荒诞性。昆德拉的这部小说非常有意思,小说的一开篇就是:"永恒轮回是一种神秘的想法,尼采曾用它让不少哲学家陷入窘境……"这样的开篇似乎没有小说的影子,更像是一本哲学书。而小说的结尾又是另外一种方式:"一只巨大的蝴蝶被光线一惊,飞离灯罩,在房间里盘旋。下面,传来钢琴和小提琴微弱的声音……"一个富有哲理的开始,却在一个凄凉的诗意中结束,这样的开篇与结尾就形成了此部小说特有的一种格调和张力。

第三,我们在阅读《不能承受的生命之轻》的时候,总能够发现极其有趣的方面,尤其是处于一种二元对立当中所出现的境况。在小说的第二章,有这样的表述:

> 最沉重的负担压迫着我们,让我们屈服于它,把我们压到地上。但在历代的爱情诗中,女人总渴望承受一个男性身体的重量。于是,最沉重的负担同时也成了最强盛的生命力的影像。负担越重,我们的生命越贴近大地,它就越真切实在。
>
> 相反,当负担完全缺失,人就会变得比空气还轻,就会飘举,就会远离大地和地上的生命,人也就只是一个半真的存在,其运动也会变得自由而没有意义。
>
> 那么,到底选择什么?是重还是轻?

实际上,他在小说中直接就提出了一个主题,这个主题就是我们所说的"存在"。刚才我们就提到了,现在有很多的读者读这部小说的时候,都联系起自己的生存与生存状态。我觉得这是一个非常正确的道理,因为小说的主题就是要讨论"存在"与"生存"的问题。围绕着"生存"就出现了两个字——"轻"与"重"。这一"轻"一"重"实际上在我们的生活和传统当中是经常谈及的。但是,我们不像昆德拉那样去谈生命的轻与重。伟大领袖毛泽东谈的是"死"的轻与重:人固有一死,或重于泰山,或轻于鸿毛!生命的轻与重我们讨论得并不多,但是我们对生存状态会持有一种态度,比如说"举重若轻""避重就轻"等。实际上,在我们的生活当中,

"轻"与"重"时刻在关联着我们。然而,对于此种对立昆德拉又说:"巴门尼德早在公元前六世纪就给自己提出过这个问题。在他看来,宇宙被分割成一个个对立的二元:明与暗,厚与薄,热与冷,在与非在。他把对立的一极视为正极(明、热、薄、在),另一极视为负极。这种正负之极的区分在我们看来可能显得幼稚简单。除了在这个问题上:何为正,是重还是轻?"

今天,我想着重谈谈关于对立两元的问题。我们在阅读这部书的时候出现了一个重大的问题,即我们的世界到底是两元对立的,还是一个多元的世界? 应该说我们的世界是一个多元的世界。然而这其中又生发了一个重大的问题:在这部书中出现了很多的对立,如生与死的对立,轻与重的对立,背叛与忠诚的对立,灵与肉的对立,崇高与卑下的对立,高雅与粗俗的对立,美丽与丑陋的对立,爱情与色情的对立,最有趣的对立无非是圣经与粪便的对立,另外还有政治与性的对立。如果我们仔细地阅读它,可以发现所有的情节都是围绕着两条主线展开的:一条就是特蕾莎与托马斯,另一条就是萨比娜与弗兰茨,这两条线又常常交织在一起。整部小说就是在这两条主线当中形成了一个个对立的两元。此著阅读至今,我认为最重要的一条,就是昆德拉揭示了对立两元所产生的必然境遇。我们要走出对立的两元,去寻找、去开拓每个人生活中的可能性。由于对立两元的观念使然,我们往往把"生"与"死"对立起来。但是换另外一个角度看,正是由于存在着死亡以及"生"的有限,才使得我们的生命出现了无限的价值。若人类的生命是无限的,人不会死,那么大家还会去珍惜生命吗? 就是因为有"死",所以我们才特别珍视"生",才特别地重视在有限的生命里让我们的生命放射出无限的光辉。要是生死对立,那么,当我们知道人一出生必须面临另一个极端"死"的时候,当我们总是在这种对立之中去理解这个世界的时候,自然就会感叹:"又何必生呢?"在这部书中,我们就可以读出这样一个道理:我们的生命不应该处在生死对立当中,而应该在对立的两极当中寻找每一个人的可能。爱情如此,生活如此,与他人之间的关系也是如此,所以今天大家都在提倡一个多元的世界,这是很有道理的。

在我们这个时代,特别是上海,她为什么会有生命?就是因为崇尚的是一种多元,是对于世界各地文化的接纳,香港也是这样。我认为多元性也存在于这部小说中,如特蕾莎就历经了两个阶段:开始的时候偶然来到托马斯的身边,她要绝对地忠实于他。但是,托马斯认为做爱与睡觉是两回事,爱与色情是两回事,他爱她,可并不完全只是以她为自己的存在。因此彼此之间就产生了一种矛盾,于是两个人都走向了反面。在最后的时候,特蕾莎要让自己的身体自由,她甚至幻想着与其他男性的性接触,最终可悲的是她陷入了一个政治的陷阱。然而,灵与肉的对立也同样如此,我们总是称颂精神,却遗忘了个体的肉体存在的重要性;我们总是去赞美崇高,却对于崇高之后很多的一切(看似比较低下东西的真实性)不在乎。在这点上,小说中有许多细节将其真实地体现了出来。例如,特蕾莎偶然去找了托马斯,情人之间的见面本应该是激动而浪漫的,可书中的描写却是,"她第一次迈进托马斯寓所门槛的时候,肚子一阵咕噜咕噜叫"(小说改编成电影表现这一细节用的是"打喷嚏"的方式,因为肚子发出响声没有办法表现给观众来感知)。这就说明,在最渴望激情与浪漫的时候,人的肉体往往就会背叛了自己,从而卑下的那一面暴露无遗。所以,昆德拉在探讨媚俗的这一刻(在"伟大的进军"那一部分),一开始就谈到了斯大林的儿子。大家知道,斯大林是伟大领袖,一个神一样的人物,他的儿子在二战时期也是一位将军,可最后被德国人俘虏了,之后就和英国人关押在一起。作为领袖的儿子,他有一件事情表现得相当不好:在上厕所的时候特别不注意,把厕所弄得脏乱不堪(这恰恰与英国的绅士风度是格格不入的)。因此,英国人就去德国人那里状告斯大林的儿子。最后,斯大林的儿子被逼去扫厕所(厕所自然与最见不得人的粪便结合在一起),顿时感觉遭受了莫大的耻辱,于是身撞铁丝网自杀了。什么叫媚俗呢?小说中有这么一句话:"就其根本而言,媚俗是对粪便的绝对否定。"我在此很羞于和大家讲"粪便",但是昆德拉在他的小说中从哲学与生命的高度讨论这一问题。像特蕾莎,她总是被自己的母亲给压迫着,最后她渴望什么呢? 她说:"真想跟母亲的那些女友在一起,当有人放了一个响屁跟着她们一起哈哈大笑。"在俗中透着对生命的渴望。

其实,这就是昆德拉的刻薄与残酷。当人要刻意表现崇高的一面之时,对生活当中那些所谓的悲、俗的方面往往就会忽视或遮掩,这真是非常有趣! 如果我们想象一下各自的生活,想想在朋友之间、家人之间的情况。曾经有人说过这么一句话:"谈粪便(或者说屁),只有在最亲近的人之间才能够谈(或者说在最亲近的人身边能够发出那样的响声)。"这个道理就揭示了,我们每一个人都有高雅与粗俗的方方面面。然而,对于这个问题的认识,昆德拉并不是借着"粪便"而谈粪便。他是从雅与俗的对立中揭示人的虚伪与媚俗。《圣经》里无所不包,但是从神到了人的转变之后,人的罪恶就跟着落地了。上帝创造了那么多的东西,可就是没有谈到人的排泄,可人一旦不排泄,其生命也就终结了。于是,在昆德拉的小说当中我们发现,"最伟大的进军"变成了一个滑稽可笑的结局。在小说所有追求生命的人中,比如萨比娜,她一心要背叛、脱离"俗",而追求"雅",但是在小说中,她背叛了自己的母亲、祖国和情人。看似的确与众不同,可是她的那次出走似乎变成了"大俗",她的生命最终就似乎在"俗"当中走向了反面。在小说两条主线所涉及的四个人当中唯独她没有死,其他的三位(特蕾莎、托马斯、弗兰茨)都残酷地死去了。

这样一来,我就认为小说揭示了人之存在的几个倾向:第一,就是人们对自己具体的存在往往非常漠然,遗忘自己的存在而追求所谓虚无缥缈的东西,对此,我们应该加以反思;第二,对人性与人之经验的忽视。昆德拉所揭示的是不能承受的生命之"轻",而不是不能承受的生命之"重",这里面就涉及一个非常重要的哲理问题,我们无时无刻不在体会生命之"重",但是唯独我们不去体会生活当中的"轻"所带来的伤害。我们不能去直面我们的人生;我们不能去直面我们的存在;我们不能去直面我们的困境,而只有幻想。这个时候,实际上我们就会被这种"轻"的幻想所害,而丢失了所需要面对的一切。当然,轻的也不仅仅是幻想的一面,还有理想的一面。所以,《不能承受的生命之轻》要揭示的极为重要的一条就是:要注重生命。昆德拉小说是要照耀每一个人对生命的反思,要避免人们对自身存在的漠视、遗忘或者无知。

现在的人越来越彰显自己的个性,越来越追求文化的多元。当人们不会在那种对立的两元当中钻牛角尖的时候,我们就会逐渐地认同昆德拉在《不能承受的生命之轻》中所揭示的一些问题。这些也就是我对这部小说的一些认识,由此我认为在阅读它的时候需要注意三点:第一,要走出两元的绝对对立,在对立的可能当中寻找生存的可能性;第二,要走出对小说理解的固有模式,发挥我们每一个读者的主体性,联系自己的生存,寻找小说阐释的可能性;第三,要走出封闭的自我,寻找我与世界和谐相处的可能性。以上三点纯属自己的心得体会,然而实际上,在翻译这部书的时候我感觉有一点接近于无知,即我对于音乐的无知。很多人认为昆德拉的这部小说融入了音乐的元素,就好似一首交响乐,可惜我在翻译的过程中没有感受到。但是,我认为,在对立中寻找可能性,可以说是读昆德拉的最大收获。在这个意义上,我们可以说寻找小说既有可能性之外的其他的可能,是昆德拉小说革命的根本精神。对昆德拉来说,人的存在的可能性是小说存在的可能的根,所以,他要"在叙事的基础上动用所有理性的和非理性的、叙述和沉思的、可以揭示人的存在的手段,使小说成为精神的最高综合"。

接着我想再简单地谈谈关于在翻译这部小说过程中的一些问题。例如,我改变了书名,原来的译名是《生命中不能承受之轻》,现在我改为了《不能承受的生命之轻》。为此,我就听到了来自媒体、网络的不同声音,有的说:"南京大学的许钧教授居然把书名都改了,就凭这一点我肯定不喜欢。"这里面就说明了一个非常重要的问题:一部外国作品传入国内,一旦我们的读者接受了它,不管是误读,还是另一种阅读的可能性,这种习惯力量是很难打破的。起初,我也想沿用原来的书名,但是考虑再三后依然决定做两点大的改动:其一就是把"生命"直接改为"存在",即"不能承受的存在之轻",可我认为还得尊重已有的读者,尊重时间沉淀出来的一种阅读习惯,若改成这样的话,很多人就无法接受了。所以,我就做了一些"妥协",但是题目我必须改成《不能承受的生命之轻》。我不知道各位是否能够理会我在这点上的理解。因为,我认为《不能承受的生命之轻》与《生命中不能承受之轻》是有很大区别的。举例说明:"校园的美丽"与"校园中的美丽",前者是仅指校园的建筑和自然,而后者包括美丽的校园、美丽的学生、美丽的思想等,其范围是非常之广的。《不能承受的生命之轻》,它直指的就是"生命"这两个字,其主题就是要讨论"存在",要直面"生命"。

有一位网民发言:"曾经有过一个讨论,说昆德拉并不是说生命之轻是不能承受的,他说的是生命中不能承受之轻。"这确实是翻译上产生的误会,昆德拉的原话是:"我不是说生命之轻是不能承受的,我只是说不能承受的生命之轻。"这是很不同的。如果昆德拉说"生命之轻是不能承受的",那他就是已经下了一个结论,做出了一个判断,成了一种真理,就像"人总是要死的"一样。但是,"不能承受的生命之轻"并不是一个判断,这只是一种可能性。所以,他这样来命题恰好暗合了他自己对于生存的可能性的一种追求。对我的翻译,很多人都产生了疑问:你的翻译到底比韩少功的强在哪里? 对这个问题,我是这么看的:基于我对昆德拉的理解,我始终强调"可能性"。我认为是韩少功造就了在中国的昆德拉,若没有韩少功,昆德拉就不可能在那个时候如此家喻户晓。正是由于韩少功以其小说家的敏感,抓住了昆德拉的精神,他们俩产生了一种共鸣,再加之小说家的文字,最终使其小说充满了一种特殊的文学品味。

可是,我认为韩少功提供的是一种可能性,因此我经常会对媒体、对读者说三点:第一,时代提供给韩少功的翻译的可能性跟我现在翻译的可能性不同。他当时翻译的时候,确实是有很多忌讳的词需要避免使用,如有关"共产主义制度""共产主义"等一些具有立场性的表达,因为那是在1987 年。而我们现在的时代,这样的词完全可以如实地反映出来,因为那是出自有自己看法和思想的小说家的笔下。正是因为这种时代的不同,所以韩少功改动的地方,我就没有必要再去改动,也包括他删节的部分段落或词句。因此,我现在这个版本可以说是时代赋予的可能性更大,这样我的版本提供给大家理解的可能性也就更多一些。第二,我们依据的版本是不同的。韩少功依据的是英文的版本,而我所依据的是法文的版本。实际上,翻译是一个变化转换的过程,如从捷克文翻译成法文,再从法文翻译成英文……在此过程中就会失去许多细小、细微的东西。我这个本子是昆德拉花费了很多的时间,并三次与法文译者共同探讨的结果。所以,他在这个本子当中指出了一点:"法文本具有与原文本(捷克文)同样的真实价值。"因此,现在他强调所有翻译都要依据法文本。第三,我认为不同的译者在翻译的过程中必然会有所不同,每一个翻译家对原著的理解是有可能存在差异的,表达也会有不同的风格。比如说在原著中的"轻""重"这两个字,韩少功有时就翻译成"轻松""沉重"。但是,我认为这两组词语之间有时候意思是不一样的,试问:"轻于鸿毛"能说成"轻松于鸿毛"吗?"重于泰山"能说成"沉重于泰山"吗?所以,在这个意义上,对于翻译中理解与表达的问题,我持如下的观点:当原作基于哲理的讨论时,我一定要赋予其哲理的语言,而不是一种文学性的语言。因此,在此基础上,不同翻译的品格就出现了差异,即韩少功的翻译偏于诗意的地方,而我在自己的理解范围之内,可能更注重于哲理。在这个过程中,彼此的翻译显然就有不同了。比如,小说中特蕾莎是因为六个偶然,使她必然地来到了托马斯的身边。所以,我认为是六个偶然构成了一个必然,法文用的是一个词,即 hasard("偶然"),最后一个才是"必然",这是一个从"偶然"自然而然到"必然"的过程,就是一个非如此不可的过程,具有很强的哲理性。韩少功先生是一个文学家,他用的是"碰巧""机缘"这样的表达,非常具有文学性。同一个字有不同的变化,讲究不同的色彩,读起来就很过瘾。若从哲理与原著接近性的角度而言,我想可能就存在一个对原著忠实性的问题。不同的翻译家对于翻译工作来讲,就像钱锺书先生所说的那样:翻译是一个"脱胎换骨,转世还魂"的过程,在这个过程当中,在不同的翻译家的笔下会出现不同的结果。

为了清楚地说明这个问题,我想撇开韩少功与我的翻译。举一个《红与黑》当中的例子来结束今天的演讲,也由此让大家感受一下对于同一部作品,不同的翻译家的翻译有多大不同:两个都是著名的翻译家,一个是80多岁的许渊冲老先生,他翻译了《红与黑》《约翰·克里斯托夫》等;另一个翻译家是罗新璋先生,他可是傅雷的捍卫者。在"文化大革命"的时候,他把傅雷译本抄在原文本上(约有150余万字),进行对照性的研究和学习,后来,成了一个著名翻译家。就是在如此高超的翻译家笔下,出现了对同一个人物的两种不同译法,而这个人物就是《红与黑》中德·瑞那市长的夫人,小说中有一段描写德·瑞那市长的夫人的话,请比较两位翻译家的译文:

——她个子高,长得好,山区的人都说:她是本地的美人。她显得很单纯,动作还像少女;在一个巴黎人看来,这种天真活泼的自然风韵,甚至会使男人想入非非,引起情欲冲动。(许渊冲)

——她长得亭亭玉立,秾纤得衷,用山里人的说法,也曾是当地的美人儿。她有那么一种纯朴的情致,步履还像少女般轻盈;那种天然风韵,满蕴着无邪,满蕴着活力,看在巴黎人眼中,甚至会陡兴绮思。(罗新璋)

各位可以看到,同一个形象在不同的翻译家笔下,出现了完全不同的风貌,其情致、情趣与外貌都变化了。所以我认为,翻译是一种以忠实为原则的,但是难以做到绝对忠实的再创造的行为。然而,我对昆德拉是否忠实?我自己的追求是否得到广大读者的认同?我认为一部书出版之后,作者便死了,给予其生命的是读者。作为一个翻译工作者,我翻译了《不能承受的生命之轻》,我的使命也结束了,要靠你们赋予它新的生命!

再次谢谢各位。

听众提问:

(1)我阅读完了这本书,却找不到后记,所以感觉特别奇怪。而当我听完了你的演讲之后,我才知道了其中的原因。我知道起初你也无法接受,想请问你是在何时开始接受这种理解模式的?

答:因为他是原作者,我觉得作为一个译者必须尊重他,只有在尊重的基础之上才可能去理解他。在这种尊重与理解的过程当中,我们也许会有不同的看法,当然也包括我自己。对于昆德拉,可以说是我理解了他。但是,对这种做法我并不是完全赞同。

(2)就作家昆德拉本人而言,他个人的经验和其小说写到的一些可能性是否有联系? 还是说他的小说只是写了一种可能性而已,与其个人经验是完全无关的,他的小说完全是一种可能性想象力的爆发,或者是说他对一种存在问题的思考?

答:这是一个涉及小说创作的带有根本性的问题:人的经验以及对于经验与小说创作想象之间的关系,即经验与想象。实际上,昆德拉在这部书中谈到人类有许多经验,但是其最大的局限性就是人们不能去经历你的死。我觉得这句话是非常深刻的,也就是说从生到死的这个完整过程是无法再次经历的,死是无法经历的,真正的死只有一次。所以,书中写到"人只能活一次,就和根本没有活过一样"。据说,这本原著最早想取的书名不是《不能承受的生命之轻》,若我没记错的话,好像是《一个未被经历的世界》。对于这点,我觉得作为一个作家来说,他总是强调小说虚构的一面。因为,只有借助于想象,才能够使本来生活当中的可能性得以拓展。我们每一个人或许无法去经历它,但是却总是在想象它。所以,在这么一个过程当中,我觉得人的经历固然是非常重要的,可是在小说的创作当中其想象力比经历更为重要。应该说,昆德拉在其小说创作过程当中非常有趣。我本人似乎能够与他扯上一点缘分。我是 1976 年去法国雷恩大学留学的,而他是在 1975 年年底离开捷克到雷恩大学任教的(恰巧我们同在一所学校,可惜无缘相见)。实际上,昆德拉本人的一个很重要的问题就是流亡身份的问题。我觉得在这点上,他不是考虑个人的经历,而考虑的是整整一批人的经历,或者是说整整一个时代的经历。在他最近的一部小说《无知》中,第一句话就是:"你还在这里干什么?"这个并不是带着怒气,当然也不是很客气的提问,是小说中一个朋友对一个在法国的捷克人提出的问题。小说的第二句话:"那我该在哪儿?"第三句话:"在你家!"第四句话:"是的,我知道,可你怎么忘了我在这儿有工作?有住房?还有孩子?"言下之意:难道这里不是我的家吗?所以,在《无知》这部小说当中,实际上就是对他在异国土地上生存的一种思考。以前别人问他:"你为什么要逃跑?"而现在当他融入了这个社会的时候,法国人却反问:"你为什么还在这里?"实际上,人在流亡中,灵魂永远在漂泊之中。因此,在这部小说当中,他延续了那种流亡的滋味,以及与回归的灵魂之间的一种碰撞,由梦而延伸出回归的魂,而灵魂一旦回去以后就是失望了。所以,我觉得有一位评论家写的这段话很有意思:"'在'而不同时属于两个国家(昆德拉在法国,但他不属于法国,也不属于捷克)。"人在本质上永远都是流浪,没有一个人(现代人)会一辈子永远待在自己的故乡,我们目光总是投向异域,投向异族。从中世纪的那种冒险,到现代意义上的精神的漂泊,都反映了人类本质上的一种在与非在、故乡与异域之间的这么一种矛盾。

(3)昆德拉先生还在世吗?现时他对于文学是否有一些新的理解?

答:昆德拉先生还健在。昆德拉1975年到了法国以后,可以说是受到了法国人的欢呼,也可以说是法语的翻译,以及后来的英文译本和其他的译本造就了昆德拉。但是,当昆德拉慢慢地融入法国文化传统的时候,法国人又开始拒绝他。所以,他在写三部曲《身份》《慢》《无知》的时候,很多人就提出了质疑,认为他的小说有点千篇一律,而描述的方法已经开始陈旧,而这时的昆德拉非常痛苦,当然也非常气愤。所以,在2000年的时候,他用法文创作了《无知》这部小说,之后照理应由法国出版社出版,可是由于法国评论界的某些无知,对他的理解不够,最终并没有顺理成章,他没有把小说交给法国人出版,而是把这本书翻译成了西班牙文,先在西班牙发表,2000年首印10万册,引起了轰动。这使得法国人的虚荣心受到了打击。接着他又给了英语世界去翻译,直到2002年还未有法文本问世。于是,法国人从开始的怀疑变成了一种期待,时至 2003 年 4 月,《无知》才在法国出版,顿时成了畅销书。这就由期待变成了一种欢呼,于是又说一部伟大的作品诞生了。实际上,在这个过程当中,确实如罗兰·巴特所说的那样,一部书出来以后,真正给予它生命的是读者。我们的《红楼梦》也好,"四书五经"也罢,凡是好的书必然会召唤读者去阅读,有更多的理解与理解的可能性的时候,这部书流传得就会越远。所以,有不同的意见和理解,就恰好是这部作品的生命所在。同理,一部好的作品,必然要召唤翻译,而好的翻译就像是两个恋人的相遇,是一种历史的奇遇,昆德拉是应该感谢韩少功的。这就好似罗曼·罗兰的《约翰·克利斯朵夫》要感谢傅雷一样,多亏傅雷开篇翻译的第一句:"江声浩荡,自屋后升起……"这前四个字犹如一声震雷,预示着一个英雄的横空出世。因此,罗曼·罗兰就特别感谢傅雷,感叹自己遇到了一个好的翻译。所以,今天我为上海图书图题字的内容就是:"翻译是历史的奇遇,是人类灵魂的共鸣!"

(4)请问你与傅雷的翻译风格有什么不同? 你的翻译比较偏重于哲理,而不像韩少功先生那样文学,请问这两方面是否有区别?

答:实际上,翻译必定涉及两个方面:一个就是"真",另一个就是"美"。我的翻译原则是:以信为本,求真求美。我无法与傅雷相比,因为他是翻译界的常青树,也是一个伟大的翻译家,他翻译的《邦斯舅舅》《贝姨》,我也曾重新翻译过。也有人说过:"后来者必居上。"就我而言,我不认同这种判断。但是,翻译中的风格问题确实非常重要,翻译一部作品就像是演一部电影,原著本来的风格存在着与译者相协调的问题。在翻译中译者到底是张扬自己的个性呢,还是当两者产生矛盾的时候消隐自己的个性而尽量与原作的风格融为一体? 从这个意义而言,原文是哲理的应还它哲理,原文是诗意的应还它诗意,原文是诙谐的应还它诙谐,原文是伟大的应还它伟大。不能以自己个性的张扬,来掩盖或者说改变原作的风格。这其实就是翻译中存在的差异。我有 800 多万字的翻译作品问世,也写过一些专著,应该说对于创作是有自身体验的。可以说,我是翻译了自己理解的昆德拉。而我翻译我所理解的昆德拉,遵循了他对翻译的三个原则:第一,关于重复,现在的翻译家往往喜欢改掉原作的重复词语,有些字并不是说作家本身不会让其多彩,而是有着自己的用意,有时候重复是想赋予其力量。这就好比一个主旋律在不断的重复中会得到增强、升华一样。一般的翻译家有一个通病,即喜欢把原作当中重复的字眼还于其多彩色,这是一定要避免的。第二,关于原作的简洁,很多翻译家就担心别人认为其文字不好,就想方设法要把简洁变得美丽、灿烂。第三,关于比喻,原作中有好多比喻,比喻是一个作者的生命,一个新的比喻,给人惊喜,两个人用了,感觉还行,可到第三个人再用同一比喻的时候,就已经不产生任何力量了。例如今天当我再说"你是我心中玫瑰"的时候,大家肯定觉得我的比喻很平庸。所以,我们在翻译过程当中,必须重视原作的个性,特别是用词的色彩和节奏,对于原作的引喻和比喻,不能随意"归化",大而化之,失去原来独特的生命。因此,在我的翻译工作中,我始终把"真"摆在第一位。

(5)我忘记了你翻译的《追忆似水年华》是哪几卷了?我曾在其他的杂志上获悉,普鲁斯特在此小说中开篇第一句话经过了多年的修改,相同的意思他或许就是通过不同的形式来表达。我想知道的是,作为一个译者,你是如何在翻译的过程中为读者来传达原作者的良苦用心呢?

答:今天,当我们来谈普鲁斯特的时候,我想起了一件很有趣的事情。著名主持人刘仪伟,现在上海主持一档读报说新闻的节目。有一次他说:"世界意识流的大师有一部书叫《追忆似水年华》,最近此书又出现了一个新的版本,从此我们又多了一本漂亮的却只能放在书架上,而没有人会去读的书了。"这段话我是在无意之中听到的,感觉买《追忆似水年华》是赶时髦。这种观点,我当然不认同。不过,我确实感觉在当今的时代来谈普鲁斯特很奢侈。昨天晚上,我与上海翻译家周克希先生共进晚餐,我翻译了《追忆似水年华》的第四卷,他是第五卷。法国人曾称这部书是不可翻译的"天书",但是,日本、美国、英国、德国人都翻译出来了,为此我们中国人不能不去翻译它。到了1986年,中国的法国文学翻译界达成了共识,应该把这部书尽快翻译出来,译林出版社牵头,组织了15位法语专家参加翻译这部7卷本的书,历时4~5年。书出版以后,引起了不小的轰动。阅读它似乎也成了一种时尚。现今再谈起它,我们的态度是十分严肃的,有的译者就是因为这部书的翻译工作心力交瘁,而失去了宝贵的生命(北京大学的一位教授)。翻译很困难,我举个例子,我承担了《追忆似水年华》中的24万字,先后花了2年多的时间,每天只能译200~300字。但是,我用了一年的时间翻译完了波伏瓦六十几万字的《名士风流》。翻译《追忆似水年华》极其困难,如风格的统一、长句与引喻的处理,这一系列问题很难解决。我认为一个人没有10年的工夫是无法完成此著的翻译工作的,翻译到最后一定会感到心力交瘁。翻译时的痛苦有时候真是难以想象,为了一个字或一个词伤透了脑筋,显得很无奈。就如有些上海话无法翻译成普通话,虽然是理解了它,可依然感觉没有办法翻译出来。所以,我曾在一篇文章当中说过:"我真怕由于自己的无能而玷污了原作者,但是没有自己这种超越无能的努力,'它'就永远是'它',不会被异国的读者所认识。"又如鲁迅是一个伟大的作家,可他的翻译却难以得到大家的认同。鲁迅也认为翻译难于创作。据我所知,郁达夫答应翻译林语堂的《京华烟云》,可最后他认为这实在是比创作难多了,最后放弃了翻译。太多的作家在感叹翻译之难,而"翻译之难,难于上青天",就是我说过的一句话。现代社会依靠计算机技术,宇宙探测器已经可以登上火星了,而美国人从20世纪40年代就开始研究机器翻译,可结果却不尽如人意,可见翻译有多难。

(本文系2004年8月29日于上海图书馆所做的演讲的文稿,由上海图书馆的夏天根据录音资料整理而成。)

圣埃克絮佩里^①的双重形象与在中国的解读

圣埃克絮佩里是中国读者非常熟悉的作家。中国读者对他的认识或理解过程,可大概分成两个阶段或两个方面。而这两个阶段或两个方面的接受与翻译的过程,与评论家和译者对圣埃克絮佩里作品的评介是紧密相连的。中国读者对圣埃克絮佩里作品的阅读、理解与接受,有一个发展和变化的过程。今天,我想着重探究一下圣埃克絮佩里双重形象形成的原因,并就圣埃克絮佩里作品在中国的解读做一梳理并解析。

一、圣埃克絮佩里的双重形象与理解

圣埃克絮佩里是个战士,也是个作家。对于这一两者兼有的形象,无论是法国读者,还是中国读者,基本都是认同的。但是,翻译的接受与接受国的社会文化语境紧密相连,中国对于圣埃克絮佩里的接受,是动态的。在第一个阶段,读者偏重的,是作为英雄飞行员的圣埃克絮佩里;而在第二个阶段,则是作为"小王子"化身的作家圣埃克絮佩里。

在法国,圣埃克絮佩里作为一个作家,评论界与一般读者所看重的,既有一致的地方,也有不同的地方。两者看法一致的,是圣埃克絮佩里的双重形象,而不一致的,特别是主流小说评论界与一般读者相异的地方,

---

① 各中文版译者对 Antoine de Saint-Exupéry 的译名有一定的差别,笔者使用"圣埃克絮佩里",引述到其他版本时均遵从各译本的译法,不一一特别说明。

就是前者比较看重《夜航》等前期作品,而后者则偏重于《小王子》。这一情况在中国也基本如此。

米歇尔·莱蒙在其编撰的《法国现代小说史》中,将圣埃克絮佩里列入"描绘人类境遇"的小说家之列,与塞林、马尔罗、贝尔纳诺斯、蒙泰朗和阿拉贡等作家在20世纪30年代"确立了自己的声望,取代了过去那些大师的地位"。他指出:

> 这些作家并不怎么关心使读者得到消遣娱乐,只是企图去影响他们的思想。他们在自己的作品中提出了某种生活的方式。精神和道德的内容在他们的小说中占据了首要地位。他们笔下的人物与其说是社会典型人物的代表,毋宁说是种种价值的具体化身。小说本身要成为一种行动,而不是一种描写。①

对于圣埃克絮佩里的创作,米歇尔·莱蒙在其著作中列举了他的《南方邮航》《夜航》《人的大地》和《空军飞行员》等四部作品,并做了分析,但对《小王子》却只字未提。米歇尔·莱蒙的这一选择无疑是具有某种倾向性的,他看重的是作为小说家的圣埃克絮佩里对于小说艺术的贡献,而不是作品在普通读者之中产生的共鸣。为此,他特别强调圣埃克絮佩里的创作关键,"已不是去虚构一个假想的世界,而是使读者去体味作者亲身经历过的感受,使他们进入人生的崇高境界"②。于是,在圣埃克絮佩里的作品中,经历、行动与叙述结为一体,而从中所要凸现的,是人类应该正视的生存方式,在道德与精神的层面得到升华。

米歇尔·莱蒙的评价是从小说创作的倾向出发的。中国的法国文学研究界对米歇尔·莱蒙的这一看法在很大程度上是认同的。无论是江伙生与肖厚德合著的《法国小说论》,还是郑克鲁著的《现代法国小说史》,都

---

① 米歇尔·莱蒙. 法国现代小说史. 徐知免,杨剑,译. 上海:上海译文出版社,1995:293.

② 米歇尔·莱蒙. 法国现代小说史. 徐知免,杨剑,译. 上海:上海译文出版社,1995:295.

给了圣埃克絮佩里相应的位置。《法国小说论》为圣埃克絮佩里专辟一章,对其生平与创作情况进行了简要的评述,其中详述的还是圣埃克絮佩里的飞行经历和与之相关的创作成果。与米歇尔·莱蒙不同的是,江伙生和肖厚德选择了《夜航》与《小王子》两部书作为圣埃克絮佩里的代表作加以重点评介。在评介中,两位作者特别强调法国文学界对圣埃克絮佩里的评价:"在不少教科书、文学史和小说史中,圣-戴克絮佩里都被列为'人类处境小说家'之列,认为'从那时起,他便提倡为适应时代的要求而创造一种英雄主义'①。这就是,面对严酷的大自然,人类应该克服自身的弱点,特别是内心(情感)的弱点。"②在江伙生和肖厚德看来,《夜航》便是创造这一种"英雄主义"的尝试。对于《小王子》,《法国小说论》的作者则采用法国文学史家雅克·勃来纳的观点,认为《小王子》的"主题是友谊和驯化人类的艺术";同时,他们强调《小王子》是"一部呼唤人类友谊的小说"③。

郑克鲁的《现代法国小说史》是一部关于法国现代小说发展、演变的系统性著作,一方面,他从时间的角度,将20世纪两端的小说家分为"跨世纪小说家"与"新一代小说家";另一方面,他又根据小说家的创作倾向和特点,将他们的创作分为"意识流小说""长河小说""心理小说""社会小说""乡土小说""超现实主义小说""存在主义小说"和"新小说"等。在他的这部著作中,他把圣埃克絮佩里的作品归入了"社会小说"之列。郑克鲁从"生平与创作""小说内容"与"艺术特点"三个方面对圣埃克絮佩里进行了评价。他认为,"安东尼·德·圣艾克絮佩里是法国20世纪上半叶的现实主义小说家,他以独特的题材征服了广大读者,在小说史上占据了一个突出的地位"④。关于圣埃克絮佩里的生平,郑克鲁与江伙生和肖厚

---

① 皮埃尔·亚伯拉罕,罗兰·戴斯纳. 法国文学史(第六卷). 巴黎:法国社会出版社:570.

② 江伙生,肖厚德. 法国小说论. 武汉:武汉大学出版社,1994:322.

③ 江伙生,肖厚德. 法国小说论. 武汉:武汉大学出版社,1994:323.

④ 郑克鲁. 现代法国小说史. 上海:上海外语教育出版社,1998:327.

德的介绍基本是一致的。与《法国小说论》不同的是,郑克鲁力图在总体上把握圣埃克絮佩里的创作内容与特色。就其创作内容而言,郑克鲁归纳了三点:一是"圣埃克絮佩里的小说描写了飞行员的生活,给人们展示了飞行员惊险多变、生死莫测的职业和勇敢大胆、进取开拓的精神"①。二是圣埃克絮佩里"力图表达深邃的哲理。他提倡责任感,要阐明一种行动的哲学。圣埃克絮佩里的全部作品,从《夜航》至《城堡》,都对行动做出道德上的辩解"②。三是"圣埃克絮佩里的小说充满了人道主义精神"③。郑克鲁对圣埃克絮佩里的这三点评价,与米歇尔·莱蒙的观点明显是一种呼应。米歇尔·莱蒙强调,"精神和道德的内容"在马尔罗、蒙泰朗、圣埃克絮佩里等小说家的作品中"占据了首要位置",且"小说本身要成为一种行动";郑克鲁在其评析中,突出的也正是"精神""道德"与"行动"这三个层面。

李清安是国内对圣埃克絮佩里进行过较为全面与深入研究的重要学者,他编选的《圣爱克苏贝里研究》④收录了王苏生翻译的《南线邮航》、马振骋翻译的《人的大地》、马铁英翻译的《战区飞行员》(节译)和肖曼译的《小王子》,还收录了"圣爱克苏贝里杂文选",其中包括《给一个人质的信》(马铁英译)和《城堡》(葛雷、齐彦芬节译)。此外,该书还收录了罗歇·卡佑阿的《〈圣爱克苏贝里文集〉序言》和玛雅·戴斯特莱姆的评论《面对评论界》。李清安在"编选者序"中对圣埃克絮佩里的创作的独特价值和思想倾向进行了探讨,并加以肯定,其中有两点意味深长,需要特别关注。

第一点涉及圣埃克絮佩里作品的独特性。李清安指出,圣埃克絮佩里"对人类的贡献并不止于飞翔,他还作为一个作家在飞翔中体验了人生,探求并且表达了由此得来的独特的哲理。……崇尚行动,塑造'超人',这一点圣爱克苏贝里与海明威确乎相似。但是,只要做更进一步的

---

① 郑克鲁. 现代法国小说史. 上海:上海外语教育出版社,1998:331.
② 郑克鲁. 现代法国小说史. 上海:上海外语教育出版社,1998:335.
③ 郑克鲁. 现代法国小说史. 上海:上海外语教育出版社,1998:336.
④ 李清安. 圣爱克苏贝里研究. 北京:中国社会科学出版社,1992.

分析,我们就会发现,圣爱克苏贝里作品的思想内涵比《老人与海》等名作有着更深更高的哲学意味。圣爱克苏贝里在自己的创作历程中,始终不是注重故事的陈述,而是着力于表现自己独特的感受,并且更多是阐发某种人生哲理。比较起来,他的作品甚至不如他本人的经历更富情节性。他的特色、他的价值以及他所引起的争论,盖源于此"①。西方评论界有人将圣埃克絮佩里称为"会飞的康拉德""空中的海明威"。李清安强调圣埃克絮佩里有别于康拉德和海明威,其独特性表现在作品的"行动性"大于"途述性",由此而揭示的精神与蕴含的价值更具影响。不过,他认为圣埃克絮佩里的作品的思想内涵高于深于《老人与海》,这一点值得商榷。

第二点涉及对圣埃克絮佩里所倡导的"英雄主义"的理解。法国评论界对圣埃克絮佩里的"英雄"与尼采的"超人"之间的关系有着不同的观点。赞扬者认为前者的"英雄主义"有着独特的含义,责难者认为圣埃克絮佩里的"英雄"与尼采的"超人"一脉相承。如在 20 世纪 70 年代,法国社会出版社出版的《法国文学史读本》就以激烈的口吻指出:"由于圣爱克苏贝里认定行动的领域和义务与幸福的领域是正好吻合的,所以他的道德观与尼采及其信徒们的道德观有着危险的近似之处。不幸的是,众所周知,不久以前就有过血的教训,如果不惜任何代价去扮演'超人'或'英雄',将会导致何等卑鄙无耻的恶果。"②针对这一观点,李清安援引萨特的思想,提出"要能正确地理解一个思想,那就必须起码把握思想和作品的整体,把握'其文'与'其人'的关系"③。李清安指出:"圣爱克苏贝里的作品中着意强调行动对实现人的价值的重要意义,却很少表明人所突出的是一种什么价值。这颇有些'只管耕耘,勿问收成'的意味。但是应当承认,他作品中的人,都是有着具体的行动指向的,诸如开辟航线、架设桥梁、反对法西斯等。"鉴于此,虽然年轻时圣埃克絮佩里对尼采的"超人"之

---

① 李清安. 圣爱克苏贝里研究. 北京:中国社会科学出版社,1992:4.
② 转引自:李清安. 圣爱克苏贝里研究. 北京:中国社会科学出版社,1992:9.
③ 李清安. 圣爱克苏贝里研究. 北京:中国社会科学出版社,1992:9.

说有着共鸣,但"无论从具体内容,还是从社会效果看,圣爱克苏贝里的'行动哲学'与尼采的'超人哲学'均有本质不同。代表邪恶势力的法西斯纳粹曾从尼采那里找到了理论依据,却没有也不可能从圣爱克苏贝里的著作中捞到任何好处"①。李清安相信,为进步和正义事业而战,并为维护人的尊严而呼喊的圣爱克苏贝里将真正留在人类的记忆之中。②

李清安的观点具有相当的代表性。从他的"编选者序"中,我们发现,他所关注的,主要是圣埃克絮佩里的思想价值与精神导向。他所分析的作品,也主要是体现圣埃克絮佩里"行动哲学"的《夜航》和《人的大地》等。而对《小王子》,他与法国的米歇尔·莱蒙持一样的态度,基本上没有提及。

文学评论家对圣埃克絮佩里的关注与普通读者对之的关注具有明显的不同点。不管是在西方,还是在东方,圣埃克絮佩里对于读者的影响,主要集中在被评论界所忽视的《小王子》。就圣埃克絮佩里在中国的影响而言,李清安、郑克鲁、江伙生、肖厚德的观点固然起到了一定作用,但真正引起广大读者共鸣的,则是随着译本一起进入中国文化语境、走向普通读者的"副文本"。

二、《小王子》的中国式解读

翻译是一种历史的奇遇。虽然在中国存在种种质量低劣的译本,但值得庆幸的是,圣埃克絮佩里在中国不乏知音。首先是他遇到了优秀的译者,这部书的不少法语译家有着丰富的译事经验,更有着严谨的译风。在与圣埃克絮佩里的相遇中,他们不断接近圣埃克絮佩里,一步步加深对他的理解。就我们所了解,不同的译者选择翻译《小王子》,市场的因素当然是决定性的因素,因此不少译家都是受出版社之邀参与翻译的。但我

---

① 李清安. 圣爱克苏贝里研究. 北京:中国社会科学出版社,1992:9-10.
② 李清安. 圣爱克苏贝里研究. 北京:中国社会科学出版社,1992:10.

们也知道有的译家有着不同的翻译动机。如柳鸣九，他翻译《小王子》，有着对该书文学价值的考量，因为在他看来，"这个童话堪称人类文库中一块精致的瑰宝，它写得既美丽动人又具有隽永深邃的含义，在儿童文学中，它是想象与意蕴、童趣与哲理两个方面最齐备并结合得最为完美的范例"①；但更是源自对他远在美国的小孙女的深厚的感情和强烈的思念，他"对小孙女如此熟悉、如此钟爱、如此思念，就不免总有要为她做点什么的意愿与志向"②，要译出他心目中的"小王子"，那个"天真、善良、单纯、敏感、富有同情心"的小王子，送给他的小孙女，"温馨乐趣淹没了世故的考虑，我轻快地完成了《小王子》的译本，然后，高高兴兴在译本的前面加上了这样一个题词：'为小孙女艾玛而译'，在自己心目中，这个题词胜于一切，重于一切，是一个老祖父的心意"③。如果说对于老一辈的翻译家柳鸣九而言，翻译《小王子》是一种爱的传达，那么，对于新一代的学者而言，阅读《小王子》、翻译《小王子》则是他们成长过程的宝贵记录。如刘云虹，她在《小王子》的"译后记"中写道："因为初中就开始学习法语的缘故，接触法国小说和法语原著的时间都比较早，其中有两部作品在我心中留下了最深刻的印象，一部是都德的《最后一课》，它让我对优美的法语多了一份真诚而纯粹的热爱，另一部就是圣埃克苏佩里的《小王子》，它让我在美丽的童话故事中真切感受到人生中可能交织着的欢喜悲愁，'责任''忠诚''孤独'这些和'人生'一样意味深长、一样充满神秘色彩的词语也牵动了少女心中的青春思绪。"④对她来说，"《小王子》不仅是青春记忆里弥足珍贵的一部分，在后来的人生中，它就像一位老朋友，一直陪伴"⑤着她。而

① 柳鸣九. 代译序//圣埃克苏佩里. 小王子. 柳鸣九，译. 深圳：海天出版社，2016：4-5.
② 柳鸣九. 代译序//圣埃克苏佩里. 小王子. 柳鸣九，译. 深圳：海天出版社，2016：3.
③ 柳鸣九. 代译序//圣埃克苏佩里. 小王子. 柳鸣九，译. 深圳：海天出版社，2016：4.
④ 刘云虹. 一湾心灵的泉水——《小王子》译后记//圣埃克苏佩里. 小王子. 刘云虹，译. 南京：南京大学出版社，2016：121.
⑤ 刘云虹. 一湾心灵的泉水——《小王子》译后记//圣埃克苏佩里. 小王子. 刘云虹，译. 南京：南京大学出版社，2016：121.

翻译《小王子》,于她便是一种缘分与必然:"关于重译《小王子》,那个隐约间无法言明的缘由,正是关乎这样一种感觉。法国当代翻译家、翻译理论家安托瓦纳·贝尔曼曾说过,翻译是'对原文的一种馈赠',对我而言,这种馈赠不仅寄托着一份相识的情谊,也承载着一份对岁月和成长的纪念。"①

在考察一个作家在国外的翻译与接受情况时,译者的介绍与评论值得特别注重。安妮·布里塞在《翻译的社会批评——1968—1988年间在魁北克的戏剧与他者》一书中指出:

> 我们首先要探究的是编辑机制是如何垄造"异"之形象的。为此,我们要对副文本进行研究,所谓的副文本,就是与出版的译本结合在一起的序、后记、生平介绍、评介以及插图,因为插图也是文本性的另一符号形式。②

从我们手中掌握的一些材料看,对于圣埃克絮佩里在中国的评介以及圣埃克絮佩里在中国之形象的形成,安妮·布里塞所说的副文本确实起到了非常重要的作用。随着译本一起出版的序言和译后记,往往为普通读者起着导读的作用。这些文字或介绍作者的生平与创作经历,或探讨作品的结构与写作特点,或分析作品的主题、思想与价值,对普通读者了解作者、理解作家起着直接的影响作用。何况普通读者在阅读正文之前,往往会先阅读序言、后记或相关的介绍文字。在这个意义上,副文本对于读者而言,就成了读者认识作者、形成作者或文本之"形象"的先入为主的影响要素,其作用不可低估。

在翻译圣埃克絮佩里的众译者中,马振骋是非常突出的一位。他翻译了圣埃克絮佩里的《夜航》《人的大地》《空军飞行员》《小王子》和《要塞》

---

① 刘云虹. 一湾心灵的泉水——《小王子》译后记//圣埃克苏佩里. 小王子. 刘云虹,译. 南京:南京大学出版社,2016:123.

② Annie Brisset. *Sociocritique de la traduction:Théâtre et altérité à Québec*(*1968—1988*). Montréal:Les Editions du Préambule,1990:38.

(一译《城堡》)等主要作品。作为翻译者,马振骋对圣埃克絮佩里的理解角度与深度和一般的研究者或评论者有着明显的区别。首先是马振骋几乎翻译了圣埃克絮佩里的全部作品。翻译,在某种意义上,是理解与使人理解。译者对于一个作家的理解与评价,主要的功夫是用在文本上。马振骋对圣埃克絮佩里的评价,也主要是从文本出发,而不是根据国外评论者的观点,再加上中国长期以来形成的作品分析模式,从生平到思想再到写作特色的路径进行评价。其次,马振骋对圣埃克絮佩里的评价,不是从观念出发,而是善于从作品的字里行间去把握作者的思想脉搏,触及作品的深层,领悟其奥妙之处,进而评价其精神价值。他以译本的"前言""序言"和读后感等多种副文本的形式,发表了一系列解读圣埃克絮佩里作品的文章,这些文章随着译文的大量发行而广为流传,一些精彩的篇什还发表在国内较有影响的报纸杂志上,如《背负青天,看人间城廓——圣埃克絮佩里生平与作品》(《外国文学》,1982 年第 1 期)、《圣埃克苏佩里与〈小王子〉》(人民文学出版社,《小王子》中译本前言,2000 年)、《小王子,天堂几点了——圣埃克苏佩里的〈夜航〉与〈人的大地〉》(《中国图书商报》,2002 年,后收入马振骋的《镜子中的洛可可》一书,上海社会科学院出版社,2004 年)、《圣埃克苏佩里的〈小王子〉生在纽约》(《译文》,2002 年第 1 期)和《逆风而飞的作家——圣埃克苏佩里和〈要塞〉》(《文景》,2003 年第 4 期)等文章。仅从上述的文章名看,马振骋对圣埃克絮佩里的研究是与翻译紧密结合的。早期的文章主要是对圣埃克絮佩里的整体评介,后期则结合翻译的文本,重点就作品本身展开讨论。作为译者,马振骋特别重视与读者的交流与对话,读他的评介圣埃克絮佩里的文字,看不见观念性的评说、难解的术语,有的是质朴但深刻的见解,不知不觉中会跟着他的指点,渐渐走进圣埃克絮佩里的世界。在这个意义上,一个好的译者对于作者而言,无疑是个福音,因为优秀的译者将有助于拓展作者的生命空间。

像马振骋一样,翻译圣埃克絮佩里作品的其他一些译者也大都以序言或译后记的形式,将自己对圣埃克絮佩里的认识与理解形成文字,与读者进行交流。如周克希,为《小王子》的初版(上海译文出版社,2001 年)和再版(上海译文出版社,2005 年)都写过译序,他在序中以清新而简洁的文字,与读者谈圣埃克絮佩里其人其文,还与读者谈理解与翻译圣埃克絮佩里的甘苦,还把 apprivoiser 一词的翻译当作一个"有待解决的问题",向读者求教,从而拉近了与读者的距离。如柳鸣九,他在"代译序"中交代了他翻译《小王子》的动机,也以一个老祖父的眼光谈了他对《小王子》的理解:"小王子就是作者心目中的人类,小王子唯一可依存、可归依的就是他自己那颗小星球,小王子的寂寥感、落寞感、孤独感、嘤嘤求友的需求都是圣埃克絮佩里所要传达出来的人类感受,小王子所遇见的基本状况与种种问题也是作者所欲启示人类思考的课题。也许这些课题不仅对儿童而且对成年人来说都是稍嫌深奥而严肃,但都是愈来愈多的人所应该思考的,也必然会加以思考的,儿童则在记住小王子故事中关于玫瑰花、关于飞翔与星际旅行的种种有趣故事的同时,也会慢慢学会思考这些问题,而且会随着年龄的增长与时代社会的发展而愈来愈思考得更多、愈来愈思考得更深入。我希望我的孙女将来是善于思考这类严肃问题的人群中的一分子。《小王子》将来该会成为可供她不断咀嚼、不断回味的一个童话故事。"[1]又如黄荭,在翻译了圣埃克絮佩里的妻子龚苏萝·德·圣埃克絮佩里写的《玫瑰的回忆》(上海译文出版社,2002 年)后,被龚苏萝和圣埃克絮佩里的故事打动了,征服了,心中挥不去龚苏萝心中那个"小王子"圣埃克絮佩里的形象,"知道自己终有一天也会把《小王子》占为己有"[2],而这种占有,便是由忘情地阅读圣埃克絮佩里开始,到组织"圣埃克絮佩里作品集"的翻译,再到自己翻译《小王子》,为中文版《小王子》画插图。在她写的《小王子》译后记中,我们看到的,不是有关"精神""道德"与"行动"的评说与判断,而纯粹是从一个普通"读者"(译者在某种意义上就是"读者")的角度,以敏感而有些惆怅的笔调,把读《小王子》当作分享"人生一次灰

---

① 柳鸣九. 代译序//圣埃克苏佩里. 小王子. 柳鸣九,译. 深圳:海天出版社,2016: 5-6.

② 黄荭. 译后记//圣埃克絮佩里. 小王子. 黄荭,译. 南京:江苏教育出版社,2005: 89.

色的感悟"的过程,且伴随着"对成长过程中失去纯真的一份痛惜"。这样的译后记,它作用的,不再是读者的心智,而是读者的情怀。还如刘云虹,她在《小王子》的译后记里,把《小王子》比作"一湾心灵的泉水":"翻译《小王子》无疑是一次最深刻的阅读,它不仅让我感动、令我思索,更带给我许多新的感悟。《小王子》在全世界拥有数不清的读者,可以说,那个寻找朋友的孤独男孩就是每个人童年的影子,那个静谧中繁星闪烁的夜空就是每个人心灵的向往。而此刻,在我心里,小王子的故事更是一个关于简单和快乐、关于责任和幸福的故事。"①

通过译本的副文本,让译本走近读者,再吸引读者走进作者的世界,译者、读者与作者因此而形成了一种互动的关系,为圣埃克絮佩里在中国的传播起到了积极的推动作用。特别是《小王子》一书,有的版本不仅有译序,还有导读。有的出版社还借助名家的影响力,请名家为译本作序,如周国平就为中国友谊出版公司胡雨苏的译本(2000 年)写过译序。中国友谊出版公司的译本出自胡玉龙之笔,胡雨苏是其笔名。胡玉龙长期从事法语语言文学的教学与研究。早在 1981 年,他的译本就在中国少年儿童出版社出版,后来他的译本又被收入郭麟阁先生与文石选编的《法国中篇小说选》下册(中国青年出版社,1985 年)。对于《小王子》,胡玉龙有独特的理解,他对《小王子》的象征意义的研究很有深度,曾以《〈小王子〉的象征意义》为题将其研究心得发表在《外国文学评论》1998 年第 1 期上。2000 年,中国友谊出版公司选择了胡玉龙的译本,邀请在中国读者中具有重要影响力的周国平写序。2013 年,作家出版社又邀请周国平为黄荭的译本作序,周国平在序中再次谈到了他所理解的《小王子》:"用头脑思考的人是智者,用心灵思考的人是诗人,用行动思考的人是圣徒。倘若一个人同时用头脑、心灵、行动思考,他很可能是一位先知。在我的心目中,圣艾克絮佩里就是这样一位先知式的作家。世上只有极少数作品,既高贵

---

① 刘云虹. 一湾心灵的泉水——《小王子》译后记 // 圣埃克苏佩里. 小王子. 刘云虹,译. 南京:南京大学出版社,2016:122.

又朴素,既深刻又平易近人,从内容到形式都几近于完美,却不落丝毫斧凿痕迹,宛若一块浑然天成的美玉。这样的作品仿佛是人类精神园林里偶然绽放的奇葩,可是一旦产生,便超越时代和民族,从此成为全人类的传世珍宝。在我的心目中,《小王子》就是这样一部奇书,一部永恒之作。"①而当南京大学版的《小王子》问世时,出版方更是通过"法国文学经典译丛"主编许钧教授邀请 2008 年诺贝尔文学奖得主勒克莱齐奥参加发布会,为读者朗读《小王子》的原文片段,并结合自己的"诗学历险",谈了他对《小王子》的理解。就这样,优秀的译本加上具有影响力的学者写的译序或做的某种形式的导引,引起了广泛的反响,为圣埃克絮佩里赢得了无数的中国读者。

特别需要关注的是,《小王子》的这些副文本通过互联网这一强大的媒介,为《小王子》在中国的传播起到了不可忽视的作用。通过百度搜索引擎搜寻,《小王子》的条目在 2006 年是 3840000 条②,而到了 2017 年,则增加到了 14900000 条③。不少出版社、书店,还有网民,在网上开辟讨论区,围绕《小王子》的认识与理解展开热烈的讨论,使《小王子》的传播一步步扩大、深入。那么,在中国读者的眼里,《小王子》到底意味着什么呢?

在 elong 网上,我们读到了一篇署名陈建忠的文章,文章的题目叫《沉重的童话——重读〈小王子〉》。他在文中这样写道:

> 已然被译成五十多国文字的《小王子》,据称,它还是本世纪以来全世界阅读率最高的第三本书(第一是《圣经》,第二是《可兰经》),而光是国内,就有不下十种译本。看到市面上如此多的《小王子》译本,我经常会翻阅他们对圣艾修伯里文学的介绍,不过每每还是会为国内贫瘠的阅读文化感到不满。可以确定的是,无论出版商或译者、导读者,都只让读者停留在将作者视为一个童话作家,或者,充其量是

① 周国平. 序//圣埃克絮佩里. 小王子. 黄荭,译. 北京:作家出版社,2013:1.
② 2006 年 9 月 17 日查询。
③ 2017 年 8 月 15 日查询。

一个喜欢飞行的作家这样的印象上，而这远不是圣艾修伯里在20世纪法国文学史中的评价。

陈建忠的这篇文章不知写于哪一年，《小王子》也不知是否如他所说"被译成五十多国文字"，他对"国内贫瘠的阅读文化感到不满"，对出版商或译者、导读者的质疑，也不一定完全在理，但他的那篇文章实实在在地说明了他想深入接近圣埃克絮佩里的努力。在上文中，我们说过，专业评论者和读者对圣埃克絮佩里的评价有一定差别。这里，我们将目光集中在《小王子》上，看一看在我们中国，评论者、译者、学者和普通读者是如何看《小王子》的。

第一，对《小王子》的政治性解读。江伙生与肖厚德是比较看重《小王子》的评论者。在其合著的《法国小说论》中，他们对《小王子》有如下一段评说：

> 圣-戴克絮佩里是一位反法西斯斗士，他在反法西斯战斗的间隙中，创作了《军事飞行员》这样的战斗檄文般的反法西斯小说；但圣-戴克絮佩里更多的是一位人道主义小说家，他的人道主义一方面如《夜航》中所体现出的冷峻的英雄主义，认为为了战胜大自然这个人类的劲敌（从某种意义上讲），就不能感情用事；人类中个别个体的牺牲是必要的，是人类必须忍受的。另一方面如在《小王子》中，圣-戴克絮佩里的人道主义则体现为一种"一体主义"，认为不仅仅应该战胜和揭露法西斯的罪恶，更重要的是用伟大的人道主义精神去反对法西斯的野蛮行径。在《小王子》中，作者喻示了这样一个真理，即人不能绝对孤立地生活，个人需要和他人相互依存。小说中出现的狐狸，它需要人类（实为他人）的友谊，也希望他人需要自己的友谊，甚至那朵本来清高孤傲的玫瑰，也希望得到他人的"收养"和需要"收养"他人。①

结合圣埃克絮佩里的人生经历解读其《小王子》的内涵，是国内评论

---

① 江伙生,肖厚德. 法国小说论. 武汉:武汉大学出版社,1994:324.

界常见的一种方法。在《小王子》中读出"反对法西斯的野蛮行径",是这种解读途径的必然结果。

第二,对《小王子》的主题性解读。张彤在《外国文学评论》1995 年第 4 期上发表过一篇题为《法国作家笔下的第二次世界大战》的文章,文章中她对圣埃克絮佩里的《夜航》《人的大地》和《小王子》进行了分析。关于《小王子》,她写道:

> 在美国出版家的建议下,圣埃克絮佩里创作发表了一部给成人看的童话,一部看似简单,实则高扬人类理性、尊严,高扬和平、博爱和人道主义的作品——《小王子》。……作者选择了童话作为载体,以一个天真未凿、形似自然之精灵的儿童的视角,将自己对于人类的理性与非理性、人的存在价值与存在的荒诞性命运等问题的深刻思考,对于战争与和平、自由与义务、文明与自然等问题的独特见解,以春秋笔法,深藏于童话意象的底蕴之中。①

张彤对小说的价值的这番解读,不可谓不深刻。在文章中,她所提炼的作品的主题与价值,有助于成年读者去更深刻地领悟作品的内涵,对人类所生存的环境进行思考。

第三,对《小王子》的寓言性解读。《小王子》看似是一部童话,但它是给成年人看的童话,简单的故事后深藏着复杂的思考,简单的语言后有着深刻的内涵。译者胡玉龙(胡雨苏)在他的那篇题为《〈小王子〉的象征意义》的文章中,对《小王子》进行了寓言性的解析,试图从中挖掘出丰富而深邃的象征意义。他认为,要解读《小王子》的象征意义,需要特别注意以下三个方面的问题:

首先,"《小王子》中运用的象征是扎根于现实的。圣埃克絮佩里以哲人的眼光来看待生活,以跨越时空的界限来研究长期积累的、具有普遍意义的心理经验。这篇童话是作者从生活中提炼、升华的人生哲学的集中

---

① 张彤. 法国作家笔下的第二次世界大战. 外国文学评论,1995(4):52.

表现",因此,他认为,要解读《小王子》的寓意,不能忽视《小王子》所扎根的现实。

其次,《小王子》的象征大都取材于生活,且为我们所熟知,需要仔细揣摩、反复思考才能解读出其中的含义。他指出,若要领悟书中蛇、狐狸、花、水与井等的寓意,应该把握列维-斯特劳斯所说的"历史性横组合轴"与"共时性纵组合轴"。在这个意义上,解读《小王子》,需要一定的理论指导。

最后,要解读《小王子》的象征意义,还要善于从作者所处的时代背景和西方的文化传统角度去进行探讨。

除了上述三点之外,胡玉龙还借用神话的叙述模式的解析方法,对《小王子》的叙事结构进行了分析。

第四,对《小王子》的感悟式解读。这一类的解读与上述三种解读方式有着明显的差别。它的特点是完全从文本出发,结合读者自身的经历,走进文本的世界,从中获得某种感悟。周国平为中国友谊出版公司的《小王子》所写的序中有这样两段话:

> 我说《小王子》是一部天才之作,说的完全是我自己的真心感觉,与文学专家们的评论无关。我甚至要说,它是一个奇迹。世上只有极少数作品,如此精美又如此质朴,如此深刻又如此平易近人,从内容到形式都几近于完美,却不落丝毫斧凿痕迹,宛若一块浑然天成的美玉。

> 令我感到不可思议的一件事是,一个人怎么能够写出这样美妙的作品。令我感到不可思议的另一件事是,一个人翻开这样一本书,怎么会不被它吸引和感动。我自己许多次翻开它时都觉得新鲜如初,就好像第一次翻开它时觉得一见如故一样。每次读它,免不了的是常常含着泪花微笑,在惊喜的同时又感到辛酸。我知道许多读者有过和我相似的感受,我还相信这样的感受将会在更多的读者身上得到印证。①

---

① 周国平. 序//圣埃克苏佩里. 小王子. 胡雨苏,译. 北京:中国友谊出版公司,2000.

周国平不是作为哲学家,也不是作为专业的文学评论家来解读《小王子》的。他完全是以一个普通读者的身份来读《小王子》,谈他读《小王子》时含着泪花的微笑、惊喜时的辛酸,谈他的种种感受与感悟。后来,他还写过一篇重读《小王子》的文章,同样是一篇感悟性的文字。也许正是他以这种普通读者的姿态写下的充满真情实感的文字,才受到广大读者的格外青睐。应该说,周国平为《小王子》写的序,在中国读者中产生了巨大的影响。他的写作风格也被广大读者所效仿。网上有许多谈《小王子》的文章,都带有类似的散文化、随感式的印记。

有评论说:"《小王子》是自传,是童话,是哲理散文。它没有复杂的故事,没有崇高的理想,也没有深远的智慧,它强调的只是一些本质的、显而易见的道理,惟其平常,才能让全世界的人接受,也因其平常,这些道理都容易在生活的琐碎里被忽视,被湮灭,被视而不见。"①这段评说与我们在上面提及的第一种和第二种解读看似格格不入,却揭示了《小王子》之所以为全世界读者所喜爱的根本原因之一。周国平希望"把《小王子》译成各种文字,印行几十亿册,让世界上每个孩子和每个尚可挽救的大人都读一读",因为"这样世界一定会变得可爱一些,会比较适合于不同年龄的小王子们居住"②。全世界的人读《小王子》,当有各种各样的读法,也会有各种各样的感受。

在互联网上,我们在有关《小王子》的条目中,读到了一个"豆娘童话专栏",其中有豆娘于 2006 年 3 月 11 日发表的一篇文章,题目叫《走进〈小王子〉》,内有这样一段充满感情的话:

> 《小王子》是那么的迷人,常看常新,每次都会有不同的感受与不同的发现,但是,不变的是带给我内心深刻却淡然的感动,可以说,只

---

① 黄荭. 译后记//圣埃克絮佩里. 小王子. 黄荭,译. 南京:江苏教育出版社,2005:90.

② 周国平. 序//圣埃克苏佩里. 小王子. 胡雨苏,译. 北京:中国友谊出版公司,2000.

要心中有爱，或至少是有过爱，就不会不为《小王子》而动容。虽然作者说这是一部童话，但是看过之后就能明白这绝不仅仅是一部童话……短短几万字的语言，简单清新的童话小故事，一个那么忧伤的小王子，在我看来却是一个世纪来最触及人心底深处的作品，我们会发现，我们遗忘过那么多的撞击过心灵的事，我们忽略过那么多的在乎着我们的人，当我们匆忙地活在成人世界里，我们应该庆幸，有《小王子》为我们打开了一扇门，一扇通往心底最纯净处之门。文学的最大魅力莫过于如此……可以说，《小王子》是童话的奇迹，更是文学的奇迹。①

豆娘的这段话，如果能传达给在另一个世界的圣埃克絮佩里，他一定会感到欣慰，一定不会再感到忧伤，因为"小王子"没有在地球上消失，他连同圣埃克絮佩里，永远活在读者心中，在中国，在全世界。

（应北京大学陈晓明教授邀请，我参加了 2015 年 10 月 26 日在北京大学召开的首届"博雅人文论坛"。该文系向大会提交的演讲文本。这次整理演讲稿，我又根据最近几年收集的资料，对全文进行了较多的补充、更新与修订。）

---

① 见：http://www.dreamkidland.com/blog/more.asp?name=douniang&id=544.

好作者加好译者

——翻译的历史奇遇

翻译家像一棵大树,他们根植于中国文化之中,又通过翻译把外国的文化吸收进来,让外国文化为中国文化带来新的营养。一个好的原作者若能遇到一个好的翻译家,那是十分幸运的。

不得不提两位翻译大家

今年(2012 年)是我国著名翻译家朱生豪先生的 100 周年诞辰。对于文学翻译来说,朱生豪这个名字是永远值得记忆的。他生于 1912 年,逝于 1944 年,年仅 32 岁。但是他却给我们留下了不朽的名作,这就是大家都很熟悉的《莎士比亚全集》。

朱生豪是一位非常了不起的人物,在那个战火纷飞的年代里,他身体异常虚弱,手边仅有原著和一本词典,但他凭借顽强的毅力,把莎士比亚这位著名作家的著作翻译了出来。

朱生豪早在 1935 年就有意翻译莎士比亚的剧作,不幸的是,他的七八部翻译稿都在战火中遗失了。1942 年,他回到老家,抱病又开始重新投入翻译工作,直到 1944 年去世,一共翻译了 31 部半莎士比亚的作品(全集共 37 部)。他的夫人宋清如,是他当时唯一的读者。

还有一位了不起的翻译家,2008 年南京大学曾召开了一个非常隆重的国际学术研讨会来纪念他,他就是傅雷。朱生豪和傅雷是并立的双峰。

他们以独特的精神追求、高超的翻译艺术、深厚的中文功底,以及对原著深刻的理解和文化传承的贡献,为中国的读者以及后来的一批批翻译家,提供了丰富的精神食粮。

傅雷作为翻译家,最有名的作品之一便是罗曼·罗兰的《约翰·克利斯朵夫》。作为作家,他也有许多著作,比如《傅雷家书》《世界美术名作二十讲》。最早认识到黄宾虹绘画之独特性和重要性的人就是傅雷。傅雷认为,黄宾虹是对中国山水画有传承、有创造、有风骨的三百年来的第一人。傅雷22岁到法国,在法语还不十分精通的情况下,他已通过到罗浮宫欣赏画作、通过对法国绘画精神的学习,了解到中国的绘画缺少什么,并在23岁那年著成了《世界美术名作二十讲》,到现在为止,这本书还是中国许多艺术学院必读之书。最早发现张爱玲的也是傅雷,傅雷在上海写了一篇《论张爱玲的小说》,对这位作家特有的风格和思想做了独特的阐释。可以说,傅雷在文学、艺术、政治上都很有建树,但是他一辈子却选择了做翻译。

翻译家像大树:根植本土吸纳多元

翻译家像一棵大树,他们根植于中国文化之中,又通过翻译把外国的文化吸收进来,让外国文化为中国文化带来新的营养。很多作家都是读朱生豪、傅雷成长起来的,比方说叶兆言,他就说他的写作是从傅雷开始的,是傅雷教会他什么叫语言。

文学翻译,严格地说,最早可以追溯到19世纪末。当时林纾翻译了一本《茶花女遗事》。在那个时代,要引进外国文化是非常困难的,因为我们的国门是紧闭的。要打开国门,对西方世界有所了解,文学翻译是一个重要手段。当时著名的政治家梁启超提出,救国有“三本”,其中的“一本”就是翻译。我们大家还知道一位非常优秀的翻译家,他就是鲁迅先生。虽然更多人了解他是通过他的小说和杂文,但事实上,鲁迅先生小说创作与翻译基本上是一半对一半。鲁迅先生也曾说过,翻译,能够引进外国的新思想、新思维、新语言表达手段,改造国人的思维,从而改造我们的文化,可见翻译之重要性。

　　傅雷做翻译的目的,在《约翰·克利斯朵夫》的前言里已经写得非常明确。第一次世界大战之后,我们整个中国民族处于一种阴霾之中,人心沉沦,在这时候,我们需要一种大勇主义让中华民族焕发出一种坚忍的力量,而《约翰·克利斯朵夫》这本书正是在英雄主义的呼唤中产生的一部作品。也正是这种对英雄主义的呼唤,让他和罗曼·罗兰产生一种共鸣。所以傅雷翻译这部作品,不仅是文学的需要,更是对中国近代中华民族精神的一种契合。

翻译原则:以信为本,求真求美

　　翻译的原则是什么? 曾任北京大学校长的著名翻译家严复先生曾经说过:"译事三难:信、达、雅。"在我看来,"信",是指内容的层面,要求翻译要忠于原文;"达",是指语言的层面,要求语言要通顺、流畅;"雅"是指审美的层面,要求翻译出的文字要有美感。这里就会存在一个矛盾,"信"与"雅"之间的矛盾。老子曾说:"信言不美,美言不信。"也就是说,朴实、本真的语言说出来,一般不太具有美感,而具有美感的语言又往往失去了本真。

　　在翻译的历史上,"美"与"真"的矛盾也导致了两种情况。一种情况就是完全按照原文怎么说便怎么译,这就会出现一个问题,原文文字的美感好像丧失了。举个例子,维吾尔族人在形容一个姑娘很美丽的时候,会形容她有一双骆驼般的眼睛,可是如果就照这样翻译成法语的话,法国人能够感受到那种美吗? 还有一种情况,就是当原文不那么美的时候,翻译家可能会用美的语言,将它表达出来。而读者在读的时候可能会想,原文真的是这样描述吗? 古典主义时期的法国,非常讲究优雅、美感,所有文学在通过翻译进入法国之后都会有一个美化的过程,他们将翻译形容为"不忠的美人"。

对于"美"与"真"的矛盾，傅雷先生也提出过自己的见解。他说，翻译，要做到"形似"和"神似"。"形似"与"神似"若都能达到，那当然"形神兼备为上品"。但是一种语言转换到另一种语言的时候，难免会有所不同。比如外国人说"武装到牙齿""鳄鱼的眼泪"等，这样的语言要想融入中国文化之中，必然有一个比较缓慢的过程，需要读者在品读的过程中逐步地理解与磨合。

翻译并非机械地传承，同样一本书在不同人的笔下翻译出来的"味儿"是不一样的，每人有每人的理解，有自己不同的表达。20 世纪初法国著名作家普鲁斯特所著的《追忆似水年华》是一本著名的"天书"。我作为其中一名翻译者，在翻译这本书的时候，也是困难重重。尤其是在最后定夺书名的时候，几位译者之间存在着很大的争论。一位老翻译家坚持认为，"追忆似水年华"这个名字非常好，可以说是中国翻译文学之创举，而有的人则认为，这个书名太中国化，没有把原文的精髓表现出来，就应该按照原文翻译为《追寻失去的时间(光)》。这也是牵涉到翻译的求真与求美的问题，这里的美，就有我们中国的文化心态，有着读者的期待。出版社最终决定举手表决。结果，两个书名各有一半支持者，最后出版社定了《追忆似水年华》。

翻译家：不应被忽视的"再造者"

好的翻译家，是了不起的再造者，赋予作品更深内涵。一个好的翻译家可能吸引读者，一个差的翻译家就可能将读者拒于千里之外。一个好的原作者若能遇到一个好的翻译家，那是十分幸运的。罗曼·罗兰和傅雷，这两位作者和译者，就可以说是"历史的奇遇"，可以说，有了傅雷，罗曼·罗兰在中国拥有了广大的读者。更有趣的是，罗曼·罗兰在法国并不算一流的作家，但到中国，他超越了。只是现在大家看了这么多书，记住了几个好的翻译家了呢？所以我希望大家从今天开始，在选择翻译作品的时候，一定要树立译者的"品牌意识"，因为好的翻译，不仅能再现原作的风采,更能够赋予原作以新的内涵,拓展原作的生命。

翻译家董桥说,译者与读者、与作者之间应当建立真正的心交心的关系。真正的作家、真正的翻译家,对待每一个字,就像对待生命一样。而读书的人也要带着自己的问题去读,在不同的心境中,你把自己放进去,让自己与作者进行心与心的交流。如果你对生命有着特别的感悟,你觉得生命中有些东西失去了,需要找寻回来,那么你可以试着去《追忆似水年华》这本书中寻找。

(本文系 2012 年 5 月在金陵图书馆所做的演讲的文稿,由《新华日报》记者沈峥嵘根据演讲录音整理而成,发表于 2012 年 6 月 6 日的《新华日报》。)

翻译是历史的奇遇

——我译法国文学

馆长开场词：

聆听思想的声音，沐浴智慧的阳光。大家下午好，欢迎来到长江讲坛。有学者曾说，如丘吉尔评价英国皇家空军的话一般，从没有如此少的人对如此多的人做过如此大的贡献，但却得到如此低的评价，和如此吝啬的褒奖。翻译在中国也可当得起如此评价。一个半世纪以来，翻译提供了大量的概念和名词，打开了国人的视野。在中国，由一个大的传统文明向当代文明转变的过程中，翻译，功不可没。用鲁迅先生的话说，翻译是普罗米修斯，是播火者。但时至今日，无论中外，我们在一部译著的封面上，最常见到的情况仍然是极负盛名的作者名字脚下默默无闻地放着译者的名字。在中国他们是袁筱一、傅雷、许钧。如果没有他们，我们或许将失去与莎士比亚、托尔斯泰、罗曼·罗兰、安徒生们的相遇。我们希望更多的翻译家能够得到应有的关注。为此我们特别邀请南京大学教授、著名法语翻译家、江苏省文化名家许钧先生，做客长江讲坛。正是由于他和众多法语翻译家们的再度创作，正是由于像许钧那样字斟句酌、字字经典的翻译，才使得我们广大的读者得以及时阅读到勒克莱齐奥等法语作家们的杰出作品。

从 1976 年开始翻译工作至今，许钧先生说自己 40 年就做了三件事。做大量的翻译实践，研究翻译理论，还从事翻译教学。但今天他要做集中三件事之后的另一件事，就是演讲。有人称他是一个天生的译者，对文字敏感,脑海里想的时时刻刻都是翻译。他也被誉为"文化引进来和走出去的使者"。在他翻译法国文学的过程中,究竟有怎样的经历和感受,为何感叹翻译是历史的奇遇? 答案即将揭晓。让我们掌声欢迎许钧教授的演讲。

许钧教授:

尊敬的汤馆长,非常感谢湖北省图书馆、华中科技大学,还有湖北作家协会给了我一个机会,跟湖北的朋友一起聊一聊翻译。今天我感到特别高兴,因为不仅结识了新朋友,还与很多老朋友重逢,著名作家毕飞宇,翻译家余中先、袁筱一、董强、刘成富……他们现在都坐在台下,在为我加油。

在这个长江讲坛,讲文学、讲经济、讲哲学的很多,但讲翻译,这是第一次。关于翻译,我想用十六个字来概括。

首先是"历史悠久"。人类的历史非常悠久。而历史上,只要操不同语言的人之间想要交流,马上就会有翻译的问题,所以翻译史与人类的交流史同样悠久。在这悠久的历史中,人类因交流的不断增多而需要翻译,但更为重要的是,翻译让我们的各种交流变成了一种可能。其实做翻译的不一定是专业人才。我想现场在座的应该都会英语。但是往前一两千年,比如说在李白的时代,李白不会英语,却做过翻译。有一次唐玄宗李隆基的朝上收到一封信,这封信满朝文武没一个能看懂。诗人贺知章看了,说他知道有一个人懂,皇帝就问是谁。贺知章说是李白,皇帝就把李白请来了。李白是诗人,本来就有一种狂傲之气,这样一来就更了不得,满朝文武都不知道的事,他却知道。他说可以啊,让我看一看。他一看就明白了。他说让高力士为我脱靴,杨国舅给我磨墨,然后我才翻译。最后他把它翻译出来了。这实际上是当时一个藩国来的国书,而李白正好懂这个藩国的语言。再如两个多世纪以前,也就是 1793 年,大不列颠派出了第一个外交使团,马嘎尔尼任使团团长。轮船用了半年多时间才从英国到中国。船上有一个小孩,大概十一岁多一点,是马嘎尔尼的侍童,主要任务是照看马嘎尔尼来中国期间的衣物。但这个小孩非常聪明,在船上半年的工夫里就学会了中文。到了中国之后,乾隆皇帝不太愿意接见他们,把他们撂在一边。后来听说有一个小孩会中文,乾隆皇帝一高兴,说要见见他。这个小孩就在十一岁半到十二岁的时候,当了英国使团和乾隆皇帝的翻译。这是两百多年前的事。我觉得翻译历史悠久,这本身已经说明我们人类的交流有翻译的需要。随着国家民族之间的距离越来越近,现在对翻译的要求也是越来越多。目前除了英语,在我们中国教学的其他外语还有五十几种之多。而世界上有多少种语言呢?据不完全统计,现在是六千多种。翻译人才大有用武之地!

其次是"无所不在"。在座的当了父母、祖父母、外祖父母的,可能都知道,当孩子出生时,有一样东西特别重要,帮宝适。帮宝适这个翻译就非常传神。还有大家喝的可口可乐,原文叫"Coca-Cola",翻译既传神又传形。实际上现在翻译无所不在。前两天阿里巴巴搞了全球"双 11 节",全球的销售,我想一定需要大量的翻译工作。两个月前,巴黎有家公司联系我,说有 19000～25000 种商品,上面的标签是法文,希望能传神地翻译成中文,要做广告做销售。所以有人说,当今时代,翻译就像空气和水一样,是无所不在的。

我们很难想象,今天的世界如果离开了翻译会怎样,可能全世界的所有国际交流都得停止。所以我觉得翻译的第三个特征是"作用巨大"。据说毛泽东曾在延安说过一句话,我们的翻译词典上有记载,但确切的记录现在还没有查到,毛泽东说,没有翻译就没有共产党。我想接一句,没有翻译也就没有新中国。如果没有《共产党宣言》的翻译,怎么可能有共产主义思想在中国的传播呢?翻译的巨大作用还体现在其他方面,今天因为时间关系我不展开了。

第四个特征,我觉得叫"困难重重"。翻译非常困难,有很多障碍,语言的障碍,文化的障碍,意识形态的障碍,等等。我举一个简单的例子。我曾在一部法文小说里看到一段形容女性特别漂亮的文字。其他方面的形容我都认同,但到形容皮肤的时候,我就难以认同了。作家怎么形容呢?他说这个女人的皮肤特别好,细腻、柔软,就好像上面长着一层纤细的桃毛。大家可以想象,我们中国人一听到桃子的绒毛,是要发痒的,是很反感的。我为此还去查证过,发现连著名的法国诗人兰波也写过这样的诗句。问题是,如果直接翻译成中文,我们中国的读者读完会有怎样的感觉呢?

有的时候,翻译甚至可以说是红黑不分。我曾翻译过一本书,叫《黑面包》。其中有一段讲一个工厂的工人皮埃尔发动工人罢工。作者描写道,皮埃尔举着一面旗,挥舞着,然后工人们就跟着他跑上了街头。他这面旗,我翻译的时候看都没看就翻译成了"高举着一面红旗"。问题是,最后我一校对,不对!原文是一面黑旗。如果我翻译成"他高举着一面黑旗,然后工人们拥护着他,跑上街头",大家就会说他是反革命。因为在我们中国人的理解当中,黑旗是反革命,红旗才是革命者。如果再去查一查就会知道,在法国,这个黑旗是无政府主义者的旗子。

我们对同一个形象的感觉因人而异。我翻译过《追忆似水年华》的其中一本,作者在里面把一对同性恋人比作兰花和熊蜂。兰花在中国是非常高洁的,我没听说过兰花还有那层含义。读了这本书之后,一看到法国文学里提到兰花,就觉得是在影射同性恋。有次我跟一个法国大使及他的夫人在南京金陵饭店吃饭。他夫人问吃饭的具体地点,我说在金陵饭店一楼兰圃。大使夫人当时就说,那我不去了,你们两人去吧(观众大笑)。所以要把这些形象处理好,翻译困难重重。

人类有了翻译,不同民族或者说操不同语言的民族之间的交往才成为可能。翻译遍及各个领域,思想、文学、科技、日常生活……随着历史的不断发展,这样一种相遇的可能性就越来越大。我有一个比喻来形容翻译:我把翻译叫作历史的奇遇。我的好朋友,就是在座的毕飞宇先生,他常对人说,许钧先生对翻译有一个妙喻。但他用的词比我更好。他说,翻译是历史的艳遇。"艳"和"奇",我觉得它们充分表明了人类的两种归宿,而且应该说这个"艳"字,实际上代表了人类情感的一种吸引与沟通。

关于翻译的比喻其实有很多。"五四"时期对翻译有一个非常形象的说法,说翻译是媒婆!我觉得这个媒婆非常重要。做得好,就能够成就一段美妙姻缘,这也是奇遇的一个非常好的条件。我就愿意当这样的媒婆。我刚才提到翻译很重要,历史很悠久,困难也很大。但正如刚才汤馆长所说,书的封面上很难找到译者的名字,因为写得很小。不过我们都已经习惯了,我们就像空气,就像水,用的时候,大家觉得重要;不用,我们也照样在。刚才汤馆长说鲁迅对翻译的作用评价非常高,说译者是普罗米修斯。普罗米修斯是谁?是把天上的火导向人间的神,是播火者。就像陈望道翻译《共产党宣言》。中国历史上有几个非常年轻的翻译家,陈望道翻译《共产党宣言》时才二十几岁,后来年纪轻轻做了复旦大学的校长。还有俄罗斯的普希金,说翻译是思想的驿站,是一段一段地传承思想。在我们国家内部,通过对《论语》《道德经》等的注释、阐释、翻译,一段一段、一个时代一个时代地把中华民族的思想传了下来。对于西方思想也是如此,十月革命一声炮响,给中国送来了马克思主义、列宁主义。如果没有翻译,这些思想是送不过来的。思想就这样在时间上不断地延伸,在空间上不断地拓展。在法国人笔下,翻译是把跟自己的恋人非常相像的女人介绍给别人,法国人很浪漫,他给你的不是他的恋人,而是跟这个恋人相像的女人。这句话就道出了翻译的一个本质——翻译跟原来的不是同一的,只是相似。著名作家莫言对翻译也有妙喻。莫言的作品已经被译成很多种不同的语言。2012 年获诺贝尔文学奖之后,他更加明白翻译对一个作家作品传播的重要性。2014 年 8 月份,国际汉学家会议在北京召开,莫言在会上做了发言。莫言说,现在有人把翻译比作"暴徒",比作"叛徒",他觉得翻译应该做"信徒"。其实当一种强势文化翻译弱势文化的时候,很有可能出现"暴徒"行径。而翻译有的时候不"背叛"还不行,因为不背叛就翻译不过去。所以当一种弱势语言翻译强势语言的时候,为了让我们的读者能接受一些新东西,有时翻译不得不做一点"背叛"的事。这样一种变通之计,在历史上屡屡发生。但我认同莫言的话,翻译最好做"信徒"。我自己做翻译一直坚持一条原则,就是一定要以信为本,以诚立道。无信难成译。

可见翻译的形象是各种各样的。我曾举过两个极端的例子,说明翻译是一个非常复杂的行为。翻译有好的一面，也有无能为力的时候，有时甚至会走向与它本身使命完全相反的道路。比如说我非常喜欢看抗日片，但是抗日片里面的翻译是什么形象呢？大家回想一下《小兵张嘎》里的那个胖翻译官。而且不仅仅这一个，十部抗日剧里有九部，翻译官的形象是那样的！我作为一个译者，想到这样一个形象，或者有人讲到这样一个形象，我的自尊心每每受到极大的伤害。刚才汤馆长说我一辈子只做了三件事，我不能说自己是普罗米修斯，但我起码可以做一个好媒婆，促成一桩美妙姻缘，没想到跟胖翻译官、跟侵略者扯到一块去了！当然也有让我们非常幸福的形象，从胖翻译官我们来到另一极，玄奘。玄奘的作用，我认为在中国文化史上，是怎么肯定他都不为过的。梁启超说佛经翻译创造了两万五千余言，极大地丰富了中国的语言。中国人的处世哲学、人生准则，包括中国的很多成语，都来自佛教，这当然是通过翻译。

以上我们看到，翻译的巨大作用体现于社会、文化、政治各个方面。翻译的作用也体现于文学领域，现在我要把话题转向文学。

如果翻译是一种美妙的奇遇，历史的奇遇，那么在过去一个多世纪，我觉得发生于我们法国文学界的奇遇特别多。今天上午来参加活动时，我看到一本小书，叫《中法文化的邂逅与相遇》。那里头就有很多中法文学相遇的故事，中国对法国文学的翻译，留下了一段段奇缘。而这一段段奇缘促生了新思想，促生了整个中国社会的某种进步。在这个意义上，我觉得这些事非常重要！不过在这一个多世纪里，我觉得中国的译介活动——特别是对西方的译介——实际上有一个认识的过程。19世纪中叶，当我们的国门被英国人的炮火轰开之后，我们国家、我们民族深切感受到我们在国际上所处的弱势地位，因此想要强国。民族复兴梦不是今天才开始说的，那个时期就已经有智士在说了。强国怎么强？西方用炮火打开了我们的大门，那我们就学习炮火。所以在那个时代，翻译的主要是什么？主要是工学、技术、机械方面的著作。法国作家凡尔纳的科幻小说就是在那种情况下，在19世纪七八十年代，被当作科学翻译至中国的。所以对凡尔纳小说的翻译，还不能算是真正的文学翻译。法国文学真正

系统地被译介至中国是始于什么时候呢？有几种说法，我认同的是 1898
年。1898 年那一年，中国发生了两件非常重要的事，我觉得这两件事对中
国现代社会的发展和变迁起到了非常大的作用。一件事是严复翻译《天
演论》，大家知道严复提出了"信达雅"的翻译标准，这个标准后来成为我
们做翻译的金科玉律，至今还指导着我们的翻译活动。同一年，林纾，一
位不通外语的文人，跟另一个人——王寿昌合作翻译了一本书，《巴黎茶
花女遗事》。这本书发行的时候，第一次只印了一百册！但这一百册影响
非同小可，严复就曾说过，"可怜一卷《茶花女》，断尽支那荡子肠"。因为
中国翻译西方的科学技术，再强也强不过人家，要变强，只有引进国外的
思想，精神上先变强。所以文学翻译成了一条非常重要的途径。《巴黎茶
花女遗事》这本书译介进来后，国人的目光投向了外国，同时也看到，无论
是外国人还是中国人，人同此心，心同此情，有情才有奇遇。林纾后来一
发而不可收，翻译了一百多种外国小说。一个不通外语的中国文人，和懂
外语的人合作，开创了世界翻译史上的一段佳话，也为中国现代化、中国
现代性的开始，为五四运动的准备做出了巨大的贡献。因为林纾开启了
西洋文学在中国近代的翻译史，实际上也为"五四"时期的白话文运动、新
文学运动、新文化运动这个三位一体的运动做了一种铺垫。那个时期的
作家跟现在的作家不太一样，大部分既是作家也是翻译家，非常有意思。
像赵元任，后来到美国成了美国语言协会会长，他就翻译过《爱丽丝梦游
仙境》。他的翻译目标是什么呢？他说他翻译这本书，是要考验一下我们
的白话文有没有这样的翻译可能。鲁迅也做过翻译，他差不多有三百万
字的翻译，三百万字的创作。翻译占了他作品的很大部分。鲁迅为什么
要翻译呢？他说得非常清楚，是为了改造国人的思维，是为了丰富汉语的
表达。所以鲁迅有一个翻译主张，叫"硬译"！我们翻译界有时会把林纾
与鲁迅两人做一个比较。有一个人比较说，从语言的角度看，这两个人的
翻译完全不一样。林纾的翻译特别活，活到有时候手发痒，"代人手
笔"——这是钱锺书说的。所以很多人说他翻译不时添枝加叶，活到已经
"胡"译的地步。鲁迅则是硬译。有人批评他的翻译，说他硬译硬到什么

程度？硬到"死"译的地步！他翻译《死魂灵》，就那么死了。也就是说从语言的角度看，这两个人的翻译方法应该说是大相径庭，各执一端。一个是活，活到"胡"译；一个是硬，硬到"死"译的程度。但我觉得还应该从另外一个角度加以思考。如果从文化与思维的角度去看，他们两人只是采取了不同的策略和手段而已。在林纾那个时期，国门相对封闭，要引起大家的关注，需要采取比较文雅的方法。通过文学的手段，用像《巴黎茶花女遗事》那样让人揪心、断肠的故事，来引起国人对国外的关注。实际上他开启的是外面世界的大门。而鲁迅的翻译从文化上更进了一步。他希望吸收西方思想来改造国人的思维。其实他们两人在文化上的贡献同样巨大。

如果我们把林纾和小仲马的《巴黎茶花女遗事》作为跟法国文学接触的第一段奇遇，那么可以说历史上能找到很多类似的奇遇，比如大家都非常熟悉的法国作家雨果。雨果有几本书很早就被翻译了。《九三年》的译文1912年就已经在上海《时报》连载，译者曾朴。20世纪还有两个人共同合作，翻译了大家非常熟悉的《悲惨世界》。这两个人是谁？一个是共产党第一任中央局书记陈独秀，还有一个是非常有名的才子，叫苏曼殊。他们俩看上了雨果的《悲惨世界》，想合作翻译这本书。他们的翻译当然有自己的政治追求和思想动机。他们的合作翻译过程和林纾又不太一样，因为他们在翻译时有自己的选择，没有完全按照原文翻译，甚至在译文中加进去一个人物。加了一个什么人物？叫男德，男就是男女的男，德就是道德的德，是一个侠客。加进去的目的是什么？"男德"的谐音是"难得"。那个时代难得的人是什么样的呢？大家知道五四运动之前，对孔孟之道有过严厉批判。所以书中加进去的那个男德就以法国青年的口吻来批判孔孟。他说："那支那国孔子的奴隶教训，只有那班支那贱种奉作金科玉律，难道我们法兰西贵重的国民，也要听他那些狗屁吗？"他还说世界上有了为富不仁的财主，才有贫无立锥的穷汉，应该破坏那个腐败的世界，另造一个公道的新世界。这基本上是一个"五四"宣言啊！在这么一种奇遇中，翻译也融入了社会志士仁人的追求，融入了他们的思想，产生了另一种力量。

如果我们把目光往后移,会看到中国翻译家与法国作家之间的另一桩美妙的奇遇,甚至"艳遇",那就是傅雷与罗曼·罗兰。傅雷跟罗曼·罗兰的这种相遇,我觉得实在是了不起!罗曼·罗兰写作《约翰·克利斯朵夫》是在第一次世界大战之后,那时人类刚遭受前所未有的苦难,所有欧洲人的心情都非常痛苦,整个社会的精神都在沉沦,罗曼·罗兰为了呼唤一种英雄主义写了这本荡气回肠的书。傅雷到了法兰西,恰好读到这本书,立即喜欢上了。他在译著前言中就说,(20世纪)30年代的中国笼罩着一片阴霾,国人精神委顿,他要呼唤一种英雄主义,便翻译了《约翰·克利斯朵夫》。后来我看到很多人说读了傅雷翻译的这部书,精神上得到了振奋。傅雷与罗曼·罗兰之间灵魂的相通和思想的共鸣促成了一部伟大译著的诞生。

之前读傅雷的译作,我曾经写过一篇文章,我说对于傅雷跟罗曼·罗兰的相遇,我在不同阶段有不同的认识。早期,我对傅雷的认知只限于他翻译的一本本书。后来我觉得傅雷不仅仅是翻译了一本本书,他是一棵树。这棵树深深地扎根于中国文化,吸收了外国文学营养,又以这营养来滋养中国的文化。有很多作家,例如南京作家叶兆言,就写过文章,说是傅雷翻译的巴尔扎克让他知道了汉语的巨大魅力,让他知道了什么是写作。著名演员黄宗英也讲过傅雷带给她的震撼。习近平总书记说他读过《约翰·克利斯朵夫》,他读的应该就是傅雷的译作。所以傅雷与罗曼·罗兰的这样一段奇遇,造就了一个伟大的翻译家,而这位伟大的翻译家,通过他的翻译,像一棵树一般从20世纪40年代起滋养了一代又一代的中国人。

还有其他奇遇。比如著名戏剧家同时也是翻译家的李健吾,和法国小说《包法利夫人》的作者福楼拜的相遇。《包法利夫人》这本书在中国的影响与在法国的影响并不完全相同。这部书在法国初出版时吃了一桩官司。福楼拜因为写了一个通奸的女人,在法国这个看似非常自由开化的社会里,被别人以"有伤风化"的罪名告上了法庭。就是这样一本在过去的法国社会"有伤风化"的书,在我们中国却获得了另一种评价。它在20

世纪 40 年代翻译出版的时候,我们都认为它是一部具有强烈批判现实主义色彩的作品,它揭开了资本主义温情脉脉的面纱,让读者看到了资本主义社会的虚伪。所以在这一段段奇遇当中,一种文学或文化,或者说一部文学作品,当它进入另外一种文化中时,可能会产生别的作用。

在这一段段奇遇当中,还有一位已经离开我们一段时间的当代作家。这位作家是杜拉斯,写过一本书叫《情人》。那年,十五岁半,在湄公河的渡船上,那个场景我想大家在电影里应该都看到过。这本书的翻译也促成了很多奇遇,首先王道乾跟杜拉斯的相遇令伟大的翻译作品诞生,更重要的是这部翻译作品孕育了一些非常好的甚至可以说伟大的作家。比如王小波在《青铜时代》序"我的师承"中就说,王道乾和他的翻译给予他的帮助,比中国近代所有著作家对他的帮助总和还要大,是王道乾先生和查良铮先生作为翻译家,让他知道了什么叫写作。

文学对于一个人的一生、对于整个社会的转变、对于人类精神的交流,所起的作用实在太大了。所以,刚才汤馆长说我只做了三件事,做翻译,研究翻译,教授翻译,但我觉得这三件事合起来就是三种福气啊!我觉得我是最幸福的人。从 1975 年大学毕业到现在,我对翻译情有独钟。在整整 40 年里,我觉得我跟翻译,特别是跟法国文学,也有过一段段奇缘和奇遇。大家都说做翻译的人孤独。孤独,是因为要深入一种陌生的文化环境里,深入一种陌生的历史环境中。译者面对的是另外一种语言,在语言差异中存在表达的差异、思维的差异、文化的差异。当面对那么多陌生元素,面对那么多差异的时候,人一定是孤独的。但恰恰是这种差异性让我们产生了一种欲望。如果一个孤独的人,一个翻译者,能通过他的语言和他的翻译克服语言问题,将另外一种思维和文化的独特性,也就是它的差异性表达出来,在中国这个文化语境中传达给大家,那我觉得这个孤独的人就是幸福的,因为他让很多的人不孤独!所以我觉得我自己这四十几年是非常幸福的。虽然孤独,但很幸福。

作为一个翻译者,我的幸福首先是我可以跟大师神交,可以用自己的目光去阅读、去发现伟大的作家,让我跟他的作品一起成长。其实回想起来,我在翻译法国文学的过程中,慢慢形成了对法国文学的一些看法。也通过翻译,对一部具体的作品有了更为深刻的认识。很多人问我:当代中国文学到底与当代法国文学有什么不同?关于这个问题,勒克莱齐奥先生的回答特别幽默。他说,当代中国文学跟当代法国文学最大的不同是,中国文学是用中文写的,法国文学是用法文写的。这句话看似开玩笑,实际上很有深意,一种语言的背后就是一种文化,就是一种心态,就是一个世界。西方作品跟中国作品的传统就不一样,西方作品会涉及大量的古希腊罗马神话和圣经故事,有一种隐喻在里面。要理解西方作品,不能不理解西方的宗教和文化。所以我说,不同的语言非常明确地赋予了这种语言写就的文学以别样的性格和别样的精神。这是流淌在血液里的,是它悠久的历史、文化、宗教等因素促成的。但文学又是相同的。同在哪里呢?文学就是人学。文学就是写人,要深入人性的深处。写的是人性,写的是人类的遭遇,她的困惑,她的矛盾,她的爱,她的恨。全世界的文学概莫如此。

不过我觉得当代的法国文学与当代的中国文学还是有差别的。差别在于,很多中国小说家在我看来喜欢用宏大叙事,希望以一个宏大的历史背景来写一个人的命运。法国小说却往往是相反的,作家用一个很小的事件,一个很小的东西,来反映一个大的境况。我觉得这两种不同其实也是路径的不同。从大看小,与从小看大,哪一种方法更好?我认为各有千秋,这就是文学的互补。同时,我还发现一个非常有趣的现象。法国文学流派特别多,而20世纪的很多文学流派都起源于法国。因为这些流派都以哲学为依据,讨论的是人的存在,而法国一直有深厚的哲学传统。所以法国文学经常与哲学结缘,很多小说家、文艺家本身都是哲学家。包括蒙田、笛卡尔、伏尔泰、卢梭,也包括我们很熟悉的当代作家萨特、波伏娃、加缪等,也包括勒克莱齐奥,我觉得他的作品也具有某种哲学的根基。

通过与法国文学的接触,我对一个作家、对一部作品的认识,慢慢地就不再局限于书本和文学史上学到的知识。比如说我跟巴尔扎克有神交,因为我翻译了他的两部作品,都是我非常喜欢的,一部叫《邦斯舅舅》,另一部叫《贝姨》。巴尔扎克可以说是现实主义的大师,我翻译他,是为了能够与现实主义作品相遇。巴尔扎克写了近一百部作品,他在写作时采用一种全知的视角,无所不在,无所不知。他的作品把什么都交代得非常清楚,下午三点左右,在巴黎的某一条大街,看到一个什么人,从哪一家贵妇人的小客厅出来,好像整个世界都在他的掌控之中,无所不知!连他的人物都是那样的。他写的那个拉斯蒂涅,通过一个贵夫人在巴黎成功之后,爬上巴黎的圣心教堂,说了一句话,"巴黎在我脚下"。如果看巴尔扎克的小说,会发现作为一个小说家,他好像掌控了整个世界。但如果去看卡夫卡的小说,会发现恰好倒过来:整个世界掌控了他。再看存在主义作家加缪的作品。他写"荒诞",荒诞到什么程度?他的《局外人》的第一句就是:"今天,妈妈死了。也许是昨天,我不知道。"妈妈什么时候死的都不清楚。到后来他杀了人,为什么杀人,他也弄不清楚。一切都是那么荒诞,作家也不告诉你。他的这个叙事视角就是非全知的。其实有的时候从不同小说的开头我们就能把握一本小说的基调。草婴先生刚刚离去。他翻译的《安娜·卡列尼娜》,第一句话是:"幸福的家庭都是相似的,不幸的家庭各有各的不幸。"光听到这么一句话,你就觉得一定要去看看这部小说,你也会联想到自己的命运。傅雷翻译的《约翰·克利斯朵夫》,第一句话是"江声浩荡"。"江声浩荡"这四个字,多么雄伟,昭示着一个英雄的出世。

跟文学大师相遇了之后,再去读其他小说,我就具备了一种参照的目光。在座的各位可能都听说过一句话,"法语是世界上最美丽的语言"。很多人都这样跟我说,说得我轻飘飘的。但是读了都德的《最后一课》,我就觉得,世界上有哪一种语言不是最美丽的呀?!为什么他那时会写出"法语是最美丽的语言"呢?他也是现实主义小说家,故事发生于普法战争后,阿尔萨斯和洛林地区要被普鲁士兼并。故事主人公是一个经常逃学的孩子,每天迟到,又怕法语动词变位。这一天他又迟到了,但老师没有批评他。老师告诉大家,这是最后一课,从今天起以后不能再教法语了,老师最后在黑板上写了几个字:"法兰西万岁!"一个人失去自己的语言,等于失去了自己的民族之根、文化之根,大家可以想象那是怎样一种感受。其实当我们真的去阅读某一作品的时候,对于人类的那种状态的思考,我感觉到是很深刻的。比如我在不同场合说过,我读过毕飞宇的《哺乳期的女人》,我认为他的小说可以和莫泊桑的小说相媲美。这部小说深刻地揭示了人性。小说触及农村人口外出打工、农村留守儿童成长环境等问题,涉及那些目前备受关注的社会、心理、人性问题,毕飞宇早在20多年前就已经看到了。就这样,当我跟西方大家相遇的时候,我也慢慢培养了对中国文学的爱好。我是一个法国文学老师,但我每年要读很多中国文学作品,而且读得非常认真。

通过自己的翻译,我不仅与现实主义大师巴尔扎克相遇,还与浪漫主义大师雨果相遇。雨果也是习总书记特别喜欢的一个作家,他说他最喜欢《九三年》。那么,浪漫主义与现实主义到底有什么不同呢?我在另一个讲台讲过一件事。大家知道,法语系在南京大学是个小系,要成立一个协会不容易,要让大家关注更不容易,我们的学生很聪明,就成立了一个浪漫法语协会。这个协会一成立,凭借"浪漫"两字招来了许多南大学生。有一次他们请我去做一个讲座,来了很多听众,我就跟大家谈"浪漫"。浪漫到底是什么?我说浪漫不是风花雪月,浪漫是对真的那份激情,对爱的那股激情,对美的那片激情。这三者就基本构成了浪漫的底色。浪漫主义作家雨果有三部著作我很喜欢,而且作为一个法国文学研究者,我觉得它们是雨果最重要的作品,在法国浪漫主义作品中也具有代表性。第一部是《悲惨世界》,第二部是《巴黎圣母院》,第三部是我自己也翻译了一遍的《海上劳工》,《九三年》不在其中。为什么我认为这三部作品最重要呢?因为雨果说过,套在人类身上的枷锁有三重,这三重枷锁就是三重命运,一重是宗教的,一重是社会的,一重是自然的。而雨果恰恰通过这三本书写了与这三种枷锁的抗争:一种是与社会不公的抗争,一种是与宗教虚伪的抗争,一种是与残酷的大自然的抗争。《悲惨世界》中冉阿让的命运,让人深切同情;《巴黎圣母院》中那个敲钟人卡西莫多外表那么丑陋,但我们却觉得他的心灵是那么美;而《海上劳工》,我在翻译这部作品的时候,特别是在结尾的时候,流下了眼泪。主人公为了自由的爱情,让他心爱的女人走了,而自己消逝在茫茫大海中。实际上这三部作品让我们看到了人与世界、与自然、与社会、与宗教的某种关系，不仅促使我们进行反思，也让我们从情感角度出发去体验美丑，去追求美好的事物。

除了跟现实主义大师巴尔扎克、浪漫主义大师雨果的相遇，我还有机会跟 20 世纪的现代派大师、法国意识流的代表作家普鲁斯特相逢。普鲁斯特是一个非常伟大的作家。他出生在巴黎一个富有的资产阶级家庭，青年时代热衷社交，频繁出入文艺界，结识了一群美丽的夫人。但他从小体弱多病，患有慢性哮喘病，后来病情加重，只好闭门谢客，过起隐居的生活。那时他还很年轻，天天躺在房间里，怎么办呢？他就想，未来不在，追寻过去！后来就写了一部书，七大卷近三百万字。在这部书中，他以追忆为手段，追寻逝去的时光，希望通过追忆，能让逝去的时光重现。尽管他英年早逝，但文学丰富了他的生命，延续了他的生命，拓展了他的生命，赋予了他新的生命，令他不朽。所以我觉得这部书不仅追忆了他的过去时光，更为他确立了未来。这部书在中国的翻译历史也比较久了。大概在 20 世纪 30 年代初，傅雷就已经在一篇文章中提到过普鲁斯特。之后卞之琳也介绍了普鲁斯特，并把《追忆似水年华》前几章翻译了出来。但实在是太难了。20 世纪，西方有两部"天书"，一部是普鲁斯特的《追忆似水华》，一部是乔伊斯的《尤利西斯》。关于《尤利西斯》，萧乾当时在英格兰当记者的时候说根本看不懂这部天书，但后来他跟他夫人文洁若一起翻译了这部书。这两部书后来都由译林出版社出版。

《追忆似水年华》这部书的翻译过程有很多故事，有别人的故事，也有我自己跟它相遇时发生的故事。其实新中国成立后，法语界有很多人想翻译这本书，但当时的大环境不允许，因为觉得《追忆似水年华》宣扬的是资产阶级情调。"文革"期间就更不可能翻译了。好不容易"文革"结束了，我们法语界有一批人说，是时候翻译这本书了，如果再不翻译，中国法语界就太丢人了，因为日本人早就译出来了。鲁迅在 20 世纪 30 年代说过一句话，说中国文艺界顶重要的两件事之一，就是翻译莎士比亚的作品。日本人先翻译出来了，看不起中国人，说中国没有人翻译得出来，所以朱生豪就翻译了莎士比亚的作品，这是他抗战的一种方式。《追忆似水年华》同样如此，日本人早翻译出来了，中国没有翻译出来，所以当时法语界的一批有识之士就觉得应该把它译出来。由谁来翻译呢？没一个人敢。七卷将近三百万字，翻译难度又那么高，有时一天也不能翻译两百个字。最后推荐了国内法语界水平最高的一批译者。翻译了两三年后，有的人打了退堂鼓。比如说翻译第四卷的罗新璋先生。他花两三年翻译了两三万字，最后说自己实在译不出来，不译了，这两三万字贡献给下一个人，下面一个"敢死队队员"，因为当时有人把《追忆似水年华》的翻译队伍叫"翻译敢死队"。那是 20 世纪 80 年代中期，我在南京大学读研究生。有一天，出版社的一位老编辑来找我，问我愿不愿意翻译普鲁斯特。我当时还没有太多翻译经验，一听可高兴了，连忙说愿意愿意，自尊心得到了极大的满足，因为天书都来找我翻译了，而且还是那样一部名著。问题是接下这部名著后，痛苦接踵而来，阅读是那么痛苦，即使理解了，要翻译出来也是那么痛苦。23 万字我翻译了两年多，每天工作 6 个小时以上。"翻译敢死队"总共 15 个人，分工合作，每一本书由 2 个人共同翻译，第五卷《女囚》由 3 个人共同翻译，后来合 15 个人之力终于把《追忆似水年华》翻译了出来。

关于书的译名也有不少故事。一次在北京勺园开会，开会之前有一位非常有名的翻译家，就是翻译过《红与黑》的赵瑞蕻先生来找我。他听说我要去北京开关于普鲁斯特著作翻译出版的大会，就让我一定要把他的话带过去，他说不要用那么俗的字眼，"追忆似水年华"，一定要用"追寻失去的时间"。在北京开会期间，确实有一个环节是讨论书名的翻译。会上有很多人都提出这个问题，说这部书的书名不简单。这部书的主人公其实是时间。普鲁斯特深受法国哲学家柏格森影响，书名字面翻译应该是"追寻失去的时间"，很多人说应该还它以哲学的面貌，不该用"追忆似水年华"。那时我虽然最年轻，但也非常大胆地发表了意见，传达了赵瑞蕻先生的观点，说这本书应该翻译成"追寻失去的时间"。话音未落，就有一位老先生"嗖"的一声站了起来。这位老先生比我大 32 岁，今年 94 岁，是许渊冲先生。他说，如果翻译成"追寻失去的时间"，我就不参加了，我把我的稿子拿走。好不容易大家集体翻译出来了，要拿走可怎么办！所以一个书名的译名，其实反映了不同的观点。按照中国小说的起名标准来看，"追忆似水年华"很美，可以赢得读者。"追寻失去的时间"，多么奇怪的名字！可是它贴近原文。到底是求真好还是求美好？这里就出现了两难。在求真与求美之间，就形成了两派。两派观点对立，相持不下，于是会议主持人提议举手表决。那次参加会议的一共 16 人，14 个译者，一个评论家，一个出版家，最后同意"追忆似水年华"的共 7 人，同意"追寻失去的时间"的也有 7 人。这时我们所有人的目光都投向了评论家柳鸣九先生，他当时是法国文学研究会会长。柳鸣九先生就说，如果是以读者为目标，以后做广告和发行时建议这么写，"追忆似水年华(追寻失去的时间)"；如果是写评论文章，就写"追寻失去的时间(追忆似水年华)"。结果最终也没有达成一致意见。后来出版社考虑到读者和销量，就选择了《追忆似水年华》这个名字。

但故事还没有结束。一部书由 15 个人翻译，风格是不是统一？理解是不是一样？怎样统一这部书的风格？都是问题。所以在我们的译本之后，上海出现了两位更勇敢的翻译者，两人决定用自己的一辈子来完成这部书的翻译。一位是复旦大学的徐和瑾先生，他今年离开了我们。另一位是周克希先生，他原来在华东师范大学教授数学，后来离开教师岗位去当编辑，也翻译了很多法国文学作品。巧的是，他们俩的译本，一本叫《追忆似水年华》，一本叫《追寻逝去的时光》。而这本书的命运呢？徐和瑾先生后来得了癌症，他在病中坚持翻译，坚强地跟时间抗争，花了十几年时间，翻译了前面的四卷。另一位翻译家周克希先生在翻译了前三卷之后，打电话说他审美抑郁了，因为书太美了，感情太细腻了，他在翻译中投入自己的想象、自己的体验，沉浸在其中无法自拔，所以决定无限期地停止了。但我觉得一部书的命运是一定不会停止的。

在我的相遇当中，还有新小说代表人物之一，以抒写爱情为特征的法国作家杜拉斯。杜拉斯让我知道了什么叫爱情。杜拉斯的爱情，追求独特性、不同凡响性。她认为爱情是绝望的，是破碎的。而她在写爱情时，句子经常是断裂的,用词经常是绝望的。她不喜欢用套话。她对爱情的那种观念、体验,跟她的写作风格融为一体。所以读她的书的时候,我有时真的会颤抖。后来我跟春风文艺出版社合作,主编了《杜拉斯文集》,再加上袁筱一翻译的《杜拉斯传》,一共 16 卷,26 部作品。这个翻译与主编过程让我对杜拉斯有了更为深刻的理解。我写过一篇前言,在里面谈了对杜拉斯的认识。我尤其觉得,既然杜拉斯的爱情观念和写作风格融为一体,那么我们在翻译她作品的时候也要抓住这个特点。我找的译者中有一位非常有名,他翻译了其中一部爱情小说。书译好后他问我觉得翻译得怎么样。我半开玩笑地跟他说,你翻译得不怎么样,因为你翻译得太好了。这句话看似矛盾,其实不矛盾。通常大家会认为好的翻译,就是字斟句酌,就是多用四字成语和优美的词语。从这种意义上说,他给我提供的这个版本翻译得很好,因为有很多四字成语。但其实四字成语大多都是套话,而杜拉斯深恶痛绝的就是这种表达,这与她的作品风格完全背道而驰。最后我提议对翻译进行修改。

就是这一桩又一桩的历史奇遇,让我对法国文学的特有品格形成了一种认识,也让我慢慢学会怎样去欣赏、去体会,真正地去阅读一部作品,与作品产生思想和灵魂层面的共鸣。我通过翻译与历史上的法国文学大师神交,更通过翻译去发现伟大的作家,跟他们的作品一起成长。今天上午,勒克莱齐奥先生给大家做了讲座,大家都说我跟他之间有一种默契。他也对我说每次我翻译的时候他都特别放心。他在说话,我在旁边翻译,我觉得就像自己在说话一样。这份默契恰恰来自我跟他的相遇,从 20 世纪 80 年代我翻译他的第一部小说开始,到现在已经过去了 35 年,这份相遇如今已经变成了一份相知,变成了一份相爱。我理解他的小说,爱他的小说,我不仅自己翻译,还让我的学生翻译他的作品;不仅翻译他的作品,还与他建立了友谊。现在他每年都要来中国。他说现在每年基本上在三个地方生活:一是在法国的尼斯和巴黎,一是在美国,还有就是南京。他现在每年有三四个月时间待在南京,南京俨然成了他的故乡之一。这份相遇,我觉得走近的不仅仅是两颗心,更是两种不同的文化,我在勒克莱齐奥身上看到了也学会了对他者文化的关注、对他人的关心。有一件事我现在还记忆犹新。有一天,我跟他一起从苏州回南京。在火车站候车时,我突然看见勒克莱齐奥站起身来,从口袋里掏出两枚硬币,一米八八的大个子,深深地弯下腰,跟一个3岁的孩子一起甜甜地微笑。他和这个孩子的目光相遇的那一刻,那种善良,那种不由自主的站立,那种深深地弯下腰的姿势,都让我看到了勒克莱齐奥身上那份人性的光辉。所以我说,作为一位翻译者是幸福的,我愿意把我得到的这份幸福传达给更多的读者,也非常感谢在座的各位能够耐心地倾听,耐心地和我一起来交流我自己的这份收获,谢谢大家!(演讲结束,掌声响起)

提问环节:

主持人:我最不希望的就是当我走进来的时候掌声就停下来了,大家再次响起掌声!(掌声响起)

刚才这个演讲呢,让我想到两件事情,一个就是,许钧先生用他的一串串的相遇、奇遇、偶遇和艳遇,让我想到他在这几遇当中点出的书名、作者和翻译者。这让我有点担忧,比如说我们省图书馆所拥有的外文书库,就是外国文学的书架,会不会在很短的时间内就空下来。但还有一件让我想到的事情就是,我们今天上午的那场演讲,原本是准备请一位同声翻译的,准备重金聘请一位,因为大家知道请同声翻译是非常贵的,而我们呢也做好了准备,但许钧先生到了武汉以后说要亲自来主持,亲自来做翻译。我原本不太明白,我想这可能是因为友谊的力量与魅力,但是我现在明白了,如果我们是同声翻译的话,绝对达不到今天上午这样好的效果。因为翻译是一件神奇的事情,是一件充满魅力的、蕴含默契的事,好的翻译家和作家之间的默契是无可替代的。所以我觉得非常感谢许钧先生,但同时我也担忧,也就是以后我们的同声翻译可能会不用……我就不知道了。

下面在我们进入到提问环节之前,请允许我按照"长江讲坛"的规则,对明天的讲座进行预告。

明天上午9点半,张炜先生和安妮·居里安女士将进行对话——"半岛故事与法兰西情怀"。明天下午 3 点,毕飞宇先生和玛丽·尼米埃女士、袁筱一女士将进行对话——"记忆与虚构"。欢迎大家届时参加。我想明天可能又会有两位茅奖得主,面对这两位翻译家,他们又会有怎样的奇遇故事,就请大家拭目以待。也欢迎大家继续关注和参与"长江讲坛"后续的讲座。

好,下面进入互动环节。那第一位选手,速度最快的那位,对,就是你,摄像机后面提着绿颜色包包的那位,有请。

问:您好,我想问一个问题,就是说翻译,就文学而言,无论他翻译得多么好,从人文来讲,它总是会有阐释不到的意味。就比如说《哈姆雷特》里,无论怎么翻译"to be or not to be",它总是不如原作。包括法国的一些作品,如雨果的《巴黎圣母院》,他引用了古希腊文的"命运""宿命",但是他没有把它从古希腊文翻译成法文。我认为翻译仍是帮助别人理解原文的一个工具,就是说我们希望看到更多的作品是原文和翻译对照的,让更多的读者去读原文的一些作品。像华东师范大学出版的拉丁文和中文对照的诗集,那也是一位翻译古罗马作品的专家翻译的。

许钧:谢谢你的问题。关于这个问题,首先,我想我们每个人看问题的视角不一样。要知道我们说的翻译,是在互相不懂对方语言、互不理解的情况下出现的翻译。你看到的是翻译中失去的,但是有人看到的翻译,就像黑暗世界中的一束光,哪怕再微弱,也能给人类带来光明,所以它绝不仅仅是工具。第二,刚才我讲到佛经的翻译,佛经如果没有翻译就进不了中国,而翻译的创造力不仅体现在词语层面,还把这些词语化成了力量,深入到了社会,深入到了人类的每一种生存状态,甚至影响了人的信念,所以说我觉得翻译的创造力是实实在在存在的。还有《共产党宣言》,它通过翻译进入了中国,可以说对于我们整个社会的影响力太大了。第三,我觉得人类根本的存在方式就两种,一个叫使用符号,一个叫转换符号。我们人类最伟大的创造是什么?最伟大的创造就是符号。音乐符号、绘画符号、形体符号、语言符号,这些符号加起来,是人类文化的结晶,没有这些符号的创造,刚才我所说的音乐、绘画、戏剧、小说、诗歌统统不会存在,所以人类的创造是使用符号创造世界。当一个民族创造了这些东西,并且要传递给另一个民族的时候,它靠什么? 如果没有翻译,古希腊诗歌怎么能够走到现在,走进中国? 如果没有翻译,你怎么可能知道歌德? 如果没有翻译,你怎么知道刚才所说的雨果《巴黎圣母院》中的"宿命"和"命运"的区别? 而翻译的这种转化,它不仅是语言之间的,还是符号之间的。我们看小说家创造的《红楼梦》。通过符号之间的转换,一部小说变成了多少部电影,变成了多少部电视剧,还有连环画、戏剧等形式。符号转换——也就是翻译——这种手段挖掘了《红楼梦》巨大的创造力,而这也是翻译自身创造力的体现。所以我觉得我们应该认识到,理解翻译存在不同的角度。但我必须说,你说的有一部分是对的。人类为什么要翻译? 就是因为不同民族之间有语言障碍,而要克服这种语言障碍,还得克服语言背后的意识形态、文化心理等差异,所以翻译一定会有困难。就算身处同一种文化,人们之间的完全理解也是不可能的。人类总是希望以求百分之百的另一种所谓的欲望,来否认我们每一个人为求每一个百分之一、百分之二、百分之十、百分之四十的进步所做出的踏踏实实的努力。这其实最容易构成对翻译的一种消极看法。今天让我在这里讲一讲翻译,其实我觉得,甚至对于翻译这个词本身,我们的认识都还需要不断地提升,不断地扩充。谢谢。(掌声)

问:您好,许钧老师,我想问一下在您做翻译的时候,有时作家在写下他的文字的时候,他本人还没有足够的能力,去充分地意识到他本人所要表达的那个意思,他只是用他的文字将他的意思记录下来,但翻译者反而有可能恍然大悟,意识到他领悟的东西可能比作者本人意识到的更深,那么这个时候翻译者不仅承担着文字转化者的身份,还承担着解读者的身份。遇到这种情况,您是按照作者原先的那种模糊程度给翻译下来,还是把意思更加明晰地写出来?

许钧:我觉得你对翻译有非常深刻的理解,你的问题非常专业。实际上，不同翻译者对这个问题会持不同态度。我觉得要回答这个问题必须看文学作品。法国有一位非常有名的文论家罗兰·巴特，他写过一篇题为《作者之死》的文章。作者"死"了以后，文本的生命谁来给予呢？就是读者。作为一个翻译者，他首先是读者，要去理解作品，走近作品。我相信一部作品之所以伟大，除了作品本身的个性之外，还因为有一个个鲜活的人，一个个生活经历不同的人，一个个处于不同时代、不同地域、不同信仰的人在读这部作品，不同的读者一定会有不同的认识，而作品的这种开放性恰恰就是作品的生命本身。反过来说，如果作品只有唯一一种阅读，那我认为它就不是文学作品。在这样的基础上，翻译者作为作者，还是应该努力为其他读者提供比较可信的、比较接近原著的译本。其实在我看来，我们在读一部作品的时候，有三个东西是一定要去关注的，第一个是作家写作的意图，第二个是文本、文字提供的意义，第三个是读者的期待，要将这三者结合在一起。所以有时候翻译的确是一种创造。钱锺书在《围城》"重印前言"里说，他写了这部作品后，德文本的译者莫妮克（Monika Motsch）博士在翻译这本书时发现里面有两处谬误，让他有了改正的机会。后来法文版的翻译又给了他完善的可能。也就是说，一部作品的生命，是读者赋予的。歌德的《少年维特之烦恼》，它的生命绝对不止于德语文本，它应该是全世界在各个时期出现的、以后还将出现的译本的总和。只要阅读不断，翻译不断，文本的生命就不会停止，所以我觉得在这个意义上，翻译是在一个新的文化语境中赋予文学以一种新的生命。就我自己而言，我说我要当一个"信"徒，所以每一次阅读，我都尽可能去理解它，如果不能理解，那么我有两种方法：如果这个作家已经离去，我就去阅读批评家和研究者对他作品的研究，也就是说给我提供一种理解和解读可能。如果这个作家健在，比如说勒克莱齐奥，我就写信向他请教。所以我认为，理解，或者说以怎样的方法去接近作家，这是一个伦理问题。忠与不忠，信与不信，这是一个伦理问题。我想每一个翻译家都有自己的动机、自己的追求。我是希望自己能像你说的那样，能在翻译中，模糊的还它模糊，委婉的还它委婉。所以我在我写的《翻译论》一书中提出了九个字,第一叫"去字梏",第二叫"重组句",第三叫"建空间"。也就是说只有我建的空间像原文一样,读者才有解读的空间,这一点非常重要。谢谢。(掌声)

问:我只是打工的,但我们单位领导要求搞活动没办法,我就想问一下您,古诗词我们比较熟悉的就是唐诗宋词,如果把它们翻译成英文或者法文会怎么样? 还有那些耳熟能详的,比如毛主席的诗词《沁园春·雪》《长征》,还有就是那些当代小说。现在我们用手机都能看到,用手机一点开,有的小说写了上千章还没写完,我看着都累啊。也就是说当代文学,您能不能给我们大概讲一下,谢谢。

许钧:好。刚才这位先生的问题提供了一个非常好的机会。我刚刚讲的是外国文学在中国的译介,那么中国文学,包括中国古典文学、中国现当代诗词、中国当代文学,在国外的译介情况又怎么样呢? 我觉得这个问题问得非常好。我自己有个基本的判断,就是我们这个时代跟一百年前完全不一样。我们所处的这个时代是中西古今之变的时代。第一个关系是中西关系,一百年前,也就是 1915 年,那时我们跟西方是什么关系呢? 是要把西方先进思想引进来的关系。第二个关系是古今关系,一百年前的古今关系是怎么样的呢? 为了把西方思想引进来,要跟传统思想决裂,其中最激烈的运动就是批"孔孟",要把孔孟打倒,要把孔庙拆除。现在不一样了,在这一百年的轮回中,中西古今关系发生了根本性的变化。我们国家民族要复兴,复兴,意味着民族要有自己悠久的历史和丰富的传统,那么首先就要回到我们的民族经典,去了解我们的文化之源,所以现在到处建"孔庙",在世界各国办孔子学院。中西关系的变化从翻译上就可以看出来,以前是译进来为主,现在是译出去为主。中国的古典思想,像《论语》《道德经》《孙子兵法》等,现在的外语译本越来越多。中国的唐诗,还有其他经典诗词,在法国也有很多的译本了。毛泽东诗词就我知道的,最起码已经有 7 个法文译本。法国人都知道毛泽东是一个非常伟大的诗人。而当代文学作品的对外译介,我觉得这十年来有飞速发展。

在 2004 年，就我所知，我们翻译出版的美国文学作品在 3000 种左右，但是那一年，美国人翻译的中国文学作品有几种呢？8 种。现在情况已经发生了很大的变化，一方面中国的综合国力在增强，另一方面，全球文化力量的消长态势，对文化多样性的呼唤，对消除人类冲突的渴望，都促使世界开始关注中国文化。而关注文化的一个最重要途径就是关注文学，因为文学关乎人类的精神生活。所以现在的形势给我们的翻译者提供了新的任务，让我们特别关注把中国的东西往外译。根本性的变化就是，一百年前主要以译入为主，现在译入和译出的总量差不多开始平衡，甚至译出的量开始超过译入的量。据有关部门统计，2014 年中国的翻译总量中，译入占 45% 左右，译出占 55% 左右。我们可以看到，一个国家越强大，它译出去的东西就一定会越来越多。我今年去欧洲时深切地体会到这种变化，以前哪里看到过火车时刻表还有中文翻译呢？现在都能看到了。美国现在很多的旅游景点都有中文讲解。刚才我提到"双 11"，产生了多少翻译啊！那个人来找我，说有 19000～25000 种产品介绍要翻译，让我报个价格。这是巨大的市场。十年前我就说过，外国人读中国作家作品的时刻到了。就我对中国文学、法国文学和世界文学的了解，我觉得我们中国作家的作品已经写得相当好了。所以我期望也相信在莫言之后，中国作家还会再获诺贝尔文学奖。在这样一个时代，我们一方面要把我们的文化积极地推出去，另一方面仍然要关注西方还有世界其他民族的文化精华，相互吸收，而不是奉行一种民粹主义、民族主义。要把拿来主义与送出主义两者结合起来，取得一种和解，相互促进。谢谢。（掌声）

问：许老师您好，在刚才的演讲中，您提到翻译是给您带来自豪和满足的。我想请问一下，您是怎样走上翻译这条路的？是因为您本来就对翻译很感兴趣，还是因为有人指导、引导您走上了这条路？谢谢。（掌声）

许钧：你是一位中学生还是大学生？

问：小学生，六年级。

许钧：小学六年级！你以后想当翻译家吗？因为翻译家真的很幸福

啊。我 1975 年大学毕业,1976 年到法国留学。你可以想象,1976 年之前,一个出生于乡村的中国学生,他的阅读量是非常可怜的。到了法国之后,我一个月有十块钱的零用钱,主要是用来买书。巴黎的塞纳河边有很多卖旧书的,很便宜,一两个法郎一本。所以我那时读了很多小说,特别是读了一些法国当代小说。人喜欢与别人分享美好的东西,在法国留学的两年期间,我经常想把自己读到的好东西翻译出来。这是一种内在的冲动。所以 1978 年我一回国,就开始寻找好的作品来翻译。其实如果方便的话,你可以去查一下我写过的一篇文章,叫《我的苦恋》,写我走上翻译道路的过程。开始时是一种分享美的或新的东西的欲望,后来我对翻译有了新的认识之后,对它的爱也越来越深。现在我把翻译当作人类的一种非常神圣的东西,当作保护文化多样性和人类和谐的手段来追求,所以我做了很多工作。我希望你今天通过我的讲座,能够爱上翻译。谢谢。(掌声)

问:许老师您好,我问一个不专业的问题。摄影是光影的艺术,舞蹈是身体的艺术,文学是语言的艺术,歌唱是声音的艺术。我一直在体味您这个题目,《翻译是历史的奇遇》。那么我想问一下,翻译到底是一种什么样的艺术? 是奇遇的艺术,偶遇的艺术,还是相遇的艺术? 还是一种媒婆的艺术? 以您多年从事翻译的经历,您有感受,或精准地概括过么?

许钧:翻译,既是科学也是艺术。我对翻译有个定义,这个定义可能太学术了,我这么说吧:凡是涉及符号转换的都是翻译,诗变成画是一种翻译,从《红楼梦》的小说变成电视剧是一种翻译,对经典的现代阐释,比如于丹、易中天做的事也是翻译。翻译就是以符号转换为手段,以意义在一种新的语言中的再生为目标的跨文化活动。所以我说翻译是人类的根本活动之一。要说翻译是艺术,翻译确实是一种艺术,因为它涉及对语言的运用,要能很好地驾驭两种不同的语言。翻译不仅是词与词的转换,在这转换中还涉及对这个词的深刻理解,很不容易。我举一个简单的例子:"I'm Chinese",我可以说"我是华人"或"我是中国人",英文只有一个词"Chinese"。但翻译不仅仅是艺术,翻译也是政治。我跟台湾国民党副主席、海基会的江丙坤先生有过一次会面，他说翻译太难了，比如"Chinese Taipei"怎么翻译？江丙坤说应该翻译成"中华台北"，但我们大陆有关部门坚持应该翻译成"中国台北"。你说翻译是艺术还是政治？是语言还是政治？应该说翻译语言本身就是政治。语言是大众所创造的，但是使用语言、掌握语言这件事本身就可能不公。五四运动为什么要从白话文开始呢？白话文运动是为了让广大百姓也能通过白话文掌握一种语言，然后通过文学这种最好的手段，来传播一种新的思想，最后达成文化层面上的一种转变，最后指向了两个词，一个是"民主"，一个是"科学"。

回到你的问题，要体会翻译是什么样的艺术，我念两段我经常在演讲中引用的话给你听吧，我就用这两段话结束今天的演讲。我们来看一看同样一段原文，在两个不同的知名翻译家笔下，会产生怎样的不同。这就涉及翻译观念以及译者使用语言的水平和艺术。我就念大家都非常熟悉的《红与黑》中的一段，今天上午还讲到《红与黑》，小说主人公之一德·瑞那夫人，在很多人眼里她很美，这一段话是这么说的："她长得亭亭玉立，秾纤得衷，用山里人的说法，也曾是当地的美人儿。她有那么一种纯朴的情致，步履还像少女般轻盈；那种天然风韵，满蕴着无邪，满蕴着活力，看在巴黎人眼中，甚至会陡兴绮思。"大家看到了，这段文字非常美。另一位是这么翻译的："她个子高，长得好，山区的人都说：她是本地的美人。她显得很单纯，动作还像少女；在一个巴黎人看来，这种天真活泼的自然风韵，甚至会使男人想入非非，引起冲动。"同一部作品，在不同的翻译家笔下，由于不同的观念和翻译水平，以及对作品的不同理解，一千个翻译就会有一千个哈姆雷特，而恰恰是这一千个哈姆雷特组成了我们对哈姆雷特的理解的全部。谢谢。（掌声）

（本文系 2015 年 12 月 14 日在湖北省图书馆"长江讲坛"上所做的演讲的文稿，由湖北省图书馆根据演讲录音整理而成。）

法国文学与文学翻译

　　法国有一位非常有名的诗人,叫波德莱尔(他是《巴黎的忧郁》《恶之花》的作者,是一位以丑为美、对丑恶的城市进行美学解读的伟大诗人)。他曾经用这样一段话来形容他所处的时代:"世界要完了,儿子将由于贪婪的早熟而逃离家庭,不是在18岁,而是在12岁,他将逃离家庭,不是去寻找英雄气概的冒险,不是去解救被锁在塔里的美人,不是为了用高贵的思想让陋室生辉,而是为了去做买卖,为了去发财,为了和他卑鄙的父亲竞争,而资产者的女儿,在摇篮里就梦到自己会卖到100万。"

　　这段话如果我们今天来解读的话,意思就是,人类的理想慢慢丢失,英雄气概不复存在,光辉的思想将会与物欲结合在一起。而我们人就将像昆德拉所说,"从天上回到沉重的大地"。正如《不能承受的生命之轻》这本书所揭示的,何为轻? 就是我们所说的理想。凡是远离大地上升的东西,引导我们向上、腾飞的东西,就是我们所说的理想的东西,称为轻;而把我们引回大地回到现实的东西叫重,所以他说沉重的负担压迫着我们在地上。实际上,我们要问的是,为什么他说的是"不能承受的生命之轻",而不是"不能承受的生命之重"呢? 今天我想就从昆德拉的这部名著说起,来谈谈法国文学和翻译。

翻译造就了昆德拉

　　翻译首先是一种勇气、胆识、眼光和品位,而韩少功就兼具了这样几点。

昆德拉之所以被称作昆德拉,我认为是翻译造就了他。1976 年,昆德拉离开捷克移民法国,后来被视为捷克裔法国作家。1987 年,他的《不能承受的生命之轻》由作家韩少功翻译进入了中国(韩译本名为《生命中不能承受之轻》),一度洛阳纸贵,引发了许多的解读。

2002 年,上海译文出版社来找我,希望我从法文本重新翻译昆德拉的这本书。我一开始拒绝了。出版社问我为什么不想翻译,我说,昆德拉是二流作家。出版社说:你怎么就认定他是二流的作家?你没有好好读他的书,你误解了他。大家知道一个做翻译的人,最重要的是理解,一个翻译者如果不能去理解,不能让更多的人来理解他,他就不是一个合格的翻译。所以,当出版社来跟我谈的时候,我忽然发现,我可能是有点问题,最起码我只读过他的三本书。第二个问题,出版社说:你不敢接受挑战。这话我不能接受。于是,我说:请给我一点时间,让我看一看韩少功翻译的本子,和法文本子之间有什么样的差异,我考虑一下。这一考虑用了三个月的时间。我把《不能承受的生命之轻》英文版、法文版、中文版拿过来研读,我发现了一些问题。我发现了还有翻译的空间,这种空间就在于对这部作品如何理解。

我接手翻译的时候,韩少功翻译的《生命中不能承受之轻》,累计已经卖了 100 多万册。现在再重译,到底有什么不一样?出版社给我的一个解释是"原汁原味",意思是说我们推荐给大家的《不能承受的生命之轻》是"原汁原味"的。但是我对这个卖点也不认同,因为在翻译过程中,我发现韩少功的译本已经做得非常好。所以我特地做了一些研究,对于《不能承受的生命之轻》这部书,应该怎么翻译?我的译本跟韩少功的译本之间,又有什么样的不同?

事实上,我们大家所熟知的外国文学,并不是纯粹意义上的外国文学。外国文学是用外语撰写的,而展现在中国读者面前的"外国文学",是经过翻译家翻译的,严格意义上,这种叫翻译文学。同样一本书,经过不同的译者,呈现出来的样子是不一样的。就好像同一首乐曲,不同的演奏者去演奏,风格是不同的。所以我就跟他们说,韩少功翻译的跟我所翻译的,没有哪个更好。我为此专门写了一篇文章,叫《翻译是文化的积累》。我在文中说,韩少功所做的历史贡献是我所不能及的,因为是他最早发现这本书,并且最早把昆德拉呈现给了中国读者,他的功劳是独一无二的。大家可以设想一下,我们现在翻译的《共产党宣言》,跟当初共产党还没有成立的时候,陈望道翻译的《共产党宣言》,它的历史功绩能是一样的吗?哪怕现在翻译的一些字句,比它更准确,也不能说明什么。所以,翻译首先是一种勇气、胆识、眼光和品位,而韩少功就兼具了这样几点。当时昆德拉还没有什么名气,是他发现了昆德拉,而且有勇气把《不能承受的生命之轻》在那样的年代呈现给中国读者,我认为他的贡献是我不能及的。在这个意义上,我跟他之间会有一些差异。

第二个差异就是一个译者跟一个作家之间的差异。我觉得我和他之间,有三个不同。第一个不同是,他翻译时所处的时代与我翻译时所处的时代不一样,翻译所提供的可能性也不一样。怎么理解呢?在他翻译的那个时代,有一些比较敏感的词语,是不能直接翻译的,必须做软处理。软处理有两种:一种是把语言做一点软化处理,比如不叫"共产主义国家",叫"东欧的社会主义国家";另一种就是学《金瓶梅》,用括弧,此处删去多少字,等等。这种无胜于有,它反而可能强化了这本书本身所具有的传播力量。比如《金瓶梅》,实际上包括《废都》的空格处,如果把省略的字都填上,也不会觉得有多黄。恰恰在空着的地方,让大家有足够的想象空间,让我们每一位读者用个人的经验和想象,把这一部作品提高到新的理解高度。第二个不同就在于,他翻译的作品,跟我翻译的作品所依据的版本不同。韩少功的翻译,依据的是英文本。虽然英文本《不能承受的生命之轻》还是不错的,但是昆德拉本人对于英文本的翻译不太承认,所以他要求根据法文本来翻译,而且他在法文本上写了这么一行字:"经过作者本人的多次校订,法文版具有与捷克文版同样真实的价值。"

在这个问题上,韩少功早就有话在先,他说:"我是一个翻译的游击队员,希望哪一天能够有翻译的正规军,替代我的译本。"在我没有翻译之前,我对韩少功的译本进行了认真的研读。我发现韩少功不是一个翻译的游击队员,他是一个天才的翻译家,而且他具有一种独特的调遣语言的能力,因为他对于社会、对于政治具有深刻的理解力。

除了上述两点之外,第三个不同在于我们两个人对这部书的理解有所不同。有一位著名作家曾经说,他发现这本书"除了政治跟性爱之外,别无其他"。而非常有趣的是,在一般情况下,政治都是光明的,政治都是令人向上的,政治都是给予重大的理想的;而性有卑下的一面,是跟人的肉体并存的一面。所以在这部书中,我们会发现,他是把轻与重、政治与性做了一个对立,而他的独特之处还在于,他是用哲学去谈论诗性的东西,而哲学的东西他是用诗学的语言去谈。这本书就形成了两种笔墨,一种是哲学的,一种是诗意的。

作为作家,韩少功的笔墨要比我丰富得多。他对语言的组织和调遣是我远不能及的。但是我觉得这部书在翻译过程中,对于它的用词要特别小心。当它是哲学语言的时候,你一定要以哲学之简练,还它一个哲学之简练;当它表达诗意的时候,一定要还他诗学之轻盈。两种笔墨不能混淆。

我们举几个例子。比如说《不能承受的生命之轻》,这个"轻",你可以理解为"轻盈"或者"轻松"。大家知道,当"轻"是一个物理概念的时候,它的表达是非常明确的。当作为一个哲理概念的时候,这个"轻"就不同于"轻松"与"轻盈"了。好比"人固有一死,或重于泰山,或轻于鸿毛",这个"轻"是不能随便用一个双音节的词去代替的,因为这个"轻"是哲学意义上的"轻",而不是物理意义上的"轻"。再比如,在这部小说中,女主人公特蕾莎跟医生的相遇纯属偶然。原文中用了六个"偶然",法文是同一个字。这里就涉及"偶然"的翻译问题。从丰富性上面讲,我认为韩少功翻译得非常好,他把这个词翻译为机缘、机巧、偶然、机遇,他把这个词还原为各种可能性。但在翻译的过程中,你还是得判断作者所谈论的是哲学问题,还是一般的诗学问题。否则,在使用过程中,就会失之毫厘,谬以千里。评判一个翻译好与不好,最重要的不仅要看他对词汇的选择,美还是不美,丰富还是不丰富,还要看他对原著的理解是否到位。原著词语华丽,还它华丽;原著词语简约,还它简约。这就涉及接下来我要说的另一个翻译问题了。

是求"真"还是求"美"

随着韩译本《生命中不能承受之轻》的流传,这本书已经超出了文学的意义,而兼具社会学的意义,因为我们在生活中经常听到诸如"结婚不能承受之重""考试不能承受之重"之类的表达,这已经成为一个流行语。当我接手翻译的时候,我提了一个要求,我说,如果要我翻译的话,书名必须做一点改动,最好是《不能承受的存在之重》。出版社说,不行,"存在"不能被中国人所接受,没有一点生命的趣味,而且现在大家已经接受了,你不能改。

从翻译理论角度说,一旦进入流行语境,并且被广为接受,就不能轻易改变,所以我做了妥协。但是,《生命中不能承受之轻》我必须改为《不能承受的生命之轻》,否则我宁愿不翻译。出版社问我为什么,我说,《生命中不能承受之轻》跟《不能承受的生命之轻》差异太大。昆德拉写这本书,他直面的是生命,而不是什么什么中之轻,就像"校园的美丽"跟"校园中的美丽"是一样的吗? 校园的美丽一般是说校园的景观,校园中的美丽就不一样了,包括校园自身的美丽,还包括美丽的思想、美丽的女生等,也就是说它所包含的东西要宽泛得多。而昆德拉非常明确他讨论的就是生命问题,直面生命。这就是原则的问题,从翻译的角度说"是求真,还是求美",而真与美永远是文学中一个谈不完的话题。

文学形式贵在创新

有人说巴尔扎克建立的是一个社会的、现实的教堂,是一个外部社会;而普鲁斯特建立的是一个虚拟的、想象的教堂。他成功了。

前面我从《不能承受的生命之轻》说起,谈了一点对于翻译的认识。

接下来我想从个人翻译的角度，再来谈谈法国文学。我认为，法国文学有两大特征：一个是"真"，一个是"美"。所谓的"真"，是它永远以人文主义为底色，探讨人之所以为人的一切。大家去看一看法国文学，它永远是跟哲学思潮结合在一起，而且法国基本上是 19 世纪到 20 世纪世界主要文学思潮的发源地。第二是"美"，美是一个不断发现的过程，艺术创造一定是以新为美，文学的形式贵在创新。而法国文学就是在不断的创造之中，所以这种美永远给人一种常新的感觉。

比如说法国文学，不同的开头，你一下就可以感觉到它属于哪一类作品。我翻译过巴尔扎克，他的书永远都是一八多少年的哪一天，在巴黎哪一条街的哪一个地方，一个人志得意满地走出来，很可能是从一个贵族小妇人的房间里出来的。这个作家是一个万能的观测者，是一个万能的叙述者，他无所不知，无所不晓。他的写作就像一把解剖刀，对整个社会进行解剖。这就是所谓的现实主义，让你相信他，让你好像生活在一个真实的世界里。

但是如果去读加缪的书，他是这样开头的："今天，妈妈死了。也许是昨天，我不知道。"小说的第一句话，让人感觉到的就是无意识、某种荒诞性。他遇到的人和事全部都不知道，什么都不知道为什么，人为什么要生到这个世界上，人为什么要活着，我为什么杀死了那个人。小说所揭示的荒诞当然要复杂得多，有哲学层面的东西。但我们对世上的很多东西往往熟视无睹，我们真的需要时刻反省自身的存在，要调整不由自主的行为本身。

还有浪漫主义的代表性作家雨果，我们都读过他的《巴黎圣母院》《悲惨世界》，还有一部大家不怎么知道的《海上劳工》。在我看来，这三部作品构成了他浪漫主义的宣言。那么什么叫浪漫？浪漫主义体现在哪里？第一是对美的事物永远充满激情地追求。你去看一看浪漫主义作家，对于自然界的美永远都是高唱赞歌的。第二是对于真理富有激情的热爱。雨果通过写这三本书，想要表达一种什么样的浪漫主义呢？他说："人被世上的三重桎梏重重地压着，一种是宗教的铁链，一种是社会的铁链，一种是自然的铁链。"三重束缚压迫着人类,他希望要挣脱开来,寻找一种美。我们可以看一看,他在《悲惨世界》里所揭示的是什么?是社会的桎梏。《巴黎圣母院》是什么?是宗教。而我们很多人都没有读过的《海上劳工》,就是自然的桎梏。《海上劳工》那种让人心痛的结尾,充满了浪漫主义的色彩。

法国文学永远有这样一种震撼力。回到 20 世纪,大家熟悉的一个名字——杜拉斯。杜拉斯的主要作品是我组织翻译的 26 部小说,包括非常有名的《来自中国北方的情人》《英国情人》《情人》等。你去读杜拉斯的作品,你就能够感觉到,这个女人是为爱情、为写作而生的,她一辈子都是为了爱情、一辈子都是为了写作。对于她来说,写作就是爱,爱就是写作。她所追求的爱是独一无二的,是不落窠臼的,是不能循规蹈矩的。而这种爱对她来说,永远是破碎的,永远是绝望的。为了表达这样的爱情观,就有了像《情人》这样令人心碎的故事。杜拉斯的语言跟她的爱情观、跟她的写作也是融为一体的。她没有所谓的套话,她不用成语,人家用过的形容词"美丽的爱情",她一定不用,因为这是大家都说过的,她一定是"破碎的爱情"。不像现在我们的创作,描写丰收的景象一定是"沉甸甸的麦穗,低着头",你去看一看沉甸甸的麦穗什么时候低着头了?永远是高昂着头,只有水稻是低着头的,但我们就跟着这样说了。我们有很多这样的套话,杜拉斯坚决反对,所以她的写作跟别人不一样。所以当你翻译她作品的时候,一定要从她的语言入手,去了解她的爱情观和语言的结合。像这样的作品,你去读它的时候,一切都是崭新的。

法国人在文学作品的追求上永远都不甘寂寞,永远都有新的创造。比如说,我参与翻译的《追忆似水年华》,不同于现实主义的巴尔扎克,不同于浪漫主义的雨果,更不同于爱情是破碎的、绝望的杜拉斯。大家都知道,20 世纪的现代主义文学可能起源于两部作品,一部是爱尔兰的《尤利西斯》,一部就是法国的《追忆似水年华》。为什么《追忆似水年华》在法国独具一格?跟这部作品本身足够宏大有关,也跟作者普鲁斯特的经历有关。每次去法国,我跟法国人说我是《追忆似水年华》的翻译者之一,他们都会觉得很了不起,因为他们觉得那是根本不可能完成的事情。实际上普鲁斯特本人也在做不可能的事情,但是他把不可能的事情做到了可能。普鲁斯特出身良好,他最喜欢在贵族夫人的沙龙里活动。19世纪的法国,要想进入上流社会,不是去跑官,而是去贵族夫人的沙龙里混。普鲁斯特小时候,读了很多书,包括英国的书,他还做过一些翻译。后来他得了一种哮喘病,这种病说起来并不是很严重,但发作起来却非常要命。他得了这种病有两种东西不能闻,第一种是法国的香水,第二种是女人身上的味道。对于普鲁斯特来说,要远离贵族夫人沙龙,跟与世隔绝没什么两样。但他不甘寂寞,他要把失去的时间找回来,要把失去的青春找回来,靠什么?文学。文学在这里就发挥了非常大的作用。他要把过去的东西再现,要把过去的时间找回来,所以原文《追忆似水年华》又叫《追寻失去的时间》。为此他一个人整天在房间里待着,从过去想到了现在,从现在又想到了过去,然后又想到了将来,联想特别多。这部书最大的特点是意识流,意识流就是这么来的,先想东,再想西。所以他的句子是从句套从句,各种时态并存,句法很特别。另一个特点是,因为联想丰富,所以比喻也特别丰富,想象特别多。你想一想他写了七卷,这前后的照应,前后的人物!所以有人说巴尔扎克建立的是一个社会的、现实的教堂,是一个外部社会;而普鲁斯特建立的是一个虚拟的、想象的教堂。他成功了,他用自己的文学创作,不仅追寻回了他的时间,而且还让他的青春永存,让我们更真切地感受到他所想象的、通过意识流所展现的世界。所以普鲁斯特的这部书出来以后,有一个已经离世的作家说过这样一句话:"在生命的夕阳中,我愿意读普鲁斯特,他让我看到了生命的绵长。"这个作家叫史铁生,他特别愿意在余晖中读这部作品。

（本文系 2011 年冬在浙江大学"东方论坛"上所做的演讲的文稿,由浙江大学根据演讲录音整理而成,发表在《解放日报》2012 年 2 月 12 日"思想者"栏目。这次收录时,有个别字句的修改。）

中　编

探索、建设与发展

——新中国翻译研究 60 年

中华人民共和国成立 60 年来,翻译作为沟通中外的桥梁,在中国的政治、经济、外交、文化和科学等各个领域的迅速发展中,发挥了重要作用。我国的翻译研究和翻译学科建设工作也随着翻译事业的不断发展和日益繁荣,在不懈的探索中前进,在努力的建设中发展,取得了令人瞩目的成就。今天,我们将着力回顾、梳理 60 年来翻译研究在中国走过的路程,在反思、归纳、总结的基础上,明确翻译在新的历史时期与多元文化语境中所肩负的历史使命,指出中国译学研究应该着重关注的几个问题,并就进一步加强翻译研究和译学建设提出发展思路。

一、中国翻译研究的探索与发展之路

新中国成立 60 年来,翻译研究和翻译学的学科发展之路经历了风风雨雨,大致可以划分为两个重要时期,即 1949 年至 1978 年的前 30 年和改革开放以来的后 30 年。翻译活动历来与国家、民族重大的政治、历史与文化事件相生相伴,与社会的发展密切相关。1949 年新中国成立后,中国翻译事业与翻译研究迎来了发展的新机遇。

1.社会的进步促进了翻译事业的繁荣与翻译研究的发展

1949 年 10 月 1 日,新中国宣告成立。翻译活动受到了地方和中央政府有关部门的高度重视。仅仅一个月 13 天后,即于 1949 年 11 月 13 日,上海市翻译工作者协会率先成立,同时创办了《翻译月刊》;此后一年内,武汉大学编译委员会、南京文联翻译工作者联谊会、天津市翻译工作者互动组等翻译组织相继成立;1950 年 1 月,中央人民政府出版总署翻译局召开座谈会,同年内又数次约请各方面从事翻译工作的专业人员参加翻译工作座谈;1950 年 7 月 1 日,在中国共产党建立 29 周年的日子里,由中央人民政府出版总署翻译局主办的《翻译通报》创刊;1951 年 4 月,中央人民政府出版总署召开了"五四"翻译座谈会;1951 年 12 月,中央人民政府出版总署又召开了第一届全国翻译工作会议;1954 年 8 月,中国作家协会举办了全国文学翻译工作会议;1954 年 9 月,《俄文教学》编辑部连续举办了两次翻译教学座谈会;1955 年 4 月,沈阳俄专翻译教研组召开了翻译标准讨论会;1957 年 3 月,北京俄语学院举行了四个高等俄语院校合编的俄译汉教材初稿讨论会。从上述有关翻译的各种活动来看,在处于百废待兴的新中国成立初期,作为与外部世界联系的纽带与桥梁的翻译,受到了中央和地方政府部门的高度重视,并不是一种偶然,这是与新中国建设的需要和翻译的本质属性与重要作用密切相关的。翻译工作者组织的相继建立、翻译工作会议的频繁召开和翻译实践与研究刊物的创办,一方面有力地促进了翻译事业的发展,另一方面也为翻译的思考和研究提供了不断拓展的空间。

由于种种原因,1957 年到"文革"结束的这段时期,有关部门对翻译工作关注和支持的力度不断降低,翻译活动逐渐减少,翻译研究也少有展开。从 1949 年至改革开放前这 30 年发表的近 400 篇翻译研究论文看,绝大部分发表于新中国成立后的前 10 年。从发表文章所涉及的领域看,主要集中于翻译实践经验总结、翻译批评、翻译教学探讨和翻译人物介绍等几方面。除了对翻译实践中一些重要问题的探讨外,还有对苏联翻译理论的译介和探讨,研究者展现了一定的国际视野。总的来说,这一时期的翻译研究多紧密结合翻译实践,针对翻译的实际问题展开讨论。从文章的选题看,研究工作明显受到主流意识形态的影响。翻译理论研究的视野相对狭窄,理论探讨深度不够。

"文革"期间,由于国家对外交流和外交工作的需要,翻译活动并未停止,但其规模和形式均受到控制,尤其是在主流意识形态和政治因素的影响下,翻译对象、翻译内容和源语国家的选择严格控制在一定范围内。翻译作品,译者多不署名或以集体署名,并以内部发行的方式传播,读者亦非常有限。对于翻译的思考与研究一度停滞,对外学术交流中断,各种学术刊物停刊,翻译研究基本上处于空白期。

改革开放以后,随着中国国际地位的迅速提高,翻译实践与翻译研究也步入快速发展的轨道。对外交流的繁荣极大地提高了对翻译的需求,新的翻译高潮为翻译研究提供了广阔的空间和丰富的实例,翻译活动与翻译思考形成充分的互动。翻译研究从对翻译标准的思考,到对俄苏翻译理论的介绍,进而到对西方翻译理论的引进,再到对中国传统译论的反思,开拓了汉译外研究、典籍翻译研究、口译实践及其教学研究、翻译工具研究等新的研究领域,不断提出新的研究课题。

2. 翻译研究队伍的成长与翻译学科建设

新中国成立初期,翻译研究队伍主要集中在两方面:一是政治外交战线的翻译实务工作者,二是文学翻译家。他们具有一些共同特点:一是政治觉悟高;二是具有扎实的中外语言基本功,知识面广;三是对翻译工作具有强烈的责任心。在长期的翻译工作中,老一辈翻译工作者善于思考,自觉地总结翻译经验,摸索翻译技巧。新中国成立到"文革"开始之间的17年的《翻译通报》《译文》《文艺报》以及有关外语学刊所发表的翻译探讨与研究文章清晰地展现了这一特点。

改革开放后,国外起步于20世纪50年代的各家各派翻译理论研究成果被逐渐介绍到中国。中国各个领域的快速发展和对翻译工作不断增长的需求,凸显了翻译的重要性。中国高校的外语教育渐渐地突破了语言与文学的培养传统,对翻译的关注和兴趣慢慢激发了外语界对翻译理论的关注。随着研究生教育的不断发展,外语界的翻译研究队伍逐渐成长,翻译研究逐步摆脱了被忽视、被轻视和边缘化的状况,在90年代末与语言学和文学研究鼎足而立,成为外国语言文学学科的三大支柱之一。

在翻译学科的发展过程中,群众性的学术团体起到了重要的推动作用。一方面,共同的事业追求将一大批有志于翻译研究的学者聚集在一起;另一方面,学术团体有计划、有目标、有针对性地开展学术活动,有力地保证了翻译研究活动的不断深入与发展。成立于 1982 的中国翻译工作者协会(中国翻译协会),已设置了 9 个专业委员会,各省区市有近 50个团体会员。其中,成立于 1995 年的翻译理论与翻译教学委员会,由全国高校的翻译专家学者组成,该委员会秉承中国翻译协会宗旨,积极开展翻译理论研究,探讨翻译教学,培养翻译人才。中国比较文学学会从学科发展的需要出发,于 1994 年成立了翻译研究会。同年,中国英汉语比较研究会成立了翻译研究会。三个国家一级学会先后均设立了二级学会,以翻译理论与教学研究为宗旨,以翻译教师和研究人员为主要成员,搭建起翻译研究与人才培养的重要平台。

中国翻译事业的繁荣和社会对翻译人才不断增长的需求,构成了翻译学科发展的重要的推动力。外语学界一批具有宽阔学术视野和强烈学科意识的翻译学者从三个主要方面入手,不断推动翻译学的学科建设。一是以学术探索为基础。把理论建设当作翻译学科安身立命的根本,通过理论探索,明确翻译学的根本任务,不断开拓研究领域,推出研究成果。二是以队伍建设为中心。翻译研究队伍的建设起步晚,起点低,困难大。从新中国成立以来翻译研究所走过的道路看,翻译学科的建设经历了曲折而艰辛的道路。在很长一段时间内,翻译没有得到应有的重视,翻译研究在学术界也没有得到足够的认识。正是在改革开放以来,随着翻译在中外文化交流中的地位的凸显,翻译活动所涉及的一些根本问题得以在学术界被认识,被揭示。而在不懈的探讨与探索中,研究者的队伍不断壮大,素质显著提高。三是发扬改革创新的精神,以体制改革为推动,翻译学科逐渐摆脱了外语学科传统思想的束缚,在体制层面上不断突破,尤其是在高等教育体制中获得认可,确立了翻译学的学科地位。中国的翻译学科建设经历了一个从"何为翻译学""有否翻译学",到"如何建设翻译学"的发展过程,有过疑惑,有过争鸣,但疑惑促进了艰苦的探索,争鸣导向了积极的建设。

在翻译学术与理论建设工作中,《中国翻译》《外语教学与研究》《外国语》《外语与外语教学》《中国科技翻译》《上海翻译》等一批充分体现学术探索精神的期刊发挥了不可替代的作用。《中国翻译》更是明确自己的办刊宗旨:开展译学研究,关注前沿动态;切磋翻译技艺,探讨翻译教学;促进国际交流,繁荣翻译事业。明确的追求、开阔的视野和学术自由的取向吸引了越来越多的青年学者加入到翻译学的研究工作中来。在翻译学科每个主要发展时期,有关刊物均以敏锐的学术意识,适时开辟相关栏目,组织学术争鸣,引导翻译学科的建设朝着健康的方向发展。

同时,中国对外翻译出版公司、湖北教育出版社、译林出版社、上海译文出版社、外语教学与研究出版社、上海外语教育出版社等越来越多的出版机构关注翻译学建设,支持翻译与翻译研究事业。从以翻译实务为研究基础,以翻译实务指导为己任的"翻译实务丛书",到以促进翻译学科建设为追求,致力于翻译理论建设的"中华翻译研究丛书",到追踪国际译学研究前沿,大力引进国外翻译研究成果的"翻译研究文库",再到充分体现中国新一代译学学者研究成果的"译学新论丛书",见证了出版人对翻译事业的关心和热心、对翻译理论建设的支持与促进。

翻译学科的发展与改革开放以来的研究生教育事业密切相关。恢复高考制度和研究生培养制度以后,外语院校外国语言文学硕士点开始培养少量的翻译方向硕士生,1993 年,北京外国语大学培养了第一名以翻译研究做学位论文的博士。90 年代中期以后,随着高校对翻译师资的要求越来越多,北京大学、南京大学、南开大学、上海外国语大学等高校在外国语言文学有关的二级学科,特别是在语言学与应用语言学博士点,开始翻译方向博士生的培养,探索翻译学博士的培养途径。据不完全统计,截至2008 年,我国培养出以翻译研究做学位论文的博士约 260 名,还有 30 多名内地学者在港澳台地区和国外高校获得翻译学博士学位,他们现已成为国内翻译实践、翻译教学和翻译研究的骨干力量,并在国际翻译教学和研究界产生了一定的影响。

正是在各方面大力支持、合作探索、全面建设的过程中,翻译的学术队伍不断发展壮大。改革开放初期一批年轻的探索者,经过 30 年的不懈努力与追求,成长为翻译学科的中坚力量,在国家的对外交流、翻译人才的培养和翻译理论建设中起到了引领作用。

3. 60 年来翻译研究的基本状况与特点

新中国成立 60 年来,中国的翻译事业和翻译研究工作相互促进,共同发展。一方面,在翻译实践中不断提出的新问题为翻译研究提供了丰富的研究课题,开拓了研究空间;另一方面,翻译研究的不断深入与发展,为把握翻译实践的健康发展方向、解决翻译实践中遇到的各种困难和障碍提供了强有力的理论指导。从 60 年来翻译研究的发展进程看,我们可以发现一条最基本的规律,那就是翻译事业繁荣发展之时,便是翻译研究与思考兴起与拓展之日。

从翻译研究成果的数量和研究领域的分布情况看,新中国成立以来的前 30 年与后 30 年这两个时期呈现出了殊为明显的差别。

新中国成立以后前 30 年,翻译研究基本附属于外国语言文学研究,进展缓慢。据不完全统计,1949 年到 1978 年间,在国内有关刊物发表的有关翻译思考和研究的文章约为 400 篇。研究的领域主要有:1)翻译人物与思想的探讨。如有多篇文章探讨鲁迅和瞿秋白等无产阶级革命家的翻译思想。2)翻译技巧的切磋。在新中国成立后的前 10 年,对翻译技巧的探讨非常活跃,一些俄苏文学的翻译家和马克思、恩格斯著作的翻译工作者结合自己丰富的翻译实践,在翻译方法和技巧的层面总结经验,展开研究。3)翻译批评的有效展开。这与新中国成立后的一段时期中央与地方有关部门和机构对翻译质量的重视是分不开的。从那个时期发表的有关翻译批评的文章看,批评的针对性强,有的放矢,对维护翻译工作的严肃性、提高翻译质量具有重要的作用。4)翻译教材的编写。教材编写与翻译人才的培养密切相关。新中国成立后我国各条建设战线对高水平翻译人员的需求,对我国高校的外语人才培养提出了新的要求,而在传统的外语教育中,翻译教育处于从属的地位,因此,翻译教材的编写对于翻译人才的培养便具有特别的重要性。

除了翻译研究的论文外,据不完全统计,1949 年至 1978 年间,国内出版的有关翻译的著述或教科书近 90 种。这些著作的内容主要有以下几类:国外翻译理论介绍类,主要译介苏联的翻译研究成果,如 20 世纪 50 年代在国际学术界崛起的语言学派翻译研究成果;翻译技巧总结与研究类,该类著作占较大比重,多探讨译名和地名的翻译,少部分涉及科技翻译、新闻翻译和法律翻译;教科书或翻译实用手册类,该类书籍主要涉及英汉和俄汉翻译,大多为笔译教材,也有少量的口译手册。值得注意的是,在 20 世纪 60 年代,机器翻译的研究一度成为国家有关科学研究机构关注的领域,机器翻译研究方面的著作也有问世。

应该说,新中国成立以后前 30 年的翻译研究主要围绕当时的翻译实践问题展开,以翻译实践为关注的重点,总结翻译实践经验,试图解决实践中的各种问题。总的来说,翻译研究处于理论意识薄弱期,对翻译理论的必要性和重要性均缺乏足够的认识,理论意识和学科意识基本缺失,研究成果多为经验总结、技巧探讨。其特点为:主要研究笔译问题,对口译研究关注较少;笔译研究主要集中在政治文献和文学翻译领域,对其他文类翻译的关注较少;以翻译经验总结为主,理论的探索与升华较少;研究以文本为主,多关注语言文字层面的转换,而对文字转换所涉及的其他方面因素的关注与思考较少。

改革开放以来,中国的翻译研究取得了突破性的进展。从数量上看,根据对国内 15 种外语类核心期刊①的分类统计,1979 年至 2008 年的 30 年间,仅外语类核心期刊发表的翻译研究论文就达 9000 多篇。翻译研究论文不仅数量多,近 10 年来更是呈明显上升趋势,而且研究领域不断拓展,研究方法日益丰富,研究深度不断增加。

---

① 这 15 种期刊为《中国翻译》《语言与翻译》《上海翻译》《中国科技翻译》《外语教学与研究》《外语国》《外语与外语教学》《外语界》《现代外语》《解放军外国语学院学报》《外语学刊》《外语教学》《外语研究》《四川外语学院学报》《中国俄语教学》。

1979 年至 2008 年间国内出版的翻译研究著作和教材 1600 多种。与前 30 年相比,研究者的理论意识、方法论意识明显加强,视野开阔,研究趋于系统性和科学性。从 1600 余部著作与教材出版的时间段看,大多数在 1990 年之后。从各类著作所占比重看,占首位的是翻译教材类,约占总数的 52%;第二位为翻译散论、杂谈类,约占 13%;第三位为中外互译技巧类,约占 10%,其中英汉翻译技巧占主要部分,内容涉及商务、科技、医药、旅游等的翻译技巧;第四位为纯翻译理论研究类,约占 9%;此外还有翻译史类、翻译教学类、翻译工具书类等。就总体而言,有几点值得特别关注:一是翻译教材和翻译散论、杂谈类虽仍居多,但近 10 年来纯理论研究著作的数量呈逐年上升趋势,且研究范围不断扩大;二是翻译教材的品种扩大,层次有别,特别是近几年,口译教材数量不断增加,教材开始明确学生层次;三是翻译史的研究成为一个重要的领域,而且从以往的文学翻译史开始逐渐扩展到文化交流史和文学思潮发展史等领域;四是近年来引进国外翻译理论的著作数量及类型增多,从技巧研究到语言学派理论,再到全方位引进;五是翻译教学与研究界近年来对翻译教学研究的重视程度不断增强,教学理论研究有了突破;六是对翻译市场和翻译行业管理的研究有了起步。

60 年来,特别是近 30 年来,中国的翻译理论研究能够不断发展,有两个重要的因素值得关注。首先是改革开放以来中国研究生教育对翻译研究与翻译学科的推动。近 30 年,外国语言文学的二级学科中,有很大一部分设有翻译研究方向,在硕士和博士两个教育层次培养学生,展开研究。数量众多的翻译方向硕士研究生和越来越多的博士研究生为翻译学科注入了活力,为翻译研究不断开辟新的领域,他们越来越注重翻译研究的方法论,注重翻译研究的科学性与系统性,大大推进了翻译学科的发展。从近 10 年出版的纯翻译理论研究的成果看,有很大一部分是翻译学方向的博士论文。这些著作具有坚实的理论基础和探索精神,视野开阔,方法得当,具有较高的理论价值。其次,中国的翻译研究得到了各级科学研究基金的资助。在很长一段时间里,在中国的科学研究资助体系中,翻译研究一直处于边缘。从 1993 年开始,国家社科基金开始有翻译研究立项,至 2008 年共立项 63 项。翻译研究项目主要涉及以下研究主题:翻译史及译介学研究,翻译理论研究,翻译教学研究,翻译产品、翻译策略、翻译批评研究,翻译过程研究。除了国家社科研究基金外,教育部人文社科基金自 20 世纪 90 年代初以来,一直立项资助翻译研究项目,近年来,资助立项的数量呈逐年增长的趋势,如 2004 年至 2008 年 5 年间,教育部人文社科基金立项中,翻译研究项目共计立项 46 项,另外还有教育部人文社会科学研究基地的招标项目数项。同时,国内各高等学校,各省、自治区和直辖市的人文社会科学的资助项目中,翻译研究项目数量也不断增加。外国语言文学学科博士后流动站人员申报的项目中,翻译及相关研究项目的比重也在逐年增加。

4. 日益增加的学术交流活动与不断拓展的学术研究空间

前面提到,新中国成立之初,地方与中央有关部门、翻译机构和外语院校对翻译工作之重视,对加强翻译工作的反应之迅速,充分说明了翻译之于新中国建设的重要性。尤为值得注意的是,外语院校、翻译组织与机构对翻译的重视、思考与探讨,开启了一种共同探索和研究的良好传统。

据不完全统计,1949 年至 1966 年这 17 年间召开了 20 余次重要的翻译工作会议、座谈会和研讨会,内容涉及翻译组织的健全、翻译质量的监控和翻译教材的建设等。其中重要的大会有两次,分别是 1951 年 12 月召开的第一届全国翻译工作会议和 1954 年 8 月召开的全国文学翻译工作会议。第一届全国翻译工作会议由中央人民政府出版总署编译局主办,出席会议的有全国各编译机构、出版社和翻译专家代表 137 人,胡愈之在开幕式的讲话中特别提到"翻译出版物的质量低,重复浪费,翻译工作缺乏计划性"等问题,希望"以后翻译出版物逐步消灭错误,提高质量,走上计划化的道路"①;叶圣陶在闭幕词中强调"翻译工作必须加强领导,

① 胡愈之在 1951 年第一届全国翻译工作会议上所作的开幕辞. 翻译通报,1951,3 (5).

当前的中心任务是提高翻译作品的质量,使翻译工作走向计划化"①,而要达到此目标,"应该从管理公营出版社和机关团体的翻译机构入手,应该从制定初步的全国全年的翻译计划入手"②;沈志远做了题为《为翻译工作的计划化和提高质量而奋斗》的大会发言。在 1954 年召开的全国文学翻译工作会议上,时任文化部部长的茅盾做了题为《为发展文学翻译事业和提高翻译质量而奋斗》的报告,强调翻译工作的重要性。报告指出,文学翻译工作必须在党和政府的领导下由主管机关和各有关方面,统一拟订计划,组织力量,有方法、有步骤地进行。为此,必须有一个全国文学翻译工作者共同拟订的统一的翻译计划,根据现有的力量和可能发掘的潜在力量,有步骤地组织翻译、校订和编审出版的工作。必须加强文学翻译工作中的批评与自我批评和集体互助精神,培养新的翻译力量。③ 如前面所言,其他多为地方性会议,会议议题多涉及翻译的组织工作,也有一些专业性较强、针对某一翻译问题展开讨论的会议,但基本上没有组织全国性的理论性的翻译学术研讨会。

改革开放以后,中国对外交流的步伐越来越快。1982 年,中国翻译协会成立,这是由全国与翻译工作相关的机关、企事业单位、社会团体以及个人自愿结成的学术性、行业性组织。协会成立以后,积极开展对外交流,于 1987 年正式加入国际翻译家联盟,进入了国际翻译家联盟的领导和学术机构,全面参与国际翻译家联盟的各项重要工作。近 10 年来,中国译协每年都组团参加各种国际翻译交流活动,如参加美国、英国翻译协会的年会,参加在泰国、约旦、马来西亚和澳大利亚等国举办的各种翻译大会,参加国际翻译高校联盟的年会,组织国内高校到境外参加翻译培

---

① 叶圣陶在 1951 年第一届全国翻译工作会议上所作的闭幕辞. 翻译通报,1951,3(5).
② 叶圣陶在 1951 年第一届全国翻译工作会议上所作的闭幕辞. 翻译通报,1951,3(5).
③ 茅盾在 1954 年召开的全国文学翻译工作会议上所作的报告:为发展文学翻译事业和提高翻译质量而奋斗. 译文,1954(10).

训,等等。2005年以来,中国翻译协会的代表一直担任国际译联副主席的职务,为推动中国翻译界与国际翻译界的沟通与合作发挥了重要作用。为加强地区性的协会合作,促进文化和学术交流,中国翻译协会于1995年发起组织"国际译联亚洲翻译家论坛",目前已经成功地举办了五届。2008年8月4日—7日,由国际翻译家联盟和中国翻译协会联合主办的第18届世界翻译大会在上海隆重召开,大会精心组织了90余个分会场。大会期间,来自76个国家和地区的1500多名代表围绕"翻译与多元文化"这一主题,就业界关心的一系列重要问题展开了探讨与交流。这是国际译联在亚洲举办的首次世界翻译大会。中国取得此次翻译大会的主办权,充分表明了改革开放以来中国翻译事业的迅速发展,体现了国际译联和国际翻译界对中国在全球翻译事业发展中所起的重要作用的认可和关注。世界翻译大会得到了中国政府和上海市政府的高度重视和大力支持,也受到了国际相关组织的广泛关注,联合国教科文组织、欧盟委员会翻译总司等30多个国际组织和机构均派代表出席了会议。这次大会的意义深远,将有力地促进人们对翻译的理解与重视,繁荣翻译事业,发挥翻译在跨文化交流与文化建设方面的积极作用。在理论建设方面,这次大会将翻译理论与实践紧密结合,将多元文化的建设与翻译事业紧密结合,开拓了翻译研究的领域,增强了翻译与翻译研究工作者的历史责任感。

随着翻译事业的繁荣,在外国语言文学和其他相关学科发展的推动下,翻译研究逐渐受到重视。1984年开始,中国翻译工作者协会开始举办各类翻译会议。1985年,首届全国中青年文学翻译经验交流会在烟台举行。1987年,首届研究生翻译理论研讨会和第一次全国翻译理论研讨会召开。此后,翻译研究的学术活动不断增加,交流日益频繁,学术会议数量逐年增多,规模不断扩大,研究范围不断拓展,成果影响逐渐深入。翻译学术会议的主题大体可分为翻译实践、翻译理论、翻译批评及翻译教学四大类。科技翻译、文学翻译、军事翻译、医学翻译、外事翻译、旅游翻译、民族语文翻译、翻译产业等领域都定期举办翻译经验交流会。

在翻译学科建设和学术交流工作中,中国翻译协会翻译理论与翻译教学委员会和中国比较文学学会翻译研究会起到了重要的引领作用,2001以来,召开了多次以翻译学科建设为主题的研讨会,重点讨论翻译学的学科范围、学科构架、基本理论等问题,对翻译学的学科建设起到了重要的推动作用。其他一些相关行业学会的学术会议也普遍设立翻译研讨论坛。从学术会议的规模和影响力可以看出,翻译研究的专门论坛、高端会议、区域性会议和国际会议开始增多,这些都说明翻译学日益受到学术界的肯定与重视。国内与国际学术交流平台的搭建,有力地促进了翻译界的学术探讨与交流,有关会议的论文集也充分反映了翻译研究水平的提高和翻译学术视野的不断拓展。另外,中国学者参加国际翻译会议越来越多,开始在国际翻译研究界发出自己的声音。

5. 翻译学科的发展和翻译与翻译研究人才培养体系的建立

中国的翻译活动已有几千年的历史,对翻译现象的思考也相伴相生,产生了许多有影响力的翻译思想和观点。新中国成立60年来,随着社会对翻译需求的迅速增加和翻译活动的丰富多彩,中国学者对翻译活动、翻译现象、翻译过程和翻译作品的认识也日益深刻。如果说20世纪及其之前,翻译还被视作个体手工操作的行业而备受忽视的话,那么,进入新世纪以后,翻译作为社会发展的一个重要行业开始凸显其专业地位,最突出的表现就是专业翻译人才的培养备受关注。

在很长一个时期内,人们普遍认为,只要学好外语就可以胜任翻译工作,外语人才等于翻译人才,外语教学的培养目标主要是培养翻译人才。这一认识误区把翻译人才的培养长期局限于外语教学的框架之内。

改革开放以后,社会发展对翻译的大量需求逐渐改变了人们对翻译的认识。实际上,在20世纪70年代中期,随着中国国际地位的提高,中国在联合国的合法地位得以恢复后,我国的国际交往明显增多,外交工作和文化交流活动对具有国际视野和娴熟的翻译技能的翻译人才的需求越来越迫切。为满足国家在新时期的需要,1979年,北京外国语学院创办了联合国译员培训班,首次正式培养职业译员,开辟了中国职业化翻译人才的培养之路。在不断探索的过程中,积累了翻译专业教育宝贵的经验,也使国人逐渐认识到专业翻译教育的必要性、重要性和不可替代性,认识到翻译研究的重要性,以及翻译学独立的学科地位。

20世纪80年代中期,随着国家对外语人才和高水平翻译人才需求的迅速增加,人们开始思考如何培养专业化翻译人才、翻译人才与一般外语人才的区别何在、培养方式和条件要求有何不同等问题。从20世纪80年代中期开始,以"翻译理论与实践"为名称的二级学科得以建立,虽然翻译学科一度在学科设置的层面受到限制,但随着外国语言文学学科的不断发展,上海外国语大学、广东外语外贸大学和北京外国语大学分别于2004年、2006年、2008年在外国语言文学一级学科内自主设置了翻译学学位点,培养翻译学的硕士生和博士生。为适应翻译人才培养的需要,从学科探索的角度出发,教育部于2006年批准复旦大学、广东外语外贸大学与河北师范大学设立翻译本科专业,经过3年的发展,迄今已有19所院校获准设立翻译本科专业。2007年,经过广泛的调查和严格的论证,国务院学位委员会批准设置翻译硕士专业学位,为培养高层次、应用型、专业性的翻译人才搭建了平台,首批15所院校获准设置学位点,当年开始招生,2009年又扩大至40所院校。此外,越来越多的青年翻译学者进入全国各外国语言文学学科的博士后流动站开展研究。不同层次相结合,学术型与专业型兼顾,逐步形成了一个由本科、硕士、博士教育和博士后研究组成的完备的学科体系和翻译实践与翻译研究人才的培养体系。

在翻译人才培养机制的探索中,有目标、分层次、有重点地实施翻译教育是一个根本性的问题。如何从翻译事业的根本需求出发,探索翻译人才培养的规律,科学地设置不同层次的翻译专业,是中国翻译教育工作者需要思考的重大问题之一。从中国翻译学科的建设过程来看,人们对翻译专业的认识一直存在着误区。经过翻译学者多年不懈的努力,这些错误观念正在得到改变,科学的翻译教育观正在逐步确立。

近10年来,翻译专业建设取得了重大突破,翻译教育也面临着艰巨的任务。全国翻译学科的带头人和学术骨干,勇敢地担当起自己的历史责任,在国家教育行政主管部门的领导下,在各所在院校的支持下,在工作中不断进取,努力开拓。全国翻译硕士专业学位教育指导委员会、全国有关翻译院系的交流协作组和各级翻译教学与研究组织共同努力,积极开展工作,从翻译教育的理念入手,努力探索,统一思想,加深认识翻译专业的内涵,廓清翻译专业与外语专业的关系。在此基础上,借鉴国外高校办学的成功经验,积极开展师资培养,科学设计师资培训的内容,通过师资队伍的建设,提高师资水平,打下翻译专业建设的良好基础;同时在课程设置上进行探索与研究,针对翻译能力的培养和翻译素质的提高开设课程。此外,翻译的教材建设近年来也取得突破性进展,针对不同层次办学的理念和实际要求,"翻译本科专业系列教材""全国翻译硕士专业学位系列教材"和"翻译专业必读书系"等定位明确的系列教材的编写与出版,有力地推进了翻译专业的建设,为翻译人才的培养探索了有效的途径。

二、新时期翻译的使命与翻译研究需要关注的几个问题

从上面的简要回顾中我们看到,60 年来,特别是近 30 年来,随着我国翻译教学与研究界理论意识、学科意识的不断增强,翻译研究方法的日趋科学化和翻译研究队伍的日渐扩大,翻译研究成果不断问世,学术研究日益深入。

在全球化进程不断加快的今天,翻译对于不同文化之间的互相了解、互相尊重、互为补充无疑具有重要的作用。而要发挥翻译在多元文化语境交流中的作用,我们必须明确当今时代翻译所应具有的精神和所肩负的使命。人类社会始终处于发展的状态中,而人类社会越发展,越体现出一种开放与交流的精神。人类社会想要走出封闭的天地,首先必须与外界进行接触,以建立起交流的关系,向着相互理解、共同发展的目标前进。事实上,不同民族语言文化之间的交流是一种需要。以故步自封的态度消极地维护一个民族文化的纯粹性,最后的结果只能是被排除在世界文化的交流、交融之外,造成自身的落后。一种文化,无论其多么辉煌、多么

强大,总是存在自身的局限,只有走出自我,在与其他文化的不断碰撞甚至冲突中,才能认识到自身的局限性,并渐渐在与其他文化的相互理解、相互交融中丰富发展。

在世界文化交流的过程中,翻译无疑扮演着重要而独特的角色。德里达指出,"翻译就是那在多种文化、多种民族之间,因此也是在边界处发生的东西"①。翻译,在一定意义上说,是不同语言、民族之间进行文化交流的首要保证。无论是口译还是笔译,它都保证了持不同语言、文化的人之间的相互沟通和理解。无论是东方还是西方,一部翻译史,就是一部生动的人类社会的交流与发展史。翻译与社会的发展、文化的积累和丰富以及世界文明的进步是紧密结合在一起的。没有在多种文化的接触、碰撞中起沟通作用的翻译,就无法保证世界各民族文化的共存、交融与发展。

促成不同文化之间的相互理解,实现不同文化的和平共存,是历史赋予翻译活动的重要使命,所有的翻译工作者和翻译研究者都要勇敢地承担起这一使命。中国译协副会长黄友义在第18届世界翻译大会的闭幕式上指出:"在全球化的今天,文明多样性仍是人类社会的客观现实,是当今世界的基本特征,也比任何时候都更加显得可贵。而维护人类文明多样性、促进不同文明间的对话与交融、促进人类的共同进步是各国翻译工作者义不容辞的使命和职责。"②

基于对翻译及其使命的这一认识,我们进一步看到,翻译实践几千年的厚重历史和当前繁荣的翻译事业,为我们的翻译研究提供了坚实的土壤和广阔的思考空间。在我们所处的这个时代,全球经济一体化日益加快,文化多样性的维护问题被更加严峻地提了出来,而在多元文化语境下如何深化翻译研究、加强翻译学的学科建设,也随之成为一个迫切需要思

---

① 雅克·德里达. 书写与差异. 张宁,译. 北京:生活·读书·新知三联书店,2001:22(访谈代序).

② 黄友义在第18届世界翻译大会的闭幕式上的发言:发展翻译事业,促进世界多元文化的交流与繁荣. 中国翻译,2008(4):6-9.

考的问题。我们认为,在多元文化语境下,必须坚持正确的翻译文化观,进而在翻译文化观的指导下,进一步深化我们的翻译研究。在梳理新中国成立 60 年来翻译理论研究的发展情况、对翻译研究和翻译学科建设的主要成就进行归纳与总结的基础上,针对国内近 30 年来翻译研究中某些值得注意的倾向与存在的问题,我们就如何扩大翻译研究的视野、进一步加强翻译研究、在多元语境下推进翻译理论研究向系统化和深度发展,提出如下几个值得特别关注的问题。

1. 翻译研究要关注历史的发展进程

一部翻译史,就是一部人类文化交流史。要了解翻译在人类文化交流中的贡献,必须关注翻译的历史和文化发展的历史,要从历史发展的角度理解翻译作为人类活动的重要功能;从翻译活动对文化文明发展所做出的贡献着眼,理解翻译的意义、作用与定位,而不仅仅局限于翻译标准、翻译技巧等的讨论。关注历史的发展进程,意味着既要关注翻译活动本身的历史,也要关注与翻译活动相关的文化史、社会史、科技史、学术史等。另外,我们要坚持翻译的历史发展观,翻译是一项不断发展的实践活动,其范围、形式和内容在不断扩展,进入 21 世纪以来,翻译现象和翻译活动比以往任何一个时期都更加复杂、多样化了,从这个意义上说,翻译的内涵在不断扩大,因此,我们对翻译的认识和理解也要不断加深。

2. 翻译研究要关注现实的重大问题

翻译研究要走出象牙塔,翻译教学和研究界应该密切关注翻译活动在现实政治、经济、文化、生活中的作用,认识翻译在多元文化语境下的使命,探讨在新的历史时期内,在中国文化走向世界的过程中,面对全球经济一体化、文化多样化的大语境,面对人类共同的问题,翻译活动在其中能够发挥什么样的作用、应该采取什么样的策略。进入 21 世纪以后,中外文化交流日益丰富,科学技术日新月异,人类文明发展迅速,翻译活动应该如何定位? 如何在浩如烟海的各类资料中选择翻译的对象? 如何加强翻译规划? 如何提高翻译质量? 如何进行翻译管理? 这些重大的现实问题,需要我们有开阔的视野和探索的精神,去面对,去思考,去研究。

3.翻译研究要关注文明的对话和交流

翻译研究应该关注如何以尊重和开放的心态去面对异质文化与文明,如何在异质文明中进行平等的双向交流,并促进异质文明的交流和对话,以维护语言文化的多样性为使命。翻译作为人类的跨文化交流活动,是一项有多种因素参与的复杂活动,我们的研究应该克服就翻译论翻译的狭隘的技术性倾向,而把翻译置于文化交流的大背景中去考察与研究,以把握翻译的内涵与本质,并从"翻译的跨文化交流"这一本质出发去讨论翻译的标准、原则,去制定翻译的策略、方法与手段。由于翻译是复杂的文化交流活动,承担着精神交流的中介作用,译者在其中的作用不可忽视,作为桥梁,翻译的首要职能是沟通。因此,面对作者和读者,面对出发语文化和目的语文化,译者应采取怎样的态度、应采取怎样的沟通方式,是翻译研究不可忽视的重要方面。

4.翻译研究要关注相关学科的发展

翻译活动不是孤立的,它与人类社会的政治、经济、科技、文化等均有密不可分的联系,是人类思想交流的重要纽带与桥梁,因此,翻译研究不能把目光局限于翻译自身,而要立足于翻译,放眼于相关学科的发展。翻译学具有跨学科的性质,因此翻译学不可能孤立地发展,必须不断地汲取其他相关学科的理论资源,同时力求对其他相关学科产生影响。这就要求翻译学研究者不断增强学科意识和理论意识,把握研究的定位、研究的基本问题,确定发展规划,保持内在动力,鼓励形成本土的翻译流派或学派。

5.翻译研究要关注翻译事业未来的发展趋势

日新月异的科学技术彻底改变了传统翻译的手段,职业化的翻译行业也改变了传统翻译教学的理念,翻译研究不仅要关注有关人类交流、文化对话的重大问题,也要关注翻译工具的革新和翻译过程的改进,关注借助新技术改进翻译工作、提高翻译效率的手段。与人类进步和社会发展密切相关的科学技术的新成果、新兴的产业与行业、新的文化市场、新的媒介手段,都应该加以关注。在此基础上,我们要进一步密切关注翻译事业未来的发展趋势,思考社会发展对翻译人才和翻译质量提出的新的要求,以采取积极应对的措施。

在新中国成立以来 60 年的翻译研究与翻译学科建设的历程中,我们积累了丰富的经验,为今后的发展打下了坚实的基础。在新的历史时期,我们要立足于人类发展的历史和社会发展的现实,肩负起历史赋予翻译的使命,不断加深对翻译活动本质的认识,关注在人类文化交流与文明对话中出现的新问题,开阔视野,把握翻译活动、翻译教育的新趋势、新动态、新问题,进一步加强翻译研究和翻译学的学科建设,探索翻译人才培养之路,为繁荣中国的翻译事业,促进中外文化交流做出自己应有的贡献。

（本文系 2009 年 11 月 11 日在"中国翻译协会 30 周年纪念大会暨新中国翻译研究 60 年论坛"上所做的演讲的文稿,该文稿系与穆雷教授合作撰写。）

翻译研究之用及其可能的出路

三年前,是改革开放 30 年纪念,两年前,是新中国成立 60 年纪念。在这两个值得纪念的年份里,我和翻译界的同行一样,曾对新中国成立 60 年和改革开放 30 年期间的翻译研究工作做过一些梳理、总结,对中国翻译界的翻译研究之途做过回望和思考。尽管出了书,发表了文章,在"中国翻译协会第六次会员代表大会暨新中国翻译事业 60 年论坛"上还做了报告,但我总觉得有些话还没有说得特别明白,对翻译研究还有一些想法,对翻译研究的发展有些担忧,想说出来与同仁一起探讨。

一、翻译研究给我们带来了什么?

作为一个普通的学者,我在文中不想一开始就用"翻译学"这样的术语,因为经过改革开放 30 余年来学界同仁的不断探索,翻译研究的对象越来越明确了、领域越来越清晰了,翻译研究的疆界也越来越受到人文学界同仁的尊重。翻译学是否可以成为一门独立的学科的问题,已经在 30 多年的探索中渐渐地有了答案,尽管有不同的声音,有质疑的声音,还有反对的声音,但现在似乎不用在这一方面再讨论了,就像一个人做了很多有意义的实事,而且有理想、有追求、有目标,还那么执着,给不给那个名分是个时间的问题,不要太着急。

从中国体制化的学科建设的角度看,翻译学这个名分给不给却是至关重要的,因为名不正,言不顺,在中国目前的教育体制下,进不了学科目录,就没有出生证,等于是野孩子,在学校就没有安身的位置,就得不到什么什么工程的资助。最近,我在《东方翻译》上看到,一直为翻译学的建立而奋斗的谢天振教授还在质疑,在呼吁,在抗争:"近10年来,我国高校外语院系的学科建设中的一个最大的亮点就是翻译学作为一门独立学科的空前迅速和蓬勃的兴起。然而,令人无比遗憾,甚至倍感失望的是,最近下达的《研究生招生学科目录代码册》以及它所依据的'国务院学位委员会、教育部新修订的《学位授予和人才培养学科目录(2011年)》'对这一最新变化却毫无反应,外语学科目录的编制与10年前毫无二致。"①这种质疑,代表了翻译学界的一种呼声和观点。实际上,上文提及的目录应该是1997年国务院学位委员会、国家教委颁布和修订的《授予博士、硕士学位和培养研究生的学科、专业目录》,是20世纪的旧目录,并不是经过调整、正式下文且要在2012年启用的新目录。这次下文,目的是以此目录为基础,征求修改意见,制定新的目录,以满足学科建设与人才培养的需要。

就我们目前所掌握的情况,国务院学位委员会第六届外国语言文学学科评议组已接受国务院学位委员会办公室与教育部研究生教育主管部门的委托,着手组织编写《外国语言文学一级学科简介》和《外国语言文学一级学科博士、硕士学位基本要求》。关于外国语言文学一级学科内的二级学科设置,我想这次调整应该充分体现近30年来该学科的发展和社会对于人才的实际需要,使学科目录的调整能真正有利于学科建设和人才培养。鉴于翻译学界近30年所做的努力,我个人认为翻译学正式进入国务院学位委员会和教育部的学科目录,这次应该是顺理成章的。

从这个意义上说,翻译学科确实已经得到了突破性的发展,翻译本科专业、翻译硕士专业学位、二级学科翻译学的自主设置,以及外国语言文学学科和博士后流动站中翻译方向博士生与流动站进站人员的培养和指导,这些成就有目共睹,翻译教学与研究界无不为之感到欣喜。应该说,

① 谢天振. 翻译学,何时才能正式入登教育部学科目录?——对《学位授予和人才培养学科目录(2011年)》的质疑. 东方翻译,2011(4):4.

翻译学之名在体制内被承认已成定局。但是,学术研究与学科建设毕竟不能等同。我们要考虑的是,除了对体制内的翻译学科建设的推动,翻译研究还给我们带来了什么?

30多年来,中国的翻译理论研究虽然成绩斐然,但是回顾我们所走过的路,也可以说是充满了艰险。我们曾遭遇过"翻译无理论"说,而且有不少翻译名家也常常持如此的观点。经过多少年的努力,好不容易在翻译理论的体系性建设上取得了一些成绩,再闭着眼睛说"翻译无理论"实在讲不过去了。于是,我们又遭遇了"理论无用"说,说什么翻译理论对翻译实践没有用,说一个好翻译根本用不着什么理论,还说什么做翻译理论的基本上都是一批翻译不怎么样的人。既然翻译无理论,即使有理论也没有什么用,那建设什么翻译学,自然就是一个梦、一个永远不可能实现的迷梦。

好在有这么一些"执迷不悟"的人,几十年来对翻译研究不放弃,不抛弃,在他们的影响下,翻译研究的队伍还越来越壮大,获各级社科基金资助的翻译研究课题也越来越多,有的还获得了国家社科基金重大项目。在教育部的哲学社会科学振兴计划中,翻译更是被提高到一个前所未有的高度。我在想,从30多年前翻译被轻视、翻译研究被忽视,到今天的新局面,除了形势发生了根本性的变化之外,重要的原因之一是翻译学界同仁坚持不懈、勇于探索。我们谈翻译研究之用,以前往往习惯于从理论与实践的关系去看,甚至有的狭隘到将翻译理论之用仅仅归结于对具体翻译活动的指导。但是我觉得,翻译理论研究的作用远非如此,有几点特别值得思考。

1. 30多年来的翻译研究不断加深了人们对翻译的理解,深化了人们对翻译的复杂性和重要性的认识

翻译有着悠久的历史,最早的笔译活动至少可以追溯到两千多年前,从早期的佛经翻译,到近代的西学翻译,再到新时期的各类文学、社科与技术翻译,从被视为"正宗"的全译,到编译、节译、译述等种种"变译",翻译的内容越来越丰富,形式也越来越多样。尽管如此,或许也正因为如

此,对翻译的理解、对翻译活动的复杂性的认识并没有顺理成章、一劳永逸地完成,而是在翻译研究的艰难探索中逐步得以深化。在这一过程中,翻译研究的语言学转向和文化转向发挥了至关重要的作用。翻译的语言学研究把翻译从经验主义中解放出来,将过去近两千年来一直拘泥于经验范畴进行讨论或争论不休的问题置于科学的层面加以探讨。翻译的文化研究则把翻译从原文中心论中解放出来,以系统理论为基础,以译文为中心,对制约翻译产生与接受的机制进行描述性研究,从而力图对诸如翻译者的主观因素、语言转换中的文化移植、影响翻译的文本外因素等语言学途径难以深入分析的问题及翻译历史上的众多翻译现象提供解释。正是这条从经验到科学、从规定到描述、从语言到文化的翻译研究之路向人们明确而科学地展现了翻译的复杂性,使人们对翻译的理解不断深入。而对翻译理解的深化也促使人们从社会交流、文化传承、语言沟通、创造精神和历史发展等多元角度来看待翻译的价值,对翻译的重要性有了更加全面的认识。在全球化语境下,通过翻译研究,加深对以交流、传承、沟通、创造与发展为内涵的翻译根本价值与精神的认识,有利于在维护文化多样性、促进世界和平方面进一步凸显翻译的重要性。

2. 30多年来的翻译研究为翻译学科的建设打下了良好的理论基础

我认为,没有翻译研究的坚持不懈和不断深入推进,翻译学科的建设便会是一句空话。学科的设置与建设一般来说有两个标准:一是该学科到底有没有专有的研究对象与领域,二是该学科到底有没有自身的需要。就第一个标准而言,传统的翻译研究往往局限于翻译的操作层面,具有明显的感悟式特征和经验化倾向,常见的路径一是以翻译的得失与困难来理解翻译,二是以翻译方法与技巧的探讨来认识翻译。改革开放以来,随着人们对翻译活动的认识与理解不断深入,我国的翻译研究取得了突破性的进展,研究者的理论意识、方法论意识明显加强,研究视野日益开阔,研究途径不断拓展,研究深度也不断增加。在此基础上,翻译研究的系统性和科学性进一步彰显,通过对翻译本质、翻译过程、翻译对象、翻译主体、翻译因素、翻译方法、翻译标准、翻译评价、翻译教学等涉及理论翻译研究和应用翻译研究的诸多方面的探讨,并结合对翻译历史的梳理与反思,明确了翻译研究的对象与内容,逐步建立了翻译研究的体系性,为翻译学科的建立奠定了理论基础。就第二个标准而言,在很长的一个历史阶段,我们往往比较重经验不重理论,这一传统的影响在实践性极强的翻译领域表现得尤为明显,此外,把翻译仅仅视为一种语言转换工作的简单主义翻译观在相当长的时期内占据着统治地位,因此,我国翻译研究中一直存在重实践、轻理论的倾向,并由此导致了翻译研究的实用主义态度。这在很大程度上限制了我们对翻译本质的形而上思考、对翻译过程的多层面研究、对翻译价值的多元化追求,从而也无法对翻译实践中出现的问题和现象做出科学的解释。当我们强调“离开实践的理论是空洞的理论”时,千万不要忘记它的前半句,“离开理论的实践是盲目的实践”。在这个意义上,以翻译理论体系构建为重要标志的翻译学科建设不仅是重要的,而且体现了翻译活动自身的迫切需要。同样,翻译学科建设的自身需要还充分体现在翻译人才培养上,无论是翻译实践发展还是翻译理论研究都离不开队伍建设,而没有理论研究的专门化和系统化,翻译人才培养也只能是盲目的。

3. 30多年来的翻译研究为传统的外语学科注入了活力,开拓了学科的疆界,深化了学科的内涵

在相当长的时期内,人们普遍认为,只要学好外语,再加上良好的中文功底,就完全可以胜任翻译工作,因此,翻译人才无须专门培养,外语教学的主要培养目标就是培养翻译人才。这样的认识误区导致翻译人才的培养被局限于外语教学的框架之下,加上“翻译无须理论指导”的传统观念的影响,在外国语言文学学科中,长期以来都是语言学和文学研究占据绝对的统治地位。改革开放以来,随着翻译在中外交流,尤其是中外文化交流中的地位的凸显,翻译活动所涉及的一些根本问题得以被认识、被探究、被揭示,这促使人们以超越翻译实践的目光来关注和看待翻译活动,从而开始了漫长而艰辛的翻译理论建构之途。对翻译本质、翻译价值、翻

译的选择与接受、翻译的质量与评价等翻译理论问题的不懈探索,不仅使翻译研究逐步摆脱了被忽视、被轻视的边缘化地位,也为传统的外语学科拓展了研究空间、增加了研究维度、注入了新的生命力。尤其是近 10 年来,随着翻译研究的文化转向,在多元文化的语境下,研究者开始自觉地从文化交流的高度来认识翻译的跨文化交流本质和维护文化多样性的崇高历史使命,进而在翻译文化观的指导下从特定的历史、文化环境出发,充分关注影响翻译活动的语言、文化、历史、政治等互相作用的多重因素。可以说,明确的翻译文化观既赋予了翻译研究新的维度和新的高度,也大大深化了外语学科的内涵,使之超越文字层面的束缚,形成文字、文学、文化三位一体的、顺应时代要求的研究新格局。从语言、文学研究,经由翻译至跨文化研究,传统的外语学科逐步开启了一条新的发展之路。

4. 30 多年来的翻译研究促进了人才培养,培养了一批又一批有志于翻译研究的学者

20 世纪 80 年代中期以来,随着我国改革开放程度的日益加深,国家对高水平翻译人才的需求迅速增加。然而,正如杨自俭所指出的,由于历史的原因和教育观念与体制的问题,翻译人才队伍暴露出三大方面的欠缺:1)知识面狭窄,中外语言文化基础薄弱,缺乏译学相关学科知识;2)理论修养不够,对本学科和相关学科的理论学习与研究太少;3)精通语言、文学之外其他一两门学科的人太少。[①] 于是,人们开始清醒地意识到,翻译人才与一般的外语人才不能等而视之,对翻译人才的培养应从理论与实践两个层面同时展开,应体现翻译活动的跨学科性,应以符合翻译活动的特殊要求为目标。正如翻译实践的发展有赖于它与翻译理论之间的互动,翻译人才的培养也有赖于翻译教学理论的探索,而翻译教学理论是翻译理论研究的一个重要组成部分,因此,在翻译理论研究相对滞后的现实情况下,深化翻译研究对翻译人才的培养以及翻译学科的建设具有决定性的作用。在日益朝着系统性和科学性方向发展的翻译研究的推动下,

---

① 杨自俭. 我国译学建设的形势与任务. 中国翻译,2002(1):9.

我国的翻译学科建设经历了"何为翻译学""是否有翻译学""如何建设翻译学"的探索与发展过程,其间有困惑,也有争鸣,但正是在这充满困惑和争鸣的探索与建设中,越来越多的青年学者加入到翻译学的研究工作中来,使翻译研究者的队伍日益壮大,素质显著提高,在国家的对外交流和翻译学科的持续发展中起到了引领作用。此外,在学科建设层面,翻译研究的深化也促进了研究生教育的不断发展,促使一批热爱翻译事业、具有良好学术素养和探索精神的翻译方向的硕士、博士迅速成长,逐渐成为我国翻译实践、翻译教学和翻译研究的骨干力量。值得一提的是,目前已有3篇翻译研究方向的博士学位论文获得国务院学位委员会和教育部组织评选的全国优秀博士学位论文,这不仅显示了翻译学科的发展,促进了翻译学科建设,也增强了翻译学科对其他学科的辐射作用。而一个学科成熟的重要标志之一就是该学科是否能与其他学科形成互动与相互影响的关系。

5. 30多年来的翻译研究为我们理解和探索人类交流的历史开辟了一条新路

翻译活动的产生源于不同文化相互交流的需要,正如王克非在《翻译文化史论》中所指出的,"文化及其交流是翻译发生的本源,翻译是文化交流的产物,翻译活动离不开文化"①。因此,翻译就其本质而言是一种人类跨文化的交流活动,可以毫不夸张地说,一部翻译史,就是一部文化交流史。另一个同样毋庸置疑的事实是,随着翻译研究的不断发展,翻译活动的复杂性进一步得以被揭示,翻译文化意识日益觉醒,人们越来越认识到,翻译不会发生在真空当中,对影响翻译产生和接受的因素的考察应超越单纯的语言层面,应着力探寻语言、文化、政治、历史等诸多因素共同作用的规范和约束机制在翻译过程中的决定性作用,关注翻译在译入语文化与其他文化互动过程中的地位和作用。翻译文化观的逐步建立不仅促成了翻译理论发展过程中具有深远意义的"文化转向",也为我们理解人

① 王克非. 翻译文化史论. 上海:上海外语教育出版社,1997:2.

类交流的进程、理解特定文化的演变与其他文化体系之间的关系提供了新的途径,因为,对翻译的跨文化交流性质的确立有助于认识"翻译对于文化(尤其是译入语文化)的意义和影响,它在文化史上的作用,以及文化对于翻译的制约,特别是在通过翻译摄取外域文化精髓时,翻译起到什么样的作用,达到什么样的目的,发生什么样的变异"①。而从翻译性质、翻译选择、文化立场、翻译接受、价值重构等角度探究翻译在与文化的互动中发挥的作用、达到的目的和发生的变异,正是深入了解一个民族的文化在其发展历程中与其他文化进行接触、交流,发生碰撞,进而相互理解、相互交融、相互丰富的内部动因与外部影响的可靠途径。

6. 30 多年来的翻译研究与国家的发展密切相关,为解放思想、改革开放和中华民族的复兴起到了先锋作用,对新时期中国文化走向世界、提高中国文化软实力、提升中国在国际舞台的形象发挥了重要作用

作为人类社会历史最悠久的活动之一,翻译对社会交流与发展具有强大的推动作用。"翻译与民族的交往共生,与文化的互动同在。一部翻译史就是一部活生生的接受史。从佛经北传到西风东渐,从中国革命到改革开放,翻译既开始了中华民族的精神启蒙,也参与了中国社会的全面改造。"②历史上,无论是梁启超、严复对西学的翻译,还是林纾对欧美小说的翻译,都通过新思想、新精神、新文化的引进,"启发和教育了整整一代青年,使他们受到了思想启蒙的洗礼"。这种思想启蒙工作具有深远的意义,"它构成了中国国民思想发展前进中的一个不可缺少的过渡环节,尤其是向一大批年轻人提供了由初步接受启蒙洗礼而走向更开阔、更解放的思想境界的阶梯"③。在新时期,翻译同样在我国的文化强国战略中发挥了不容忽视的作用。通过文学和文化的交流了解其他民族,也让世界各国人民更好地走近中国、了解中国,从而与世界各国人民共同建设一个

① 王克非. 翻译文化史论. 上海:上海外语教育出版社,1997:4.
② 汪堂家. 可译性、不可译性与思维模式的转换. 辞海新知,2001(7):11.
③ 连燕堂. 二十世纪中国翻译文学史(近代卷). 天津:百花文艺出版社,2009:132.

更加和谐、美好的世界，这是中国在经济实力增强、国际地位提高之后的重要奋斗目标，这一目标的实现必须以翻译事业的理性繁荣作为基础和保证。而翻译事业的理性繁荣，无论是译本的选择、翻译策略的确立、翻译评价体系的构建，还是翻译人才的培养、翻译批评的开展，都离不开翻译研究的发展。例如，针对我国翻译界遭遇的翻译质量失控、翻译风气浮躁等不容忽视的问题，翻译界、文学界和出版界的不少学者、专家在《光明日报》等媒体上发表文章，从沟通文化、促进交流的高度看待翻译活动、审视翻译问题、揭示文学名著复译中出现的危机，从翻译学科建设、翻译教学、翻译道德、翻译出版机制、翻译图书质量管理等方面进行全面反思，指出翻译质量问题的症结所在，并提出解决的途径与办法。倘若没有翻译研究的深入，梁启超早在一百多年前提出的"择当译之本""定公译之例""养能译之才"这三条推进翻译事业的主张将无从实现，翻译对国家和社会发展应具有的历史价值也就无从体现。中国文化"走出去"战略的制定与实施也将受到限制与影响。

二、有关翻译研究的困惑和思考

在上文，我们从六个方面探讨了翻译研究所起到的作用。我觉得，翻译教学与研究界在体制内生存固然重要，但理论研究的追求不能局限于此。对翻译研究之用的思考有助于我们反思过去走过的路，展望翻译学科发展新的可能性。上面提及的六个方面肯定还不全面，甚至可能不正确，我的本意是想引起学界的重视，一方面突破狭隘的理论之用观，另一方面给我们翻译研究界鼓鼓劲，同时也通过对翻译研究所起的作用的探讨，拓展我们研究的思路。我们不能不清醒地意识到，在我们庆幸于翻译学科在体制内逐渐被承认、翻译学之名有了归宿的同时，我们的翻译研究和教学界应该不满足其名而努力追求其实。而名副其实的追求需要我们在这个普遍浮躁的时代始终保持清醒的头脑，开展扎实的工作。从实际情况看，我们翻译学界目前也确实存在一些问题，许多同行，尤其是青年学子有不少困惑,对翻译研究往何处去有些茫然。针对这一情况,我想从几个方面谈谈自己的看法,对目前存在的问题以及翻译研究未来的发展之路做一点思考。

1. 翻译研究的泛文化倾向与研究的本体性回归

从 20 世纪 50 年代开始,西方的翻译研究从大的方面来看经历了语言学和文化两次所谓的转向,但前一次转向显然没有后一次转向造成的影响深远。自 20 世纪 90 年代起,我国翻译研究界开始密集地引进西方翻译理论,一时间,各种原本并不为传统翻译研究所熟悉的术语一起进入我们的视野,诸如"意识形态""权力""操纵""文化资本""话语权""赞助人""抵抗式翻译""等级"等,还有"多元系统""解构主义""女性主义""后殖民主义",甚至"食人主义"等理论或流派。这些理论和相关术语很快吸引了不少学者的目光,相关的研究著作和论文大量涌现。

应该说,作为 20 世纪后半叶以来学科交叉互涉程度加深、学科间边界不断被跨越的结果,文化学派或文化研究范式的兴起并不是翻译研究领域独有的景象。其他人文学科领域出现的现象可能更为极端。例如过去的几十年,"theory"一词在美国乃至在受美国理论影响的区域摇身一变,成为首字母大写的"Theory",指涉及种族、性别、等级、身份等诸多文化社会问题的"后结构主义"或"解构主义"理论。这让人不禁深思:究竟是"理论"一词的意义变狭窄了,还是"解构主义"所指涉的问题几乎无所不包?

我想,文化研究范式之所以能以排山倒海之势夺取许多研究领域的大片江山,获得如此多学者的青睐,原因是多方面的。在翻译研究领域,这首先与翻译活动的本质特征有关。我曾给翻译提出过如下定义:"翻译是以符号转换为手段、意义再生为任务的一项跨文化的交际活动。"①翻译活动的跨文化属性决定了诸多的翻译现象在一定程度上都可以由文化理论来解释。从某种意义上说,举凡涉及人的精神层面的东西,我们都可以

① 许钧. 翻译论. 武汉:湖北教育出版社,2003:75.

求助于文化理论。文化理论似乎成了一种放之四海而皆准的东西。周宪教授写过《文化研究:为何并如何?》一文,里面有一句话我觉得很有意思。他说:"当文化研究取代文学研究时,几乎没有什么不可以成为研究对象。"①在翻译研究领域也是如此,我们可以说,当文化研究取代传统翻译研究甚至语言学翻译研究途径时,几乎没有什么不可以成为研究对象,几乎没有什么不可以用文化理论来解释的了。翻译研究中逐渐出现了泛文化的倾向。

不能否认,在产生之初,翻译研究的文化转向的确有着不可抹杀的意义,它有助于我们解释一些依靠单纯的语言学、文艺学无法解决的问题,看到意识形态、文化因素在广义的翻译活动中所起到的重要作用。与此同时,大量引进西方文化学派理论的时期,也与我们努力尝试在中国建立翻译学科的时期相吻合。理论的引进、视野的开阔、疆域的拓展,以及借助文化学派业已在学术界获得的话语权来建立我们自己的话语权,对于正在为学科的合法地位苦苦挣扎的一代学人来说实在具有非常重要的意义。但我们也知道,过犹不及,喧宾就容易夺主,如果翻译研究泛化成了文化研究,乃至社会研究、历史研究,那么整个翻译学也就失去了其作为独立学科存在的基础和意义。

所幸这个问题现已引起了国内一些学者的关注。进入 21 世纪以来,已有不少学者呼吁翻译研究要回归本体。我自己也一直在思考这个问题。但如何真正实现向翻译研究本体的回归,除了呼吁之外,我们还须面对现实,认真思考,着力于廓清翻译研究的本体,将目光拉回到翻译活动本身,让翻译理论探索围绕翻译活动展开。翻译活动的确是一项跨文化交流活动,但它最根本的属性,是一种语言实践活动,是一种符号转换活动,以狭义的翻译而论,是一种语言转换活动。有学者指出:"从语言和语言学的角度研究翻译可以说是一种回归,一种必然的回归,翻译的栖息地

---

① 周宪. 文化研究:为何并如何?. 文艺研究,2007(6):23.

毕竟离不开语言,离不开文本,离不开结构。"①对这一观点,学界同行一定有不同的意见。对翻译研究本体的回归,并不意味着研究方法必然回归到语言学的研究途径。我想能否跳出一种非此即彼的排他性思路。翻译研究,无论是语言学研究途径、文化研究途径,还是女性主义研究途径,都不是排他性的或颠覆性的,其所谓的转向,也不是从根本上对前者的否定,而应该是某种补充、深化或丰富。不同的研究途径会给我们对翻译的认识、理解提供一种新的视角,开启一种新的可能性。我们不应该在强调文化研究途径的时候忽视甚至否定其他研究途径的贡献。我所强调的回归,不仅仅是指方法上的,而是一种方向性的,希望学界同仁能够重视探讨并明确翻译研究的对象。没有专属于自己的研究对象,就不可能有真正意义上的独立学科的存在。我认为,翻译研究本体的回归,最重要的是要明确研究对象,对翻译活动的本质属性有深刻的研究和认识;我曾提出翻译活动的社会性、文化性、符号转换性、创造性和历史性;我觉得,无论是翻译研究的语言学转向、文化转向,还是新近提出的社会转向或伦理转向,都离不开对翻译活动本质属性的探索与把握。

2.翻译研究的理论性资源缺乏与理论创新的可能性

关于前面提到的翻译研究本体回归的问题,我们的确存在一些模糊的认识。与此相关的是,我们翻译研究界在研究方法上似乎遭遇到了发展的瓶颈。翻译研究的泛文化倾向,从某种意义上也说明了翻译研究新方法、新理论的缺乏。我们不能不看到,半个多世纪以来的翻译研究,大多是借助其他学科的理论发展起来的。而我们国内的翻译研究界,也已经习惯了某种拿来主义。一方面,西方的翻译理论界遭遇到了理论性资源的缺乏,目前很难再借助其他学科的理论"发展"出什么新的理论;另一方面,中国翻译研究界近 20 多年来将很多的精力放在引进西方翻译理论上,虽然这种引进有思考和批评,但更多的是照搬和套用。有学者很早就意识到了这种局限于拿来主义传统的危险,提出了要着力于建设具有"中

---

① 王东风. 功能语言学与后解构主义时代的翻译研究. 中国翻译,2007(3):9.

国特色的翻译学",但终因为"中国特色"这四个字带有太多的政治色彩,太具有主流意识形态的色彩而受到了不少学者,特别是具有国外或境外工作和学习经历的学者的批评。双方的争论没有下文,也没有什么结果。近日到华东师范大学参加"全球化语境下的翻译与翻译教学"国际研讨会,潘文国教授在会上就"中国译论与中国话语"的关系与建设进行了思考,提出了中国学者进行翻译理论研究的一种新思路,探讨了建设具有中国特色的翻译学的可能路径,我个人认为非常重要。

如果没有理论创新,一个学科就无法向前走,所以现在是时候自问:我们应该往哪里走?怎么走?在这里,我觉得我们要处理好几层关系。

首先是处理好理论引进与本土化的关系。不可否认,外来的理论对我们的吸引力是很大的,而且很多理论的确具有某种普适的维度。但正所谓一方水土养一方人,一方水土也养一方理论,如果盲目引进,理论到了我们这里就可能水土不服,我们利用病态的理论,只能结出畸形的果实。比如基于西方语言文学传统的理论是否一定适合我们汉语语言文学系统呢?西方文化语境下产生的现代性概念和解构主义的某些理论是否可以原样照搬到我们国家呢?这些问题都需要我们在接受外来理论过程中持批判的目光和审慎的态度,历史地考察理论,理顺其来龙去脉,选取真正具有共性的维度,来观照我们的问题,在拓展广度的同时,也拓展理论的深度。

其次是要处理好传统与创新的关系。我们国家有悠久的翻译历史和翻译思考的传统,但因中国传统译论话语的方式不太符合今日占统治地位的西方学术话语方式,所以渐渐失去了话语权。但是,传统译论的丰富内涵有没有得到我们足够的重视呢?推陈出新之路,我们不应该忽视。我自己的体会是,在不同阶段用不同视角去审视传统译论,能发现不同的意蕴和内涵。比如我研究傅雷,一部分是对傅雷翻译思想的整理和阐释,通常我们将傅雷的翻译思想归结为"神似"两字,但通过自己对傅雷翻译手稿、译序、跋及与家人友人的书信的研究,发现傅雷对翻译的思考具有整体性,有其一以贯之的诗学追求,有其明确的诗学观。傅雷的个案尚且如此,那么由罗新璋归纳的整整一条"案本—求信—神似—化境"传统译论的脉络能够给我们提供的思考和研究的可能性是不容忽视的。我们要做的,是如何立足当下,对中国传统译论进行再发掘与再阐释,赋予其在新时代的新内涵。中国传统译论可以说是进行理论建设与创新很重要的一个资源。在这方面,我们做过了一些尝试,如对"信、达、雅"翻译标准的再阐释①,对其顽强的生命力予以关注和解释。

最后还要处理好继承与发展的关系。人文学科的一个突出特点是理论传承、拓展与深化,创新在很多时候是说起来容易做起来难,写一部著作或一篇文章,不能忽视对前人成果的梳理和探究。翻译研究的理论创新也是如此。新永远是相对旧而言的,如果不能很好地理解旧,创新也就无从谈起。近些年来,我有一个感受,各种理论与其说是有机传承、和谐共生,不如说是此消彼长,某一种理论热门了,其他理论似乎就会被冷落甚至被否定。随着全球化进程日渐加快、中外交流日益扩大,目前我们几乎能够实现对西方学术界最新成果的同步接受。这看似一种进步,实际上给我们造成的困扰也不小,因为我们在相对集中的时间内译介了西方在较长时间跨度上发展起来的理论,尤其是近十年,理论更新速度那么快,以至于我们还没来得及消化一种理论,就立即被另一种新的理论淹没。在这种情况下,我们特别需要戒除一种理论速食主义。这种理论速食主义在两点上特别有危害。第一点是浅尝辄止,理论的精髓还没来得及被细细品味,好好加以利用,就已被淘汰出局。第二点是不加鉴别,还没来得及辨别理论本身有没有营养,它就已经被加工成了各种文章论著。理论速食主义导致了一个奇怪的现象:我们的研究看似不断地在出新,实则很多都浮于表面,用孙艺风的话说是:"如此走马灯似的你方唱罢我登场的喧闹,有时不免让人有蜻蜓点水般的肤浅感觉。"②在我看来,这种你

---

① 参见:刘云虹,许钧. 理论的创新与实践的支点——翻译标准"信达雅"的实践再审视. 中国翻译,2010(5):13-18.

② 孙艺风. 翻译学的何去何从. 中国翻译,2010(2):5.

方唱罢我登台的喧闹,其危害不是在于其肤浅,更在于其对传统的割裂。理论创新,不是凭空可以做到的,也不是通过对前者的一味否定产生的。从历史发展的角度看,没有继承就没有发展。理论创新不是一味否定,也不是一味趋新。在目前阶段,我们没有必要因为没有可以引进的新的外国译论而惶惑,也不要因为国际上暂时没有中国创立的什么学派而焦躁。我们需要的是不断反思自身,对我们所走过的路、所做过的努力进行反思,在对以往的理论的思考、批评与探索中发现新的价值并予以继承与发展。比如在目前阶段,对于中国文化如何"走出去"、如何发挥翻译的作用,我们就有可能结合"多元系统论"和西方的文化社会学理论,对中国文化的现实地位、译介心态和传播方式进行研究,提出自己的观点,形成某种译介与传播的理论,其发展前景和作用是不容小视的。在这方面,我们也做过一些探索,就中国文学"走出去",促进中外文化交流提出过看法和建议①,有了反响,有关部门做出过积极的回应。

3. 翻译研究的附属性和翻译研究与其他学科的互动性

Translation 一词,从词源看,有"转渡"的意思,用我们古人的话来说,"译即易"。说得宽泛一点,只要涉及精神层面的转移、转换活动,我们在广义上都可以用"翻译"来指代之。又因语言文化中的"转渡""变易"经常伴随着各个层面的冲突,时常会触及人类存在的一些根本问题,因此翻译活动在历史上总会引起一些富有洞察力、思维敏锐的思想家的关注。但我们在欣喜翻译活动重要性得到肯定的同时,也应认识到,很多学者谈论翻译的目的是醉翁之意不在酒,他们往往是借对翻译的思考来阐发自己的思想和观点,发展自己的理论。我们作为翻译研究者,应该具备翻译研究的独立意识,在注意吸收他们对翻译的深刻思考的成果的同时,防止把他们就翻译发表的论说或只言片语当作译学的体系性指南。从 30 多年来翻译研究的情况看,我们从哲学、语言学、文化学、文化社会学,甚至人

①　参见:高方,许钧. 现状、问题与建议——关于中国文学走出去的思考. 中国翻译,2010(6):5-9.

类学等种种思潮中吸收了不少养分,但我们发现,在不少情况下,他们对翻译的思考往往是其学科理论研究的副产品,在一定程度上,造成了翻译研究依赖于其他学科的附属性倾向。

翻译研究尽管在中西方都有相当的历史,但从学科角度来说,翻译学刚刚起步,早些年,将翻译研究归入语言学、比较文学领域的观点于我们并不陌生。近些年,对于研究的地位和归属,我们已经达成了比较明确的共识。那么对于研究方法呢? 谭载喜在 21 世纪之初出版的《翻译学》一书中提出了翻译研究的多种途径,包括文艺学途径、语言学途径、交际学途径、社会符号学途径和翻译学途径①。对于前面四个途径,我们今天已经很熟悉了,值得思考的是最后那个"翻译学途径"。谭载喜是这样定义的:"翻译学途径是一个综合性研究。它不仅综合上述各个途径的优点,同时还综合其他一切翻译研究途径的优点或特点。翻译学途径明确区分翻译和翻译研究,认为翻译本身只能是一种技术、一门艺术,绝不是科学;而有关翻译的那门学问却是科学,并且是一门不隶属于任何其他学科(包括语言学)的相对独立的综合性科学。……翻译学途径的主要特点,除高度的综合性之外,还有高度的描述性、开放性和灵活性。"②十年过去了,似乎这个翻译学途径并没有建立起来,但就我的理解,谭教授指出的这个翻译学途径,应该是指一种围绕翻译活动展开的跨学科研究途径。

实际上,早在 20 世纪 90 年代,就已有不少学者认识到了翻译研究的跨学科性质。例如穆雷在 1991 年指出:"翻译学从语言学、文艺学、交际学、符号学、人类文化学、思维科学、应用数学和计算机科学等社会科学与自然科学的角度,对翻译进行多层次、多角度、全方位、立体化的研究和探讨,形成一门综合性、交叉性的研究翻译的新的边缘学科。"③杨自俭指出:"翻译科学是一门跨学科的综合性很强的学科,它既不属于语言学,也不

---

① 谭载喜. 翻译学. 武汉:湖北教育出版社,2000:40.
② 谭载喜. 翻译学. 武汉:湖北教育出版社,2000:51.
③ 穆雷. 用模糊数学评价译文的进一步探讨. 外国语,1991(2):68.

属于文学或文艺学,而是一门独立的学科。"①申雨平也指出:"翻译已真正成了跨学科的研究领域……"②但是,如何真正有效地开展跨学科研究,保证翻译研究能在借助其他学科成果的同时保持自身的独立性,需要我们进行认真思考。国外有些学者探讨过跨学科研究方法,总结出"中心模式、多元模式和整合模式"③这三种模式。这些模式有各自的优势,中心模式强调本学科理论和方法的中心地位,多元模式强调问题的主导地位,整合模式强调多学科间的团结协作来解决同一个大问题。但它们也有各自的致命缺陷,假如本学科研究缺乏具有区别性特征的理论和方法,则很难采取中心模式,多元模式以问题为导向容易缺失系统性,整合模式综合各个学科却容易失却中心。

综合这几种模式的优劣,我觉得翻译研究必须具备跨学科意识,我们的翻译研究可能要有五点坚持:1)始终坚持翻译研究的中心地位,保持翻译研究的独立性。由于研究对象的特殊性,我们这个领域在建设中似乎总是不得不向其他学科借思想借方法。但正如我不断重申的那样,借来的方法必须是贴合翻译研究的,能为解决我们这个领域的问题服务,能加深我们对自身研究对象的认识,而不是用翻译现象去佐证其他学科的观点。2)坚持进一步明确翻译研究的对象,确立包括翻译基本问题、翻译史、翻译批评、翻译教学以及翻译技术等在内的基本稳定的研究框架和体系,促进各分支领域的发展。3)坚持培养问题意识,以问题为导向,从问题出发去探索理论。而不是反过来,为了理论而理论,为了方法而方法。失去问题意识,理论便有可能成为象牙塔内自娱自乐的文字游戏。4)面对同一个问题,坚持多角度多方法的研究原则,避免以偏概全、以一代多

---

① 杨自俭. 谈谈翻译科学的学科建设问题. 现代外语,1996(3):91.

② 申雨平.《描写性翻译研究内外》介绍. 外语教学与研究,1999(1):75.

③ Leeuwen, Theo Van. Three models of interdisciplinarity. In Ruth Wodak and Paul Chilton(eds.). *A New Agenda in (Critical) Discourse Analysis: Theory, Methodology and Interdisciplinarity*. Amsterdam/Philadelphia: John Benjamins Publishing Company, 2005: 3-18.

的倾向。方法和视角本身无所谓优劣,只要能够帮助我们认识问题、解决问题,那就是有价值的。5)在坚持研究独立性的同时,加强与其他人文学科的对话。近30年来,我们的研究取得了长足发展,但在整个人文学科中,我们实际上还是处于边缘地位,很多人对我们的研究不关心、不了解,更不重视,这在一定程度上影响了我们这一学科的建设和发展。加强对话对于我们自身有利,对于其他学科也未尝不是一件有益的事,因为处于我们视野中心的文化"差异""他者""碰撞""对话""补偿""相互丰富""文化多样性"等问题,关乎人类社会的多元发展,而翻译研究独特的跨文化视角,能为解决这些问题提供某种有益的途径。我认为,从长久的发展看,没有翻译研究的参与,这些与文化交流相关的问题将无法得到全面的认识。跨文化视角的形成以及跨文化语境下对话意识的培养,有可能使我们的研究为其他学科提供理论参照和借鉴,形成与其他学科的互动,增强翻译学科研究对其他学科的辐射性和影响力。

4. 翻译研究的探索性与对重大社会问题的关注

法国翻译理论家贝尔曼曾说过:"翻译是一种能够在思考中打开自身、(重新)理解自身的经验。更确切地说,从起源来看,作为一种经验,它本身就是一种思考。"①反思性、自省性内在于翻译活动本身,这一方面从源头解释了翻译理论与实践的关系,另一方面从深层次证实了实践不会也不能缺少理论或思考的维度。翻译的规定性研究与描述性研究,我们应该比较熟悉了。但是,对于翻译研究的探索性,我们以前往往比较关注其方法的层面。理论的探索,应该有历史的担当。我认为,对社会重大问题的关注,是凸显翻译研究探索性的有效途径。

综观中西方历史,大规模的翻译活动总是出现在每个重大历史转折点或危难时期。从西方来看,古罗马征服希腊一统西方的时期,15、16世纪的文艺复兴、宗教改革时期,18、19世纪的浪漫主义时期都是翻译活动

---

① Berman, Antoine. *La traduction et la lettre ou l'auberge du lointain*. Paris: Seuil, 1999: 16.

频繁的时期。从中国历史来看,我们曾经历了三次翻译高潮,分别是东汉至唐宋时期的佛经翻译、明末清初的科技翻译、五四运动时期的文学翻译,现在可以说是进入了空前繁荣的第四个翻译高潮,涉及互译的语种之多、领域之广都是前所未有的,翻译活动已渗透到人类精神生活的方方面面。对于这些现象之间的联系,我们已经做了一些探索。社会文化发展需要推动力,这一推动力,我们可以向传统寻求,也可以向外部寻求,而无论是传统的更新,还是外来文化和思想的引入,都离不开或狭义或广义的翻译;翻译活动往往处于文化交流,乃至宗教和社会变革的先锋地位,这在根本上决定了翻译与重大社会实践之间深刻的内在联系。

我想,翻译研究对历史与社会重大问题的关注和贡献可以从以下两个大的方面来考虑:一是从翻译史角度出发,对人类交流历史进行研究与探索。通过梳理某个国家某一重要时期的翻译现象、翻译主体活动和重大翻译事件,或通过考察某个具体译者或译本个案,从翻译活动兴起的原因、展开的模式、译介的内容等诸多层面入手,揭示某一国家某一特定历史时期的社会状况和精神面貌,加深我们对历史的了解和认识。这个工作我们已经开展了很多年,并取得了不少重要成果,应该继续深入下去。最近一个时期,中国学术界对"西学东渐"和"东学西传"问题非常关注,我认为翻译学界大有用武之地,无论是个案研究、断代研究或文本研究,中国学者所大力倡导的译介学将随着研究的深入焕发出越来越强盛的生命力。二是从翻译的本质和功能出发,考察翻译活动在整个社会历史变革中的地位,明确翻译活动的作用与使命。文化学派从这个意义上说的确为我们的研究打开了视野。历史上,翻译活动在很多地区和民族的语言文化形成与发展过程中起到了决定性的作用,《圣经》翻译对基督教的贡献,路德的翻译对德意志民族语言和思想的发展的贡献,我国"五四"时期的文学翻译对我们的语言、文学与文化的改造所做的贡献,大家都是再熟悉不过的。时至今日,一个国家内部的发展与国际地位的奠定很大程度上要依赖文化软实力,而文化软实力无论是输入还是输出,在我们看来首先是一个翻译问题。在我们这个时代,翻译活动出现了新的特点,翻译活动的走向有了新的变化,我们的社会开始特别关注中国文化与思想的对外译介,这为我们的翻译研究提供了前所未有的机遇,也提出了新的问题。我们应该从自己的视角和立场出发,争取发出更大的声音,对翻译活动及以此为依托的跨文化交流活动的机制进行探索,提出建议,促使决策者对跨文化交流中的各种影响因素有更为理性的理解,引导文化交流向更理智、更健康的方向发展,努力减小误读和误解,化解冲突,导向交流的平等对话和双赢结果。在目前阶段,中国对外文化交流空前活跃,也空前迫切。我们翻译研究界责无旁贷,应该在中华民族复兴的进程中,以我们实实在在的能力,做出我们应有的贡献。只有这样,翻译研究才有可能焕发新机,与时代同行,逐渐增强我们的研究的社会影响力。

在 20 世纪 90 年代,我曾经说过,我们有数千年悠久的翻译历史,我们的时代对翻译更有着广泛而深刻的要求,翻译活动涉及社会发展的各个方面,深刻影响着人类的精神生活和交流。对这样的活动进行研究,不可能是无源之本,其需要是内在的,其发展是可以期待的。

我在上面提出的一些想法可能有失片面,但我希望这些思考和想法能引起学界同行的关注,重视我们翻译研究界目前存在的问题和困惑,对译学未来的研究工作如何发展进行思考并提出积极的建议。

(本文系 2011 年 11 月在华东师范大学主办的"全球化语境下翻译与教学国际学术研讨会"上所做的主旨报告的文稿。)

语言多元、文化多样性与翻译的使命

2001 年 11 月,联合国教科文组织大会于巴黎通过了《世界文化多样性宣言》,该宣言的第六条明确指出:"[……]表达的自由、传媒的多元、语言的多元、艺术表现和科技知识的——包括数字形式的知识——平等分享,以及各种文化在使用各种表达与传播手段方面拥有机会,这是文化多样性的保证。"①近几年来,随着世界化进程的加快,面对经济一体化的强劲势头,关于维护"文化多样性"的呼声越来越高。联合国教科文组织发表的《世界文化多样性宣言》正是回应了这一呼声,将"文化多样性"的问题提高到事关世界各民族的相互交往、相互交流和世界和平建设的高度来认识。对于这一个重要的宣言,中国政府和法国政府以实际行动予以热烈响应,中法政府互办文化年就是一个旨在促进不同文化之间平等对话和交流、维护文化多样性的具有典范意义的创举。法国文化与传播部长让-雅克·阿亚贡在法国中国文化年开幕式上的讲话明确地表达了"法国坚决捍卫文化多样性"的立场,并指出:"中国加入文化政策国际网络,证明中国对文化问题的观点与法国一致。因此,中国支持联合国教科文组织通过关于文化多样性的公约。今年 12 月,亚欧会议将在北京举行,为我们继续探讨这一主题提供了机会。然而,我深知,要实现文化的多样性,仅有这些努力是不够的,我们还应该同时推进国家、地区和文化团体

---

① Oustinoff, Michaël. *La traduction*. Paris: Presses universitaires de France, 2003: 117.

间的文化交往。"①确实,维护文化多样性是一项十分艰巨的任务。而要维护文化多样性,"语言的多样性"是首要条件。问题是,不同民族之间的相互交流实际上存在着"语言的障碍",那么,既要克服语言的障碍,又要维护"语言的多样性"这一看似具有悖论的、事关维护文化多样性的重任,该如何承担呢?本文试图在世界化的语境下,从维护文化多样性的角度出发,就翻译的精神与使命做一思考与探讨。

一、文化多样性与语言多元

根据联合国教科文组织大会第三十一届会议上通过的《世界文化多样性宣言》,文化多样性是人类共同的遗产。宣言第一条明确指出:"文化在不同的时代和不同的地方具有各种不同的表现形式。这种多样性的具体表现是构成人类的各群体和各社会的特征所具有的独特性和多样化。文化多样性是交流、革新和创造的源泉,对人类来讲就像生物多样性对维持生态平衡那样必不可少。从这个意义上讲,文化多样性是人类的共同遗产,应当从当代人和子孙后代的利益考虑予以承认和肯定。"从第一条中,我们可以清楚地看到三点:首先,文化多样性是人类各群体和各社会的特征所具有的"独特性和多样化",反言之,抹杀或破坏了文化多样性,即抹杀或破坏了人类各群体和各社会的独特性;其次,文化多样性是"交流、革新和创造的源泉",进一步说,丧失了文化多样性,也就切断了人类各群体和各社会交流、革新和创造的源泉;再次,应从人类发展的角度把文化多样性当作人类共同遗产来加以维护。

对于文化多样性的问题,联合国前秘书长布托-加利先生有着非常深刻的思考。2002 年 5 月,加利先生访问南京大学,在接受南京大学名誉博士学位的仪式上,发表了题为《多语化与文化的多样性》的重要演讲。我

---

① 让-雅克·阿亚贡. 在法国中国文化年开幕式上的讲话. 李克勇,译. 法语学习,
2004(1):9.

们知道,加利先生于 1991 年底当选联合国第六任秘书长,在五年任期期间,不懈地致力于世界民主化和世界和平的伟大事业,为人类的发展做出了杰出贡献。基于他对世界化进程的清醒认识,他对文化多样性问题予以了特别的关注。他在演讲中从多个方面对世界化进程与文化多样性、文化多样性与语言多元、文化多样性与世界民主化、语言多样化与和平文化的关系做了透彻的分析。其中有三点特别重要。

第一,世界化进程对文化产生直接影响,有可能危及文化多样性。加利认为,世界化并不仅仅局限于商贸往来或信息交流方式的全球化。从"世界化"这个词的最广泛的含义来看,它首先对文化产生直接的影响,这种影响有时可能是非常危险的。他在演讲中这样说道:"也许,大家并不都知道,每两个星期就会有一种语言从世界上消失。随着这一语言的消失,与之相关的传统、创造、思考、历史和文化也都不复存在。是否应该将这种现象视为一种必然呢?是否应该认定世界化必然会导致语言与文化多样性的消亡呢?是否应该屈从于唯一一种语言的霸权呢?我的回答是:不!"①世界化的进程是历史发展的必然,它是不可避免和不可阻挡的。世界化进程积极的影响有目共睹,但其隐含的消极影响却有可能在人类的漠然与麻木中酿成人类的悲剧。在这里,加利把语言的问题提到了事关人类文化、历史的存亡的高度来加以认识。对于这一点,法国政府的认识也是极为清醒的,1999 年 9 月,法兰西共和国总理若斯潘访华,在访沪期间,法方邀请中文各界人士数十名在法国人设计的上海大剧院会面。在见面会上,笔者曾针对若斯潘总理在演讲中所强调的"文化价值"的问题,向他发问:"文化与语言密切相关,面对世界的'英语化'和全球经济的'一体化',法国政府何以维护法语的地位,又何以发扬光大法兰西文化?"他没有直接回答笔者提出的问题,而是做了一个原则性的思考:一个民族语言的丧失,就意味着这个民族文明的终结。任何一个维护民族文化价

---

① 布特罗斯-加利. 世界化的民主化进程. 张晓明,许钧,译. 南京:南京大学出版社,2003:163.

值的国家都不会听任自己的语言被英语所取代。而对世界来说,经济可以全球化,甚至货币也可以一体化,而文化则要鼓励多元化。若斯潘所代表的法国政府对于文化多样性的认识与加利的认识是完全一致的,与联合国教科文组织大会通过的《世界文化多样性宣言》的认识也是一致的。

那么,如何维护文化的多样性呢? 这便涉及加利提出的第二点,那就是:语言多元是维护文化多样性的一个基本条件。加利认为,语言多元与文化多样性是两个密切相连的概念。首先,语言和文化的多样性都是丰富的人类遗产中不可分割的一部分;其次,文化的多样性必须以语言的多元为基本条件。根据《世界人权宣言》第 27 条和联合国《经济、社会、文化权利国际公约》第 13 条和第 15 条,"每个人都应当能够用其选择的语言,特别是用自己的母语来表达自己的思想、进行创作和传播自己的作品"(参见《世界文化多样性宣言》第 5 条)。如果说语言的不断消亡为一种必然,在世界化的进程中任凭世界英语化,任凭一种种语言消亡,那么其结果,就是越来越多的民族将丧失选择自己的母语来表达自己的思考的权利,由此便有可能造成"语言的霸权"。

加利因此提出了第三点:世界的民主与和平有赖于语言的多元与文化的多元。他的这一观点是基于他对语言的正确认识。在他看来,"一门语言,它所反映的是一种文化和一种思维方式。说到底,它表达了一种世界观。如果我们听凭语言的单一化,那将导致一种新型的特权群体,即'话语'的特权群体的出现!"①为避免这一点,他强调数十万个决策者的世界必须是数十亿的地球居民共同参与的世界。而地球上的居民与他们的身份、文化和语言密不可分。要帮助他们相互接受各自的文化与语言,而不是像技术官僚那样,走单一的语言的捷径。就此而言,我们可以明确一点,那就是语言的单一化会导致语言霸权,语言霸权有可能危害国际关系的民主化。对此,加利明确指出:"只有在国际社会的各个权力层次都行

---

① 布特罗斯-加利. 世界化的民主化进程. 张晓明,许钧,译. 南京:南京大学出版社,2003:164.

动起来,只有保护语言和文化的多样性,国际关系的民主化才能得以实施。因为,正如一国之内的民主必须依托于多党合作,国与国之间的民主也同样必须依托于语言的多样性。就此而言,国际组织中的所有正式工作语言都必须得到切实的尊重,这是至关重要的。因为,如果所有国家都说同一种语言,按照同样的方式思维和行动的话,那么国际范围内极有形成一种极权制度的危险。"①至此,我们结合《世界文化多样性宣言》和加利的观点,在世界化的背景之下,对文化多样性的内涵、语言多元与文化多样性的关系,以及语言与文化多样对世界和平与民主的重要性,做了简要的阐述与分析。那么翻译在多元的语境之下,该如何定位? 应肩负怎样的使命呢?

二、文化多样性与翻译的精神及使命

翻译在多元文化的语境之下该如何定位? 这一问题实际上涉及何为翻译,即我们对翻译本质的认识。而翻译应肩负怎样的使命,则涉及翻译何为,即翻译应发挥怎样的作用。在上文中,通过对文化多样性和语言多元关系问题的讨论,我们也许可以获得重要的启示,有助于进一步加深我们对翻译的本质和翻译的使命的认识。

近四十年的翻译研究先后经历了"语言学转向"和"文化转向"。每一次转向都为我们全面理解翻译、认识翻译提供了一种新的可能。而在这两次转向中我们对"语言"与"文化"这两个概念有了更为深刻的理解,如在上文中加利所强调的,语言所反映的是一种文化和一种思维方式;说到底,语言表达了一种世界观。在这里,语言不再被看作是一种操作性的被动的工具,而是具有能动的创造作用。英国学者斯图尔特·霍尔在对当今社会的语言运作、文化表象和意指实践进行了深入研究的基础上,曾这

---

① 布特罗斯-加利. 世界化的民主化进程. 张小明,许钧,译. 南京:南京大学出版社,2003:164.

样指出:"如今,语言是具有特权的媒介,我们通过语言'理解'事物、生产和交流意义。我们只有通过共同进入语言才能共享意义。所以语言对于意义与文化是极为重要的,它总是被看作种种文化价值和意义的主要载体。"①在霍尔看来,语言是在一种文化中表达思想、观念和情感的"媒介"之一,经由语言的表征对意义生产过程至关重要,而"文化首先涉及一个社会或集团的成员间的意义生产和交换,即'意义的给予和获得'。说两群人属于同一种文化,等于说他们用差不多相同的方法解释世界,并能用彼此理解的方式表达他们自己,以及他们对世界的想法和感情。文化因而取决于其参与者用大致相似的方法对他们周围所发生的事作出富有意义的解释,并'理解'世界。"②通过加利和霍尔的观点,我们可以进一步认识到,语言与文化密不可分。如果说语言是种种文化价值和意义的主要载体,那么恰如加利所说,一门语言的消失,"与其相关的传统、创造、思想、历史和文化也都不复存在"。如果一门语言就是一种世界观,是文化构建与理解世界的一种方式,那么一门语言的消亡,便意味着使用这一语言的人们丧失了理解世界的自然方式,丧失了表达思想、进行交流的方式,这无异于其存在方式的丧失。正是在这个意义上,我们把语言的多样性和文化的多样性视作人类共同的遗产。维护一种语言的存在权,便意味着维护这一语言所承载的种种文化价值,意味着维护这一语言的人们表达思想、进行交流、创造文化、丰富人类文化的权利。

然而,当我们强调语言的多元的重要性的时候,我们同时意识到问题的另一面,那就是操不同语言的人们之间如何进行沟通与交流的问题。在这个问题上,人们曾经有过天真的想法:倘若天下共通一语,该为人类交流提供多大的方便呀!柴门霍夫当初创立世界语也许正是抱着这一善良、美好而天真的想法。可是,鉴于语言与文化之间的密切关系,鉴于语

① 斯图尔特·霍尔. 文化表象与意指实践. 徐克,陆兴华,译. "文化和传播译丛",周宪,许钧,主编. 北京:商务印书馆,2003:1.
② 斯图尔特·霍尔. 文化表象与意指实践. 徐克,陆兴华,译. "文化和传播译丛",周宪,许钧,主编. 北京:商务印书馆,2003:2.

言在人的思维与文化创造中所具有的重要作用,语言在文化价值的构建中往往具有某种"特权",于是,现实世界中不同的语言之间便构成了某种等级,事实上存在着强势语言与弱势语言之分。语言,便成了"斗争之场",语言不可避免地便充当意识形态与政治的同谋。著名的黑人女性主义理论家贝尔·胡克斯在《语言,斗争之场》一文中对语言和支配控制之间的关系进行了深刻的思考。她指出:"标准英语不是被逐者的言语。它是征服和统治支配的语言。在美国,它是一副面具,遮蔽了众多土语的丧失:形形色色的本土社群的声音,伽勒语(Gullah)、意第绪语(Yiddish),以及其他许多未被记住的土语,我们永远也听不到了。"①她认识到压迫者利用英语对她的伤害,认识到压迫者"如何将英语形塑为一个设定限制、作出界定的领域,如何使英语变成一种羞辱、作践、殖民的武器"②。胡克斯的这一观点也许过于激烈,但是,无论是从英语与美国境内的其他土著语言的实际关系看,还是从当今世界中英语与其他民族语言的关系看,我们都不能不警惕英语真的成为一种"羞辱、作践、殖民的武器"这一危害的出现。

在经济全球化、一体化进程不断加快的情况下,要充分注意到维护语言多元和文化多样性的重要性,为此,要特别警惕在中外文化交流中出现的某种特权语言和"文化霸权主义"的倾向。德里达认为,翻译就是"那在多种文化、多种民族之间,因此也是在边界处发生的东西",当他对欧洲中心主义权威、国家—民族权威进行质疑与解构时,首先遭遇的就是"翻译的问题"。没有在多种文化的接触、碰撞中起沟通作用的翻译,就无法保证世界各民族文化的共存、交融与发展。而目前,某些国家以强大的经济实力为基础,以经济利益为诱饵,在推动经济一体化的过程中,谋求强势文化的地位,甚至表现出十足的"文化霸权主义"。在这一方面,"英语"的

① 贝尔·胡克斯. 语言,斗争之场. 王昶,译//许宝强,袁伟. 语言与翻译的政治. 北京:中央编译出版社,2002:108.
② 贝尔·胡克斯. 语言,斗争之场. 王昶,译//许宝强,袁伟. 语言与翻译的政治. 北京:中央编译出版社,2002:101.

日益国际化看似为交流提供了某种便利,但实际上是在削弱着处在弱势地位的一些民族文化。殊不知一个民族语言的丧失,便意味着其文化的消亡。在全球化的进程中,我们不能以牺牲民族语言为代价,仅仅"用英语"去谋求与外部世界的交流。相反,在对外文化交流中,各国要坚持使用与发扬民族语言,同时,培养更多的翻译人才来满足日益频繁的国际交往。在这一方面,欧盟的做法有借鉴意义,经济可以一体化,货币也可以一体化,但为了维护文化的多样性,在各种交流中,欧盟鼓励各国使用自己的民族语言,其意义是深远的。多年来一直呼吁维护多元文化价值的欧盟诸国的翻译界,特别强调要充分发挥翻译在维护文化多样性方面所起的作用,是非常值得我们重视的。

警惕语言的单一化、维护语言的多元和文化的多样性,对国际关系的民主化和世界和平无疑是至关重要的。我们在上文已经谈到,联合国前秘书长加利非常看重多语化,是因为他把语言的多样性当作促进真正的和平文化的根本途径。当他得知笔者多年来一直从事翻译理论研究与翻译教学工作时,他认为这项工作极为重要,并欣然为笔者当时正在撰写的《翻译论》一书写下了这样一句话:"翻译有助于发展文化多样性,而文化多样性则有助于加强世界和平文化的建设。"加利的这句话,可以说是从跨文化交流的高度对翻译的使命做了本质的界定。正是在加利的这一思想的启迪下,笔者在《翻译论》一书中对翻译的本质、翻译的精神与翻译的使命做了更进一步的思考,现不揣冒昧,择要提出其中的几点,与同行一起探讨。

(1)翻译是一项跨文化的交流活动。翻译在世界文明进程中扮演着重要而独特的角色。社会的发展、文化的积累和丰富与文明的进步是紧密结合在一起的。就我们对翻译本质的认识而言,近30年来,随着翻译研究的不断发展,翻译文化意识的日益觉醒,人们对翻译的认识与理解也不断深入与提高。当翻译界渐渐达成共识,以"跨文化的交流活动"来对翻译进行定义时,也就意味着我们应该从文化的高度去认识翻译,去理解翻译。季羡林在为《中国翻译词典》所写的序言中明确指出:"只要语言文字不同,不管是在一个国家或民族(中华民族包括很多民族)内,还是在众多的国家或民族间,翻译都是必要的。否则思想就无法沟通,文化就难以交流,人类社会也就难以前进。"①基于这一认识,我们可以说,翻译是因人类相互交流的需要而生,从这个意义上说,寻求思想沟通,促进文化交流,便是翻译的目的或任务之所在。如果说翻译以克服语言的障碍、变更语言的形式为手段,以传达意义、达到理解、促进交流为目的,那么把翻译理解为一种人类跨文化的交流活动,应该说是一个正确的定位。从这一定位出发,我们便不难理解翻译在人类文化发展进程中所起的作用了。

(2)维护文化多样性,建设世界和平文化,需要翻译活动所体现的开放与交流的文化心态。人类的社会始终处于不断发展的状态之中,而人类社会越发展,越体现出一种开放与交流的精神。人类社会想要走出封闭的天地,首先必须与外界进行接触,以建立起交流的关系,向着相互理解、共同发展的目标前进。不同民族语言文化之间的交流,是一种需要。任何一个民族想发展,必须走出封闭的自我,不管你的文化有多么辉煌,多么伟大,都不可避免地要与其他文化进行交流,在不断的碰撞中,甚至冲突中,渐渐相互理解,相互交融。而在这样一个过程中,翻译始终起着重要的作用。无论是东方还是西方,一部翻译史,就是一部生动的人类社会的交流与发展史。社会发展到今天,随着全球经济一体化步伐的不断加快,世界各国间科技、经济、文化等领域的交流日渐频繁,对翻译的需要越来越多,翻译的重要性也日渐凸现。②

(3)在翻译活动中,要以平等的态度去善待各种不同的语言。从理论上讲,世界上的各种语言都具有同等的表达力,在这个意义上,我们也可以说,世界上的各种语言也都具有同等的翻译能力。奈达曾经提出,翻译中有些基本问题的产生,是由于人们对源语和译语抱有错误的观点。为了修正传统的观点,他提出了几条重要的原则:一是语言各有所长。每一

---

① 季羡林. 序//林煌天. 中国翻译词典. 武汉:湖北教育出版社,1997:1.

② 许钧. 翻译论. 武汉:湖北教育出版社,2003:200.

种语言都有独特的词法、语序、遣词造句方法、话语标记以及各种特殊的语言形式。每种语言也都有丰富的词汇以表达民族和文化的特征。二是各种语言具有同等表达力。但也必须看到,语言之间不存在完全一致的对等关系和对应关系,因此在翻译中不可能做到"绝对准确"的翻译。三是翻译必须尊重语言各自的特征。奈达认为,译语中如果出现某种缺陷,翻译者不应抱怨,而应尊重它的特征,尽可能地挖掘它的表达潜力。[①] 谭载喜对奈达提出的这几条原则给予了高度的评价,认为奈达"帮助创造了一种用新姿态对待不同语言的文化的气氛,以增进人类相互之间的语言交流和了解"[②]。在我们看来,奈达的这些观点,具有重要的启迪作用和指导价值。法国释意派理论创始人之一塞莱丝柯维奇虽然对奈达的翻译理论有过很多不同的看法,但在语言的翻译能力问题上,与奈达的意见是一致的。她曾在许多场合强调过她的看法:对世界上的任何一门语言来说,凡是能表达的,就是可翻译的。鉴于这几点,在翻译研究中,我们要特别关注影响翻译活动的各种因素,关注翻译活动与政治、与意识形态的关系,关注翻译活动在人类跨文化交流活动中所担当的角色。

(4)发扬翻译精神,勇敢地肩负起历史赋予翻译的使命。程章灿在《翻译时代与翻译精神》一文中指出:这是一个翻译的时代,在我们生活的几乎每一个角落,都能见到翻译的身影,网络技术更进一步将"地球村"中的众声喧哗以"同声传译"般的速度传送到我们的耳鼓。我们吸收着翻译带给我们的新思维和新知识,我们随着翻译而进入一个新的世界。在这个世界,翻译不仅是不同民族语言之间相互沟通理解的方式,也是不同文化和文明之间相互沟通理解的方式。[③] 就我们对翻译的理解,从本质上看,翻译的社会性重交流,翻译的文化性重传承,翻译的符号转换性重沟通,翻译的创造性重创造,而翻译的历史性重发展。交流、传承、沟通、创

---

① 参见:谭载喜. 新编奈达论翻译. 北京:中国对外翻译出版公司,1999:2-4.
② 谭载喜. 新编奈达论翻译. 北京:中国对外翻译出版公司,1999:XXII.
③ 程章灿. 翻译时代与翻译精神. 文汇读书周报,2004-06-18(9).

造与发展,这五个方面也恰好构成了翻译的本质价值所在,从某种意义上,它们也是翻译精神的体现。而发挥这一翻译精神,便有可能承担起加利所希望的"发展文化多样性,加强世界和平文化建设"的历史使命。

三、结　语

在世界化进程不断加快的今天,我们应该关注语言问题,从跨文化交流、国际关系民主化和世界和平文化建设的高度去认识语言的多元与文化多样性的关系,去理解翻译在当今世界所肩负的历史使命。

（本文系 2012 年 9 月 3 日于北京召开的首届"中法语言政策与规划国际研讨会"上所做的演讲的文稿。）

文化差异与翻译

中西文化,具有共性,也有各自的个性。从翻译的角度看,中西文化所具有的共性,如穆南在其《翻译的理论问题》中所说的"共相"[1],构成了翻译的可行性,或哲学意义上的可能性;而不同文化所特有的个性,则构成了翻译的必要性,但同时,又构成了翻译的重要障碍。我们所要探讨的是,面对不同文化的个性所构成的彼此之间的差异,应有何为? 如何为?

一

如若以非常超脱(超脱是公正的一个前提)的目光来看待人类文化,能否说它是一个整体,而各个民族的不同文化是人类共同文化的各个组成部分;各个民族独具个性的灿烂文化是多样化的,这种多样性正是人类文化丰富性的具体体现。然而,任何人都生活在一定的时间与空间里,无不受到时间、空间条件的限制,因此,如何看待异域的文化,便因人而异了。

如何对待异域文化,首先有个出发点的问题。不管哪个民族或哪个个人,在空间上无疑都会取自己所处的位置,作为视野的出发点。从这个意义上说,以"我"为中心,或以"我"为本的倾向就自然而然地成为一种主

---

[1] Mounin, George. *Les problèmes théoriques de la traducion*. Paris: Gallimard, 1963: 251-270.

要倾向。问题是人们能否意识到,这一倾向有可能带来的视野狭窄或其他危害。站在自己的位置上,以自己为中心,未必就一定会有危害。关键是目光不要只停留在自己的身上,目空一切,唯我独尊,周围的一切都附属于自己,或把敌视的目光投向周围,投向异域。世界是个整体,若只把自己视为世界的一部分,协调好自己与其他部分的关系,这时的目光自然就会有变化,就会有对异域的关注,就会有一种交流与沟通的需要和追求。1999 年在巴黎,法国著名汉学家艾田蒲先生曾与我谈到过世界文化的共存问题。他说,世界文化是由各具个性的各民族文化所组成的,具有世界目光的人或民族看到的是文化的多样性,而具有狭隘的民族主义目光的则只能看到差异,且以一种排斥的态度来对待这些差异。

若目空一切,唯我独尊,则差异势必被视作异端。若考察一下世界发展的历史,我们可以看到,这种现象是屡屡发生并存在的。如基督教内,凡不符合"正统"教义的思想、学说,皆被视为异端。在中世纪,对待非正统的教义、思想或学说,是诛,是灭。欧洲文化中心论者,也是把其他民族的文化看成是异端的。只有欧洲民族是文明的,其他民族都是"蛮族",19世纪初,这种观点在欧洲十分盛行。法国哲学家孔德就在《实证哲学教程》中明显表现了这种态度,他对欧洲以外的民族完全持排斥的观点:"我们的历史研究几乎只应该以人类的精华或先锋队(包括白色种族的大部分,即欧洲诸民族)为对象,而为了研究得更精确,特别是近代部分,甚至只应该以西欧各国人民为限。"[1]德国历史学家兰克"对西欧之外各民族,特别是东方各民族持鄙视态度"[2],他甚至断言:"历史教导我们说,有些民族完全没有能力谈文化……我相信从全人类的观点看来,人类的思想

① 转引自:张广智,张广勇. 史学,文化中的文化——文化视野中的西方史学. 杭州:浙江人民出版社,1990:59-60.
② 转引自:张广智,张广勇. 史学,文化中的文化——文化视野中的西方史学. 杭州:浙江人民出版社,1990:59-60.

……只是在伟大民族中历史地形成的。"①这些观点在我们今天看来,显然是可笑的。艾田蒲在他的文化比较巨著《中国之欧洲》②中对欧洲中心论,对排斥东方文化的极端观点进行了有力的驳斥,这里不拟赘述。但应该指出的是,在世界文化的接触、往来中,持欧洲中心论者还大有人在。

对待外国文化,有可能还会走上另一个极端,那就是一味崇拜外国的文化,看不到自己的长处,而渐渐丧失"自我"。这种情况在历史上也程度不同地发生过。

不同民族的文化之间具有差异性,这是不可否定的事实。按《辞海》的解释,所谓差异,就是"没有激化的矛盾"。毛泽东就说过:"世界上的每一差异中就已经包含着矛盾,差异就是矛盾。"③因此,承认世界不同民族文化之间的差异,就是承认它们之间所存在的尚未激化的矛盾。如何对待文化差异? 是激化矛盾,还是互通有无,互相尊重,平等对待? 这是个关键的问题。

翻译,是文化的媒人,起着不同文化交流的中介作用,就是我们经常说的"桥梁作用"。面对不同文化的差异,面对事实上存在的矛盾(对文化的共存而言,差异自然是个矛盾的因素),翻译首先需要解决的问题就是如何对待不同的文化。是偏向一方,以牺牲一方的利益为代价? 还是以不偏不倚的态度,努力促进沟通、交流? 在这项工作中,有三种态度需要克服:一是无视异域文化,二是轻视异域文化,三是仰视异域文化。第一、第二种态度是"不平等"的"唯我独尊"的傲慢态度,第三种有可能由"仰视"而发展成为"崇拜"。在中法文化交流史上,先后出现过这两种极端的倾向。就法国一方而言,曾经有过以伏尔泰为代表的对中国文化的狂热

---

① 转引自:张广智,张广勇. 史学,文化中的文化——文化视野中的西方史学. 杭州:浙江人民出版社,1990:59-60.
② 艾田蒲. 中国之欧洲(上、下卷). 许钧,钱林森,译. 郑州:河南人民出版社,1994:序言结语(代)和前言.
③ 毛泽东.毛泽东选集(第1卷). 北京:人民出版社,1968:282.

崇拜,也有过以孟德斯鸠的某些论点为发端的对中国文化的排斥思潮①。极端的排斥与盲目的仰慕都是不足取的。在翻译上,译者对不同文化的态度直接影响着他对具体作品的译介。最说明问题的是罗马人对希腊文化的译介。谭载喜在《西方翻译简史》一书中谈到,在公元前二世纪时,"罗马势力刚刚兴起,希腊文化依然高出一筹,或者说罗马文化才开始进入模仿希腊文化的阶段,希腊的作品被罗马的译者奉为至宝,因而在翻译中亦步亦趋,紧随原文,唯一的目的在于传达原文内容,照搬原文风格。比如恩尼乌斯所译欧里庇得斯的悲剧,普劳图斯和泰伦斯所译的希腊喜剧,都突出地反映了这种态度。随着时间的推移,罗马人意识到自己是胜利者,在军事上征服了希腊,于是以胜利者自居,一反以往的常态,不再把希腊作品视为至高无上的东西,而把它们当作一种可以由他们任意'宰割的'文学战利品"②。18 世纪后半个世纪,在中国的一些西方耶稣会士为了达到传播福音的目的,让中国皈依改宗,成为天主的臣民,并让欧洲人接受他们眼中的"中国形象",他们在译介中国的一些重要哲学和文化著作时,也采取了曲解的方法。《道德经》第十四章中有下面这段文字:"视之不见名曰夷,听之不闻名曰希,博之不得名曰微。此三者不可致诘,故混而为一。"钱德明神父是这样译介的:"仿佛可以看到而又不能看到的是'yi',能够看到而不能对着耳朵讲的就叫'hi',好像可以感觉到而又不能触摸的就叫'ouei',这三者如果细问是徒劳的,唯有理性可以告诉我们,它们合三为一,只不过是一个整体。"③艾田蒲指出,更为荒唐的是,钱德明"由此而获知《道德经》宣扬的是三位一体的教理,而'存在'的三个品性'yi、hi、ouei',显然构成了 Jehovah(耶和华)的名字"④。把老子所述的

_____

① 参见:艾田蒲. 中国之欧洲(下卷,第二十二章"仰慕中国者与排斥中国者"). 许钧,钱林森,译. 郑州:河南人民出版社,1994:338-352 及结论部分.

② 谭载喜. 西方翻译简史. 北京:商务印书馆,1991:22.

③ 艾田蒲. 中国之欧洲(上卷). 许钧,钱林森,译. 郑州:河南人民出版社,1994:193.

④ 艾田蒲. 中国之欧洲(上卷). 许钧,钱林森,译. 郑州:河南人民出版社,1994:193.

"道",翻译成为"天主"的属性,原因可能是多方面的,但不能排除西方耶稣会士对中国文化所持的态度带来的影响。在艾田蒲看来,西方耶稣会士所怀的明显的宗教、政治意图,以及他们的实用价值取向,决定了他们译介中国文化、接受中国文化的特殊方式,于是,曲解、变形,便是不可避免的。

二

对异域或异质文化,不同民族取何种态度,这不是本文考察的主要内容。我们所关心的是,翻译在异质文化的传达交流中,到底应起怎样的作用? 如何起积极的作用? 我们在上面谈到了译者态度的重要性,但这仅仅是主观的方面。客观上讲,从正确地对待异域文化,到真正认识、把握异域文化的真谛,领悟到其精髓,再以另一种语言去传达异域文化的真谛,是一个无比艰难的过程,其中有着难以克服的重重障碍。

从理论上讲,我们首先应该澄清这样一个问题:不同的文化之间是否可以进行沟通和交流? 乔治·穆南在《翻译的理论问题》一书中指出:"今日,人们都承认世界上存在着迥然不同的'文化'(或'文明'),这些不同的文化构成的不是相应数量的不同的'世界映象',而是相应数量的不同的真实'世界'。于是,便提出了这样的问题,那就是这些迥然不同的世界是否或能否相互理解(即相互传译);以及正如人们总结整个人类学与人类学思潮,并将其与洪堡特学派混为一谈时所提出的那样,就其'深层'而言,'一种文化对其他文化来说'是否是'不可渗透的'。"①对这个问题,我们可以从哲学上进行探讨,马克思主义的唯物辩证法和认识论做出的是肯定的回答。但是,就翻译而言,虽然人类不同文化的相互接触碰撞、相互认识、渐渐沟通是一个必然的过程,但不同质的东西进行交流,困难和

---

① Mounin, George. *Les problèmes théoriques de la traducion*. Paris: Gallimard, 1963:61-62.

障碍是客观存在的,曲解和误解是难免的。沃尔夫认为,"人类的思维结构中,存在着某些深刻的差异,这些差异阻隔了西方文化和异国文化";加拿大的维纳与达尔贝勒纳则注意到了不同语言对世界同一现实的不同切分,以及不同文化中缺乏相对应的指称方式给翻译所造成的障碍①。美国的尤金·奈达也指出了"一个'人种世界'向另一个世界转换造成的翻译障碍",如不同民族对同一现实存在着不同认识与不同指称而产生的障碍、一门语言在描述或传达另一个不同于它平常所描述的世界时所遇到的障碍。奈达把翻译中所遇到的文化层次的障碍分为五类——"生态、物质文化(广义上的各种技术以及人类通过工具与具体手段对世界采取的一切行动)、社会文化、宗教文化和语言文化"②。在这五个方面,翻译的障碍是明显的,作为翻译者,首先要清醒地认识到这些障碍的客观存在,继而要借助一切可行的手段,尽可能减少这些障碍对人类文化交流造成的阻隔。

　　无论是在生态、物质文化方面,还是在社会、宗教文化方面,我们确实可以看到,"我们这个独一无二的星球(包括其最广泛的地理区域)所提供的,远远不是一些普遍的概念。"③在生态文化领域,奈达曾注意到处于不同的地理位置的民族对季节这一概念的不同认识和理解,比如处于热带地区的玛雅只有旱、雨两个季节,对我们的四季概念就不甚理解,用玛雅语就难以传达。又如"无花果"这一植物,在玛雅生长的所谓无花果是一种野生的并不结果的植物,那怎么将通常所说的无花果译成玛雅语? 在物质文化领域,也同样存在着彼有我无或我有彼无的情况,现实事物的缺项导致语言命名的缺位。乔治·穆南曾经举法国的面包和奶酪为例,说

---

① Mounin，George. *Les problèmes théoriques de la traducion*. Paris：Gallimard，1963：61-62.

② Mounin，George. *Les problèmes théoriques de la traducion*. Paris：Gallimard，1963：61-62.

③ Mounin，George. *Les problèmes théoriques de la traducion*. Paris：Gallimard，1963：62.

明要将这些东西用饮食文化迥然而异的民族的语言来翻译是如何困难。在社会、宗教等领域,也会出现类似的障碍。中国对亲属的概念非常明确,对不同的直系亲属和旁系亲属的人员都有确切的指称,而法国,特别是当代法国则不同,亲属概念模糊,指称手段欠缺,给翻译造成的障碍是显而易见的。如我们在翻译普鲁斯特《追忆似水年华》的过程中,曾为理解书中人物的亲属关系、寻找确切的指称大伤脑筋。然而,我们却注意到了这样一个事实:随着时代的发展、人类交流往来的增多,世界越来越小,原先存在的地域阻隔越来越少,各种不同文化之间的接触机会也多了。不同文化的民族间的直接接触,自然给相互了解提供了机会,而不同文化与语言之间的接触和交流也必然为翻译的可行性创造新的机会。瞿秋白在给鲁迅的信中说道,"新的关系、新的现象、新的事物、新的观念"的不断出现,若要加以表现,"就差不多人人都要做'仓颉'。这就是说,要天天创造新的字眼,新的句法"①。这不仅是对翻译而言,也同样是对一个民族的语言而言。有了相互间的接触,就有了相互了解的可能,一旦认识了某种事物或思想,就有可能去寻找"新的字眼""新的句法"加以表达。如上文所说的玛雅人,一旦走出自己封闭的天地,接触到春、夏、秋、冬四季分明的气候,就有可能对季节这一概念有新的认识和理解,随着交往的增多和相互了解的需要,玛雅语中迟早会出现相应的语言手段来加以表现。又如法国的面包,在"文革"时期,我们的国门紧闭,国人对法国的面包了解不多,或者说根本没有见过,没有指称的必要,也就不可能去寻求指称的手段。但近十年来,随着中法经济交往的不断增多,法国面包渐渐打入中国市场,普通百姓渐渐认识了它,由于生活的需要,相应的指称手段便渐渐地被创造、被使用。正如乔治·穆南所认为的,难以传译的障碍也就慢慢被克服、被消除。在中外文化交流过程中,翻译一方面为交流起着桥梁的作用,另一方面又因交流的不断发展而不断增加传译的可能性。确实,对在民族的文化交流中起着沟通作用的翻译,我们要持辩证和发展的观

---

① 罗新璋. 翻译论集. 北京:商务印书馆,1984:22.

点。正如乔治·穆南在《翻译的理论问题》一书中所说的那样,比如"俄译法,20世纪60年代的水平已经远远超过18世纪60年代的水平。那时,第一部法俄词典尚未问世,两种文化与语言之间的接触甚为罕见。到了18世纪后期,两国之间的交往逐渐增多,每一次接触都为法俄翻译的可行性增加了一分,直至屠格涅夫、托尔斯泰在法国兴起,不断减少了两国文化背景之间的差异,语际转换之间产生的有关障碍也自然减少了"①。

三

翻译活动,就其具体操作形式而言,是不同语言的转换活动;而就其实质而言,是一项跨文化的交流活动。翻译活动从出现起,便与各民族之间的各种形式的交流往来结合在一起。没有交流,就没有翻译的必要;没有翻译,异语、异质文化之间就不可能有真正的交流。法国语言学家、德语文学和拉美文学翻译家安托瓦纳·贝尔曼在1984年出版的《异域的考验——德国浪漫主义时代文化与翻译》一书中,对翻译在异域文化交流中起死回生的作用以及翻译与文化交流的关系进行了考察与探讨。贝尔曼通过马丁·路德翻译《圣经》的实践过程,从文化的深层意义上阐明了翻译的有所为。他说:"路德翻译希伯来语《圣经》的过程,无疑也是德意志文学语言首次决定性的'自我确立过程'。"②在贝尔曼看来,路德的翻译,不仅促进了德意志文学的确立,也给了德意志文化以新的养分。德国哲学家、诗歌翻译家赫尔德清醒地认识到了异域文化对缺乏"文化根基"的德语愈来愈强的影响力,以及翻译对吸收异域文化所担当的重要的职责。他曾在《文学信札》中写道:"每当我徜徉于异国的园林,总想在那里摘下

---

① Mounin, George. *Les problèmes théoriques de la traducion*. Paris: Gallimard, 1963: 277.

② Berman, Antoine. *L'épreuve de l'étranger—Culture et traduction dans l'Allemagne romantique*. Paris: Gallimard, 1984: 47.

几朵鲜花献给我祖国的语言……"①德国文学巨匠歌德更是意识到了翻译在一个民族的文化发展中所处的特殊地位。1928 年,他就《托夸夫·塔索》的英译给卡莱尔(Carlyle)写信,他在信中明确提出,翻译活动中"原文和译文的关系"是"民族与民族之间的关系最为明确的写照"②。他还认为:"任何一个掌握并研究德语的人,都处在世界各民族竞相提供其物品的商场中,他起着翻译的作用,同时也在一定程度上丰富自己。因此,必须把每个译者都看作一个致力于促进世界精神交流,推进这一普遍性交流的中间人。不管人们认为翻译有着怎样的不足,但翻译活动仍不失为普遍性的世界交流市场上最为重大、最值得尊敬的任务之一。《古兰经》说:'上帝给了每个民族一个使用其语言的预言家,那么,对每个民族来说,任何一个译者都是一个预言家。'"③从歌德对翻译的论述中,我们可以得到这样一个启示:翻译的任务和地位,应该从世界文化交流这个大前提下去认识。翻译是一项跨文化的交流活动,同时,也是一个各民族间相互影响与作用的交流手段。那么,翻译在文化交流中到底应该如何承担起它的神圣的"预言家""中介人"的职责呢? 其核心问题何在呢? 也就是说翻译应该如何为呢?

钱锺书在《林纾的翻译》一书中明确地提出,文化交流的核心问题与翻译的目的紧密相连,也就是引进目标是"欧化"还是"汉化"。作为文化媒人的翻译是"传四夷及鸟兽之语"以作诱导、反逆,还是"移橘为枳,借体寄生,指鹿为马"? 翻译的"化""讹"的标准如何掌握? 翻译发挥何种作用,与翻译的目的是密不可分的。在历史发展和各民族文化交流的不同进程中,目的会有所不同,而目的不同,翻译的方法也就会有所改变。歌

---

① Berman, Antoine. *L'épreuve de l'étranger—Culture et traduction dans l'Allemagne romantique*. Paris: Gallimard, 1984: 66.

② Berman, Antoine. *L'épreuve de l'étranger—Culture et traduction dans l'Allemagne romantique*. Paris: Gallimard, 1984: 92.

③ Berman, Antoine. *L'épreuve de l'étranger—Culture et traduction dans l'Allemagne romantique*. Paris: Gallimard, 1984: 92-93.

德曾经谈到,在历史上大致有三种不同类型的翻译:第一种是为了了解外部世界,进行这类以了解外界、了解异域文化为目的的翻译,采取散文体是较好的方式。第二种翻译不仅仅是为了了解外界,还试图吸收外部世界的精神,将其溶入本民族的精神之中。这类翻译往往采取"纯模仿的方式",不仅注意吸收外国的情感、思想,还吸收外国的新词语、新形式。还有一种翻译是以合二为一为目的,试图使译文与原文完全一致,甚至彻底地相互替代。① 从翻译上看,第一、第二类翻译是实在存在的,而歌德所说的第三类翻译恐怕难以存在,因为一旦出现可以完全相互替代的原文与译文,也许翻译就没有必要存在了。或许歌德所说的第三种翻译就是钱锺书所说的"好译本":"好译本的作用是消灭自己,它把我们向原作过渡,而我们读到了原作,马上掷开了译本。"②实际上,上面所提到的三种翻译方式与翻译目的及译语与源语之间的关系有关。在我看来,翻译的最关键的问题,是如何处理好"异"与"同"及"他"与"我"的关系。综观中外翻译史,以纯粹介绍为目的的翻译往往有保存自我、牺牲他人的倾向,反之,"以吸收为目的的翻译则一般采用先引进后消化的'较为生硬'的方式,因此往往暂时'牺牲自我',通过接收、消化,最终'丰富自己'"③。

四

我们常说,共有的东西无所谓交流,相异的东西才有交流的必要。不同民族文化的差异,既构成了人类文化交流的必要性,同时也构成了交流的障碍。在上面,我们说过,差异就是矛盾。翻译作为文化媒人,套用钱锺书的话说,要尽力去缔造各民族之间的"文化姻缘",要缔结"国与国之

---

① Berman, Antoine. *L'épreuve de l'étranger—Culture et traduction dans l'Allemagne romantique*. Paris: Gallimard, 1984: 95-96.

② 钱锺书. 钱锺书论学文选(第六卷). 舒展,选编. 广州:花城出版社,1990:108.

③ 参见:许钧. 文学翻译与世界文学——歌德对翻译的思考及论述. 中国翻译,1991(4):23.

间唯一的较少反目、吵嘴、分手挥拳等危险的'姻缘'"①。而要做好这一点，化解各民族之间的矛盾，在差异中看到世界文化的多样性，从多样性中得到丰富自己的养分，译者有七大忌：

一忌以傲慢的态度去对待差异，不尊重异域文化，随意"宰割"，任意侵犯，这是文化的霸权主义；

二忌"自信有点铁成金、以石攻玉或移橘为枳的义务和权利，把翻译变成借体寄生、东鳞西爪的写作"②；

三忌不负责任的异想天开，无中生有，指鹿为马，以所谓的创造之名，行偏离之实；

四忌唯原文是尊，忘却翻译的"沟通"职责，对原文亦步亦趋，不越雷池一步，不考虑译语文化的接受能力和消化能力，"输血"不成，反致"溶血"；

五忌目光短浅，视野狭窄，不识异质文化之真谛，浅尝辄止，错以糟粕为精华，在无谓的冲突中，牺牲译语文化的利益；

六忌翻译为万能，不承认障碍，不承认差异，不认识文化翻译"异"中有"同"，"同"中有"异"，有时需要做出牺牲，进行调和、折中的特殊性，一味地追求所谓的"等值"；

七忌拜倒在源语文化脚下，不顾译语读者的文化背景、审美情趣和要求，以所谓的"愚忠"，反起离间读者的副作用，隔断了交流的机会。

许崇信先生在《文化交流与翻译》一文中指出："把一种异质的文化倒转过来，通过翻译进入另一种文化，这中间不能没有距离，不能没有冲突。文化冲突只能在文化交流中获得统一，也就是说，从互不理解到能够理解以至充分理解，从巨大差异到缩短距离，这中间充满矛盾，而要克服矛盾，有时要付出代价，甚至高昂的代价。"③翻译是跨文化的交流活动，是国际

---

① 钱锺书. 钱锺书论学文选(第六卷). 舒展，选编. 广州：花城出版社，1990：108.
② 钱锺书. 钱锺书论学文选(第六卷). 舒展，选编. 广州：花城出版社，1990：114.
③ 许崇信. 文化交流与翻译//杜承南，文军. 中国当代翻译百论. 重庆：重庆大学出版社，1994：105.

交往的一个重要方面,今年 4 月份在南京大学召开国际学术讨论会,议题是"文化:中西对话中的差异与共存",这倒使我想起了国际生活和平共处的五项原则:互相尊重主权和领土完整、互不侵犯、互不干涉内政、平等互利、和平共处。依我看,这五项原则的精神也同样适用于承担着促进交流和沟通的神圣任务的翻译工作。

(本文系 2009 年 9 月在韩国高丽大学主办的"翻译批评国际研讨会"上所做的演讲的文稿。)

尊重、交流与沟通

——多元文化语境下的翻译

在 20 世纪下半叶的翻译研究中,有两大转向,一是语言学转向,二是文化转向。这两种转向不仅仅出现在翻译研究领域,也是许多人文社会科学研究共有的特征。目前,人们对翻译之于文化交流和传播所起的作用越来越重视,与之相关的研究不断拓展。在对翻译历史的考察和研究中,人们已经不满足于仅记载译事和译家们个人的功绩,而是把目光投向翻译所承载的使命,把译事与译家置于各民族文化交流的大背景中进行考察。

在人类各民族文化的交流中,翻译所承担的任务是巨大的。若把翻译放在人类文化交流的大背景中去进行考察,那就可以非常清楚地看到,翻译绝不仅仅是文字符号的简单转换,它涉及文化交流的方方面面:文字积淀的文化价值、文本所置身的文化土壤、文本转换所涉及的出发语文化与目的语文化之间的关系等。在这里,我想结合中西翻译史中的一些例子,探讨译者和译者所属民族的文化立场对翻译所起的影响,进而对全球多元文化语境下的翻译应奉行的基本原则提出一些看法。

一

安德烈·勒菲弗尔在《西方翻译史源流》①一文中提出了翻译活动中

---

① Lefevere, André. Translation: Its Genealogy in the West. In Bassnett, Susan & Lefevere, André (eds.). *Translation, History and Culture*. New York: Cassell, 1995: 14-28.

起着影响作用的三个重要的方面:权威、专业知识和信任。在他看来,翻译的最大作用在于在另一种语言中创造形象,如史达尔夫人所说,翻译"对文学最大的贡献就是把人类精神的巨著从一种语言搬到另一种语言"。

就权威而言,这涉及所译著作所属的文化地位和译者及译者所属民族的文化立场。一个译者,面对不同的文化,面对不同的作品,具有不同的态度和不同的立场。而态度与立场的不同,所采取的翻译方法必然有别。安德烈·勒菲弗尔提到了赫尔德在《德国近代文学杂谈》中的一段话,很能说明问题:

> "法国人自负天生有品味,把所有的东西都按他们的口味改动,而不是改变自己来适应不同时代的品味,荷马来法国一定会像个俘虏,一定要穿法国的时装,以免刺法国人的眼。他一定要任由他们刮掉他那古色古香的胡子,剥去他那身古朴的衣服。他一定要适应法国人的风俗,但是他乡下人的粗鲁仍然令他像野蛮人。但是我们,可怜的德国人,仍然没有祖国,没有读者大众,在民族品味方面仍然没有暴君统治,我们想看看荷马那个时代的样子。"[①]

赫尔德在这儿揭示了不同民族的译者的不同翻译态度,或者确切地说,对不同民族文化的翻译心态与做法。法国人以自我为中心,具有文化的优越感,在翻译外国文学作品中,往往强调自己的文化特色、自己的文化品味,喜欢对外来文学作品进行一番"改造"。而且往往冠冕堂皇,打出"读者"的旗号。这方面,我们似乎可以看到不少例子。

在 17 世纪初期和中期,德·阿布朗古尔开"不忠的美人"之先河,其实质就是任意改变原作形象,让其披上法国贵族所喜爱、欣赏的外衣。表现在文字上,就是一味追求华美与俏丽;在内容的处理上,就是任意删去

---

① 参见:安德烈·勒菲弗尔. 西方翻译史源流. 陈韵琴,朱志瑜,译. 外语与翻译, 2000(3):28-36. 译文与安托瓦纳·贝尔曼《异的考验——德国浪漫主义时代文化与翻译》一书的引文有个别出入,笔者根据原文做了修订。

原作中他认为庸俗的文字。在翻译吕西安的《真正的故事》时,他曾经非常明确地在序中表示:"书中那些庸俗不堪的段落,我全已删去,过于露骨的文字,也在多处做了委婉的处理……更不用说书中那些老掉牙的古老寓言,以及早已过去的成语、典故和比喻,即便对作者的后代来说,这些文字今日恐怕也会起到完全相反的效果,因目的是要让人喜欢,而不是要炫耀博学。"他在序中还说:"我并不时时都完全忠实原作者的语言,也不完全忠实原作者的思想,我只是按其宗旨,以我们今日的方式和装饰来处理。"①德·阿布朗古尔的翻译策略和方法影响了他同时代的翻译家,如沃日拉"花了 30 年时间修改他翻译的库尔提乌的作品,为的是使其语言风格高雅绝伦"。有一位叫佩兰的天主教徒在 1648 年译了维吉尔的《伊尼特》,对译本的风格感到洋洋自得,在序言中竟自称给"《伊尼特》穿上了法国骑士的衣裳,配上了华丽的羽毛和金银"②。

上面的例子绝不是孤立的,"不忠的美人",对所译作品的删改和依据目的语文化加以修饰的状况在法国的 17 世纪相当盛行,形成了一种风气。除了历史的原因之外,法兰西民族的文化立场和接受心态不能不说是一个根本的原因。在 20 世纪下半叶,当世界文化呈现出多样化、交流与融合的呼声不断高涨的时代,法国在翻译外国文学作品,特别是东方民族的文学时,其心态依旧是完全"以我为中心"的。对所译作品的随意删修、美化、修饰的情况常有发生。连博尔赫斯这样的大作家在法国翻译家的笔下,也难逃脱被过分"法兰西化"的厄运。据拉美文学研究专家、《博尔赫斯全集》中译本主编林一安先生介绍,《博尔赫斯全集》的法译本对原著有不少"加工"。博尔赫斯的夫人玛丽亚·儿玉女士十分不满,多次与出版《博尔赫斯全集》法译本的出版社交涉,要求重译有关篇目,不然将诉诸法律。就我们所掌握的材料,在对当代中国文学的译介中,法译本中存

---

① Ballard, Michel. *De Cicéron à Benjamin: traducteurs, traductions, réflexions*. Lille: Presses Universitaires de Lille, 1995: 172.

② 谭载喜. 西方翻译简史. 北京:商务印书馆,1991:111.

在着相当严重的"法兰西化"倾向。对这一问题,我们在此不拟赘言,将另文探讨。

在诗歌翻译中,庞德与菲茨杰拉德是两个"创造性"译家的代表,尤其在中国翻译界,谈及庞德与菲茨杰拉德对中国诗的英译时,对他们的翻译成就和翻译方法是颇为欣赏的。但殊不知在他们对中国诗的改造背后,有着对所译文化的不恭及随意处置心理。勒菲弗尔以菲茨杰拉德为例,揭露了这样一个事实:菲茨杰拉德给他的朋友科维尔(E. B. Cowell)的信中,谈到了他翻译波斯诗歌时的心理:"完全随意地翻译这些波斯人的诗歌,给我很多乐趣,(我想)他们不是令译者却步的大诗人,而且确实需要一点艺术加工。"①在这句话中,我们看到的是译者与波斯诗人之间的关系。在菲茨杰拉德看来,他所译的波斯诗人并不能令他却步,意思中含有这样一层:诗人并不值得他崇敬。不仅如此,菲茨杰拉德还认为诗歌并不完美,需要加工。于是译者菲茨杰拉德便有理由对原作随意翻译。这种对原作者、对原作的心态,看似是译者与作者的关系,可勒菲弗尔却认为这种翻译心态反映了译者心里对两个文化——出发语文化与目的语文化——的权衡。他一针见血地指出:"显然,如果菲茨杰拉德翻译希腊和罗马作家,就绝不会这么随意,也是因为有无数的专家在看着他。维多利亚时代的英国把自己当作中心,而菲茨杰拉德翻译的文化对英国来说,又绝不是中心,于是他可以随意地翻译。"②

以勒菲弗尔的观点来考察我国的翻译,我们不难发现,不同的文化心态会导致不同的翻译方法。回顾一个世纪以来中国的翻译历史,我们也许可以用鲁迅的"拿来主义"和毛泽东的批判、吸收、"洋为中用"的两种不同方针来概括我们对外来文化的态度和在翻译中所采取的文化策略与具体方法。

---

① 安德烈·勒菲弗尔. 西方翻译史源流. 陈韵琴,朱志瑜,译. 外语与翻译,2000 (3):30.

② 安德烈·勒菲弗尔. 西方翻译史源流. 陈韵琴,朱志瑜,译. 外语与翻译,2000 (3):30-31.

鲁迅提倡拿来主义，是基于他的一种文化立场，或者说，是基于他对中国文化的一种认识："我们的文化落后，无可讳言，创作力当然也不及洋鬼子，作品的比较的薄弱，是势所必至的，而且又不能不时时取法于外国。所以翻译和创作，应该一同提倡，决不可压抑了一面，使创作成为一时的骄子，反因容纵而脆弱起来。"①他认为："注重翻译，以作借镜其实也就是催进和鼓励着创作。"②鲁迅提出要吸收外国的东西，把它们拿来，目的是非常明确的。在他与瞿秋白关于翻译的通信中，谈到了他对中国古文的看法，提出通过翻译，输入新的内容，输入新的表现法。正是基于这样的认识，他主张"直译"，主张"陆续吃一点苦，装进异样的句法去，古的，外省外府的，外国的"，以改善"中国的文或话"的词不达意和不缜密。③ 读鲁迅的译文，比如他译的《死魂灵》，还有《铁流》等，可以明确地看到他以异的文化、异的句法、异的表现法来改造，"催进"中国文化、文字和创作的努力。可以说，他的"拿来主义"主张，决定了他对外国文化的态度，也取决于他对中国文化的认识。在"异"与"我"之间，他采取的是"扬异"而"善我"的立场，也反映了他对异文化的一种开放而包容的心态与气魄。

毛泽东的"洋为中用"，是新中国成立后"以我为主"这一立场基础上的对待异国文化的原则。"洋为中用"与"古为今用"互为映照，以"去其糟粕，取其精华"为前提。在这一原则下，对外国文化的选择与翻译，都体现了一种"以我为中心"的心态。选择的标准、翻译的方法，都以我为主，具体表现为：在翻译中，意识形态和政治权威左右着翻译的取与舍。在新中国成立后相当长的一个时期内，我们对外国文化的认识基本上没有摆脱这样的一个二元对立：凡资本主义的都是腐朽的，凡社会主义的都是先进的。于是，对待腐朽的资本主义国家的文学文化，我们采取的是一种拒绝或改造的心理。表现在翻译上，就是对西方的文化、文学少有译介，即使

① 转引自：罗新璋. 翻译论集. 北京：商务印书馆,1984:288-289.

② 转引自：罗新璋. 翻译论集. 北京：商务印书馆,1984:289.

③ 转引自：罗新璋. 翻译论集. 北京：商务印书馆,1984:276.

译介,也是持批判的态度,于是删改不可避免,译本归化严重。到了20世纪80年代,开放的改革精神影响了翻译的文化心态,对待西方文化的态度也随之发生了变化,对西方文学的译介在方法上也发生了变化:删节的少了,要求原汁原味的多了。对异质文化的尊重,促进了交流,也为相互认识、相互理解减少了冲突,这给沟通提供了必要的条件。

二

不同文化的相互了解,互为尊重,互为补充,以达到人类心灵的沟通,应该是多元文化语境下的一种理想追求。翻译在其中可起的作用无疑是非常重要的。那么如何发挥翻译在多元文化语境交流中的作用呢?

首先,我们应该明确认识到,任何一个国家,任何一个民族,其文化要发展,就不能不与其他民族文化交流。封闭与阻塞只能导致民族文化的贫乏化和枯萎,只有交流,才会带来生机与发展。季羡林先生充分认识到外来文化对中华文明发展所起的作用。他在《翻译的作用大矣哉》中特别指出:"中国文化之所以能长葆青春,万应灵药就是翻译。"①美国历史学家赖肖尔也持同样的观点,他说:"任何国家的文明,来自外来影响的产物总是多于本国的发明创造。如果有人要把英国文化中任何受外国影响或源于外国的东西剔除掉,那么,英国文化就所剩无几了。"②而翻译,在一定意义上说,是不同语言、民族之间进行文化交流的首要保证。

为了交流而有了翻译,而翻译促进了交流。翻译这一基本的跨文化交流活动的本质,要求翻译要以促进交流为己任。如此看来,翻译异国文化,就其根本任务而言,是为了吸收。而我们在翻译实践中,若完全"以我为中心",随意删改或改造原作,岂不是从根本上违背了翻译的宗旨与任务?

但我们也不能不承认存在着这样一个事实:对于外来文化,对于外国

---

① 参见:林煌天. 中国翻译词典. 武汉:湖北教育出版社,1997:序.

② 转引自:郭建中. 当代美国翻译理论. 武汉:湖北教育出版社,2000:143-144.

语言中的新表现法、新结构,对接受者文化和接受者语言来说,会出现某种程度的"反抗"或"冲突"。"异质"文化的输入,与接受者文化之间产生冲突,原因是多种多样的,但最主要的是价值系统不一致。这里,就有一个如何评价所翻译文化的价值的问题,涉及伦理、道德、意识形态和生活习惯诸多方面。就翻译原则而言,既然是为了促进交流,那面对异质的文化,面对异的思维方式、异的风俗习惯、异的语言表现法,首先应该以一种平等的心态去接受,以尊重为原则,而翻译若以尊重为第一原则,则会采取一种客观的、宽容的或开放的心态去尽可能将异质的一面传达到接受语中。法国翻译理论家安托瓦纳·贝尔曼在 1984 年写过一部论著,题目叫《异的考验》,副标题为"德国浪漫主义时代文化与翻译",探讨的就是在德国浪漫主义时代翻译与文化的关系,其中着重探讨了德国对异质文学文化的接受心态与翻译取舍。贝尔曼在考察 19 世纪前后德意志民族文化的发展过程中,翻译介乎两种或多种文化之间所起的作用时,对歌德的翻译思想进行了探讨。歌德认为,若从世界各民族及文化交流这一大背景出发去考察翻译,那么翻译的任务和地位便可明确。他提出了翻译三类型说,认为在各民族文化交流的不同阶段,会有不同的翻译方法。第一阶段是为了了解异域文化,以简洁明了的散文体方式翻译是最佳方式。第二阶段以吸收异域文化的精神,努力将其融入本民族文化为目的,以"模仿"翻译为常用方法。若民族之间相互十分了解并交流广泛时,翻译则可发展到与原文一致、相互替代的境界。①

在对异民族、异文化的了解与交流过程中,出发语与目的语、出发语文化与目的语文化之间始终存在着相互的考验。若以开放的心态接受出发语与出发语文化,大量的异语异文化成分进入目的语和目的语文化中,对后者而言,必然会形成一种考验。这种考验是多方位的,它可涉及民族文化精神的方方面面。在这种状况下,翻译应该清醒地明确自己的任务,吸收异文化,不是为了扼杀民族文化;同样,吸收异语的新的表现法、新结

① 参见:许钧,袁筱一. 当代法国翻译理论. 武汉:湖北教育出版社,2001:259-260.

构,不是为了丧失母语的纯洁与本色。正如赫尔德所说:"学习异族语言并不意味着忘本,周游列国也并不是想彻底改变自身的风俗习惯。"①面对异语异文化的考验,开放的心态与不丧失自我的立场是保证达到翻译目的、完成翻译使命的相辅相成的两个原则。反过来,对异语与异文化而言,它们在进入目的语与目的语文化时,也经历着考验,这种考验往往是双重的:一是在翻译的考验中,要看自身是否真正具有交流的价值,是否有新的东西。凡是无价值的,凡对目的语与目的语文化不能带来新的东西的,就经受不起目的语与目的语文化的考验。二是在翻译过程中,若不顾目的语和目的语文化的利益,盲目地野蛮"侵犯",如大量外来词的涌入,句法结构的照搬,隐喻、成语、俗语的硬译等,都会招致目的语的反抗。在相互的考验中,这也就给多元文化语境下的翻译提出了第二个原则,那就是在平等的基础上,互通有无,达到互利。

要互通有无,达到互利,那就应该有这样一个共识:翻译所要达到的交流应该是双向的流动。孙歌在《翻译的思想》一文中,谈到了日本江户时代的著名儒学家荻生徂徕(1666—1728)是如何"把翻译问题从简单的工具层面提高为文化冲突和文化转型层面来认识的"。徂徕"一方面通过真正的汉籍日译使得日本人区别中国与中国的文化差异,另一方面又通过消解翻译而进入圣人的语境。"②就我的理解,翻译不仅仅是一个技术层面的问题。在上文所探讨的双重考验中,译者首先要尽力达到的,一是认识差异,了解差异,二是在传译差异的过程中,要尽可能将差异融入接受语大语境、融入接受语文化中去,真正达到吸收出发语文化与丰富目的语文化的目的。

---

① 参见:安托瓦纳·贝尔曼. 异的考验——德国浪漫主义时代文化与翻译. 巴黎:伽利玛出版社,1984:66.
② 参见:孙歌. 翻译的思想. 中华读书报,1997-07-09.

三

在异的考验中,对多文化语境下的翻译而言,我们注意到自 20 世纪 80 年代后期以来,发生了翻译观念的转变。若考察西方翻译史,我们不难看到,具有文化优越感的民族在翻译中往往奉行两种不同的翻译策略,译入时"求同",采取归化的手法,译出时"存异",采取异化的方法。在"求同"与"存异"的两极,存在着某种殖民主义的心态。译入时的"归化"是一种掠夺,把出发语当作文化战利品来任加篡改。① 译出时的"异化"则构成了一种"侵犯",形成了对目的语与目的语文化的一种"殖民化"。进入 20 世纪 90 年代,不少翻译学者渐渐认识到,翻译观念与翻译原则在多文化语境下应该有所改变。美籍意大利学者劳伦斯·韦努蒂认为,要从文化交流的高度去看待翻译方法问题。在归化与异化两种翻译方法中,归化对英美文化而言,实际上已成为一种文化扩张的手法,是"以英美文化的规范、价值观和美学观为标准来归化外国文本与外国文化,表现了英美的民族中心主义"②。韦努蒂特别指出:"当译语是当代英语的时候,流畅译法就支持了拥有霸权的英语系国家(尤其是美国),也支持了它们与有异于它们的欧洲、非洲、亚洲和中南美洲国家之间极不平等的文化交流。"③由此可以看到,翻译的方法不是一个简单的技巧问题,它涉及翻译所承担的神圣使命是否真正得以完成的根本问题。这就要求我们,在翻译中要把翻译方法与技巧置于历史与文化的高度来认识。而我们将翻译置于多元文化的语境下来加以探讨,其意义也正在于此。

(本文系 2009 年 9 月在韩国文学翻译院主办的"国际翻译家论坛"上所做的演讲的文稿。)

---

① 参见:谭载喜. 西方翻译简史. 北京:商务印书馆,1991 年。
② 郭建中. 当代美国翻译理论. 武汉:湖北教育出版社,1997:198.
③ 陈德鸿,张南峰. 西方翻译理论精选. 香港:香港城市大学出版社,2000:241.

下　编

意识、视野、判断力与思想

——译道行之回顾与反思

尊敬的金会长,尊敬的各位同仁:

听了金教授精心撰写、黄教授深情宣读的赞词,我被深深地感动了,这是对我人生的肯定,对我精神的升华,更是对我在译道上继续前行的鼓励与鞭策。感谢香港翻译学会,感谢各位师长同仁。今天我想借此机会,对我的翻译与翻译研究之路做一回顾与反思。

如果从1975年大学毕业留校任教开始算起,我的教学与科研之路已经走过足足30个年头了。大学毕业后的这30年里,我还有不少学习深造的机会,如到法国布列塔尼大学学习(1976—1978年),先后到南京大学(1975—1976年)和北京外国语学院(1980年)教师进修班进修,后又到南京大学法语专业读研究生(1985—1988年)。这些学习和进修的经历对于我从事教学与科研工作无疑是非常重要的。确切地说,我的教学与科研之路真正开始于法国留学归来的1978年,那时是在解放军外国语学院任教,此后七八年时间里教的是法语本科学生的精读,一至四年级都教过,教学之余研读的主要是法语语言学著作,做的也主要是法语研究。直到1985年,我有幸师从南京大学陈宗宝教授攻读翻译理论与实践方向的硕士研究生,把学习与研究的兴趣转向了翻译理论,真正步入了我的译道行:做翻译、教翻译和研究翻译,三位一体。译道漫漫,于我是一种求真求美的心路历程,有过思考和探索的彷徨与痛苦,也有过顿悟和收获的惊喜与欢乐,在彷徨与惊喜、痛苦与欢乐之中,一步一个脚印地不懈前行。如今感谢各位给予我一个机会,回过头来看一看自己所走的路,对自己的译道行加以回顾与反思,其中有的经验也许可以与外语界和翻译界的同行和朋友一起分享。下面我想主要结合自己的教学与研究经历,谈谈我对科研工作,特别是翻译和翻译研究的一些粗浅的体会。

一、意　识

谈到意识,我们自然会想到时下谈研究时经常提及的"问题意识"。做科研,问题意识当然非常重要,但回顾自己所走过的路,我感觉到在不同的人生阶段,"意识"这个词所涉及的范围是不同的。就其根本而言,意识是告别盲目走向自觉的重要一步。通俗地说,有意识,就是要有心,做一个有心人。

一开始,我并没有做学问做研究、发现问题探索问题的强烈的意识。最早萌发的只是一种整理与总结的意识,得益于在法国留学时上的一门语法课,授课的是阿莱尔教授,她教语法,讲的不是条条框框和规则,而是根据当代法国文学作品和报纸杂志的文章提供的鲜活的语言材料,引出某个重要的语法现象,结合具体语境总结新的用法,探讨其发展的趋势。上这种课,把枯燥的语法讲授变成了生动的语法现象的讨论,我的兴趣因此大增,本来特别讨厌做课堂笔记的我,竟然完全变了一个人,恨不得把课堂上老师讲的、同学一起讨论的内容全记下来。课堂上当然记不全,于是每堂课下来,我总是抓紧时间结合课堂上发的材料、老师的讲解和同学的讨论,把有关的语法现象的典型用法和特殊用法整理出来,弄不明白的地方再去问老师、查资料、看语法书,尽可能弄清楚来龙去脉,在此基础上,根据自己的理解,再进行归纳与总结。一个学期下来,竟然整理总结出了一百多页的新的语法现象的材料。1978 年秋回国后,我没有放弃这方面的努力,还是不断阅读法国的报纸杂志和当代文学作品,有意识地搜集新语法现象,进行总结与归纳,还尝试着写了一篇比较长的文章,题目叫《谈谈当代法语中新的语法现象》。可不久后，在《外语教学与研究》上，我意外地看到了法语界的权威陈振尧教授的一篇文章，题目基本是一样的，叫《法语中近年常见的新语法现象》。我迫不及待地读完了陈教授的文章，感到非常激动，因为自己做的工作，法语界的权威也在做，而且自己归纳总结出的一些新的语法现象，有不少与陈振尧教授所分析的是一致的，这说明自己选的题目是有价值的，文章不少地方也有可取之处。但细心地读陈教授的文章，我还发现了两点：一是陈教授所总结的某些新的语法现象，我认为并不新，而是历史的某种重复；二是有些重要的新语法现象，陈教授的文章没有涉及。对这两点发现，我心里有一种莫名的兴奋，冲动之下，斗胆写了一篇商榷性的文章，叫《对〈法语中近年常见的新语法现象〉一文的一点意见》，投给了《外语教学与研究》，文章竟然被录用了，而且很快登在了 1979 年第 4 期上。这篇文章的发表，对我鼓励很大，但更多的是启示。文章的发表，看似偶然，但实际上是自己在学习中做有心人，有意识地搜集资料，有意识地进行整理、归纳与总结的某种必然。在这之后的四五年时间里，我不断努力，又研读了不少语言学方面的著作，并根据自己所搜集的材料，围绕语法问题，做了不少分析、总结与研究性的工作，先后在《外国语》《外国语文》《法国研究》等刊物发表了《略论当代法语发展趋势》《法语民俗语的创新与理解》《法语动词虚拟式现状及用途缩小原因分析》等一系列论文，尝到了有意识地搜集资料、有意识地向名家请教、有意识地建立研究交流途径、有意识地发现问题与探讨问题的甜头，开始了比较自觉的研究工作。

二、视　野

出于对法语的热爱，我渐渐养成了一种习惯，特别关注法语中出现的新词、新的用法、新的语法现象、新的句法结构，对语言变得非常敏感。同时，由于自己常读法语报刊和当代法国文学作品，慢慢地又由对语言的热爱转向了对文学的热爱，于是又读了大量法国文学作品，包括古典的、现代的和当代的。对当代的法国文学作品,我尤其喜欢,一遇到好的小说,肯定不过夜,非一口气读完不可,而且常常有着按捺不住的冲动,梦想着能把小说译成中文,介绍给广大的中国读者。这里要特别感谢南京大学的钱林森先生,是他引导我走上了文学翻译之路,并给我很多的机会,与他一起合作,翻译出版了许多优秀的当代法国文学作品,如获法兰西学院小说大奖的《永别了疯妈妈》(1982年)、著名作家勒克莱齐奥的《沙漠的女儿》(1984年)和荣膺龚古尔文学奖的《安娜·玛丽》(1985年)等。大量的翻译实践,对我来说,是一个学习与研究法语的良机,同时又使我在语言转换的实际过程中,发现了语言与文化之间的密切关系,意识到了翻译的复杂性,激发了自己研究翻译问题的兴趣。

如果说在法国留学期间,我是从阿莱尔教授那儿学到了研究语言,特别是语法现象的某种方法的话,那么对于翻译问题的思考,从一开始则完全靠自己摸索。遇到翻译难点,我总是记下来,向合作者或同事讨教,然后再分类,进行分析、归纳与总结,沿用的差不多是语言研究的那种方法,虽然也有收获,但翻译中遇到的障碍实在太多,有的涉及具体的语言转换,有的涉及词汇文化内涵的处理,有的涉及作家风格的传达。我发现,翻译活动有很多奥妙,如果还是局限于语言研究的那点办法,根本就不可能摸到翻译的门道。在这种情况下,我找到了南京大学的陈宗宝教授,表达了自己想投到他门下攻读翻译理论与实践方向研究生的迫切愿望。

进入南京大学攻读研究生,大大拓展了我的视野,陈宗宝先生从理论研究上引导我入门,从基本的翻译理论著作读起,一步步把我的目光引向了西方翻译理论研究的前沿;同时,他又通过与我合作翻译法国著名作家克朗西埃的代表作《黑面包》的第四卷,指导我发现翻译的真正障碍,帮助我寻找解决这些障碍的方法、在实践中加深对翻译问题的理解、提高处理翻译问题的能力。从理论到实践,再从实践到理论,我渐渐悟到了有关翻译的一些深刻的道理,也摸索出了一些从事研究工作必不可少的门道。

做学问,要想有所成就,除了要有研究的意识,做有心人之外,不断扩大自己的视野也是非常重要的。所谓扩大视野,我的体会是要保持强烈的求知欲和好奇心，不断接触新的知识、新的研究领域，不断思考新的问题。见多才能识广，识广了看问题的角度也就多了，对问题的认识就有可能变得全面一些、深刻一些。那么如何扩大自己的视野呢？

要扩大视野，首先要善于开拓学术交流的途径，利用各种机会，向名家学习，向同行学习。我的导师陈宗宝先生在法语界是相当有声望的，他曾任教育部高等学校外语专业教学指导委员会的前身全国外语教材编审委员会法语教材编审组的组长和法语教学研究会副会长。我读研究生时，出于工作需要，他经常带着我参加有关的会议，使我有机会接触到了法语界的名家，如漆竹生、郑永慧、桂裕芳、陈振尧等前辈，当面聆听他们的教诲，大大地打开了自己的眼界。如关于翻译问题，著名翻译家郑永慧先生就多次给我指导，还亲自校订了我翻译的《法律社会学》一书。陈振尧先生更是提携我，帮助我，传授给了我许多做学问的经验。确实，对于年轻学子来说，能争取机会参加国内外的一些重大的学术会议，直接向名家讨教，对于自己尽快地进入学术圈，掌握研究的动向，了解研究的重点，避免走弯路，是很有帮助的。正是意识到学术交流活动有助于扩大视野的重要性，在读研究生期间，在南京大学领导和导师的支持下，我在南京大学成立了研究生翻译协会，发起召开了全国近三十所高校翻译研究生代表参加的"全国首届研究生翻译理论研讨会"（1987 年 5 月）；之后又积极争取机会，以正式代表身份参加了同年 7 月在青岛召开的"全国首届翻译理论研讨会"。研究生毕业后，又参与策划了 1989 年 5 月在西安召开的"全国首届青年翻译理论研讨会"，并主持了在南京召开的"全国中青年翻译家笔会"（1990 年）。通过这一系列的学术活动，交流学术见解，切磋译事经验，既扩大了自己的学术视野，又团结了一批立志为中国翻译事业做出一番贡献的青年才俊。如今在中国译学界非常活跃、起着中坚作用的一大批学者，如谭载喜、王克非、郑海凌、穆雷等大都是那个时候相互认识的。共同的志趣，共同的责任，使我们一直坚持着相互鼓励，相互交流，共同提高，为中国翻译学科的建设做出不懈的努力。

要扩大视野，还要善于捕捉学术信息和研究线索，不断拓展获取学术资料的渠道。搞学术研究,建立学术资料的渠道十分重要。平时,我在研读理论著作和学术文章时,特别注意其中提供的各种学术信息和线索,一发现有什么好文章或新问世的理论著作,便想方设法,或通过访学去寻找,或写信去索取,甚至不惜花重金去购买。比如在 1990 年,在《巴别塔》和《国际译联通讯》上,我发现了不少出版信息,有的著作对自己了解法国当代翻译理论研究的进展非常有用。为获得这些资料,我鼓足勇气用法语向这两家刊物的主编,时任国际译联秘书长的勒内·阿埃瑟朗先生写了一封长信,向他详细汇报了自己的研究工作,并恳切地请求他的帮助,希望获得对自己的研究工作不可或缺的学术资料。令我大喜过望的是,阿埃瑟朗先生不仅给我回信,而且还给我寄来了与我的研究相关的一些资料和两份杂志的有关文章,同时还对我提出了一个要求,希望我与《国际译联通讯》和《巴别塔》建立经常的交流关系,一方面负责将国内的有关学术信息提供给他们,另一方面为法语国家的翻译学者写的学术著作写书评。这样一来,我的学术资料渠道被打开了,通过阿埃瑟朗秘书长,我与西方不少学者建立了联系,包括巴黎高等翻译学院的两任院长塞莱斯柯维奇与勒代雷,以及 *Meta* 的两任主编热玛尔和安德烈·克拉斯。另外,通过写书评,我结识了法国和加拿大的一些学者,如米歇尔·巴拉尔和安妮·布里塞教授。后来,在勒内·阿埃瑟朗的举荐下,我还担任了国际译联学术文献委员会委员和《巴别塔》的学术委员会委员,为中外译论的交流建立了一条可靠而有效的渠道。

要扩大视野,更要根据学科的特点和研究的需要,不断学习新的学科知识,提高理论素养。翻译学科具有跨学科的性质,要研究翻译,需要有包括哲学、美学、社会学、文艺学和语言学等学科的理论基础。应该说,近20 年来,我的翻译研究过程,是一个不断学习、不断思考、不断拓展视野、不断探索的过程。从语言到文学再到文化,我对翻译的本质有了比较全面的认识;从语言学到哲学,再到美学、社会学、文艺学,我得以不断拓展自己的研究思路,对翻译的过程、翻译的基本矛盾、翻译的价值、翻译活动的要素和翻译的使命有了比较深刻的把握。

三、判断力

一个人,若有了做学问的意识,且有心、专心、用心,再加上不断学习,不断交流,眼界不断扩大,那么对于学术问题,就会比较敏感,而且思路也会比较广,感兴趣的问题就会越来越多。然而,一个人的精力毕竟有限,问题一多,需要有个主次之分。对于研究而言,确定研究的方向,把握研究的重点,明确研究的意义和价值,确定研究的途径,都需要有一种学术目光和学术判断力。

在一次同乡会上,南京大学冯端院士说过的一段话,给我的启发特别大。他说只靠勤奋是当不了科学家的,要有眼光,要有判断力。就好像采矿,没有眼光,没有判断力,随便定一个地方,盲目地挖,也许什么也挖不出来;可有眼光,有判断力,找准了矿,收获就会很大。对每一个立志做研究的人来说,确实都面临着同样的问题。特别是学外语的人,要研究的东西很多,可以研究文学,也可以研究语言,还可以研究文化。每一个大的领域里面又有不少小的领域,要确定自己的研究方向,就需要结合自己的兴趣、自身的条件和学科方向的现状及发展趋势,加以综合的考虑,做出判断和选择。

在上面,我已经讲过,我一开始做的主要是法语语法研究,后来转向了翻译。如今回过头去看,这一转向对我的学术发展来说是关键的一步。如果说开始做法语语言研究,是因为受了法国阿莱尔教授的影响,全凭自己的兴趣和感悟,那么做翻译研究,则是自己的一种自觉的选择。

当初改方向,选择翻译研究,虽然不像今天这样有着明确的学科意识和学术追求,但确实是经过自己慎重的考虑后做出的自觉选择。这一选择主要基于以下几点:一是我已经有相当的翻译实践,实践中遇到了许多问题,迫切需要通过学习翻译理论,去寻找某种答案;二是在翻译实践中,我发现文学翻译至少可以通向两条道,一条通语言,一条通文学,值得研究的东西很多,发展的余地很大;三是我对文学翻译有强烈的兴趣,喜欢琢磨翻译中的问题,也有意识地积累了大量翻译的实例,通过翻译研究,可以提高自己翻译的能力。除了这三个与自身的需要和条件密切相关的因素之外,当时我还意识到中国翻译历史很悠久,翻译活动也丰富多样,可研究很少,探索的空间很大。正是基于这几点,我做出了判断,认为翻译研究工作比较适合自己,会有发展前程。

除了对确定自己的研究方向需要判断力之外,最重要的,是要学会判断一个研究课题是否有价值。如今论证一个研究课题、判断一个课题是否有价值,似乎已经形成了一个定式,那就是看这个课题是否有理论价值和实践价值。这两个方面确实非常重要,但有时论证起来显得比较抽象。理论价值到底在哪里?实践价值又有哪些?如何加以判断?做研究,课题的大小并不直接决定价值的大小。课题大,并不一定价值就高;课题小,并不一定价值就低。从我个人的研究经历看,我的体会是判断一个课题有什么价值,首先看这个研究课题本身是否确实有问题需要研究。研究往往从问题出发,要有针对性。比如我在参加法国著名作家普鲁斯特的名著《追忆似水年华》的翻译工作中,在实践的层面上遇到许多难以解决的问题:作为开意识流之先河的作家,普鲁斯特笔下那些"多层次的曲折复杂的长句""明喻暗比的妙笔"以及独具个性的修辞风格,给翻译造成了巨大的障碍。而参加翻译全书的有 15 位译者,大都是有经验的名翻译家。那么他们是如何处理这些障碍的呢?长句的处理有什么方法?比喻的翻译需要注意哪些要素?15 个人翻译一部作品,风格如何统一?作者的风格与译者的风格如何协调?每一个译者在处理同一类型的障碍时是否采取同样的手段?这部被法国文学界称为不可翻译的"天书"到底有哪些不可翻译的因素?除了这些实践层面的问题之外,在理论的层面,也同样存在许多值得思考的问题,如法语的句法结构和汉语的句法结构存在很大差异,那么如何传达普鲁斯特具有创造性的句法手段的表达价值呢?风格是一部文学作品的生命之源,那么到底应该如何去传达普鲁斯特的风格呢?普鲁斯特善用比喻,各种比喻中的文化因素和情感因素如何传达?这些问题,不仅是译者的问题,也同样是许多专家和普通读者的问题。比如在《追忆似水年华》中文版问世后,就有不少读者质疑译文风格的统一问题,也有专家提出普鲁斯特的叙事风格的传达问题。正是面对这些问题,我产生了一个大胆的想法:以国际译坛公认"极难翻译"的巨著《追忆似水年华》的第一个汉译本(译林版)为研究对象,结合中国文学翻译批评的现状,借助文学翻译研究和文学翻译批评研究的新成果,从实践出发,通过对译文多层次、多角度的评析,在研究文学翻译的基本原则和方法的同时,对文学翻译批评的基本范畴、原则和方法进行探讨,同时,为广大读者释读《追忆似水年华》这部世界名著提供新的视角。我认为,一旦从具体问题中归纳出具有普遍性的要素,便有了理论升华的基础;而从具体问题的研究中提升出的理论要素往往具有理论的启迪功能或方法论的参照意义。《文学翻译批评研究》(1992 年,译林出版社)应该说是我在这方面进行尝试的一个例证。

四、思 想

做研究要有思想,这应该是个共识。就我的理解,有思想,可以分两个层面。

先谈第一层面。有思想,就是要有想法,有明确的研究思路,还要有长远的目标。开始做研究时,由于缺乏长远的考虑,不可能从学科发展的高度去确立一个远大的目标,所以基本上是对什么问题感兴趣,就研究什么问题,这样做的好处是立竿见影,收效快,出几篇小的论文还是可以的,但若想对一些重大的现实问题和基础的理论难题进行深入的思考和有创造性的研究,就不够了。比如我在早期做的一些研究工作,大都属于对一些小的具体问题的分析与研究,往往处于整理与归纳的层次,对一些重大的理论问题缺乏总体的把握和深层的思考。但是在 20 世纪 90 年代初,商品经济大潮冲击了文化市场,随着我国加入《伯尔尼公约》,外国精神产品的输入受到了版权的限制,国内不少出版社不约而同地把目光转向了已不受版权保护的外国古典文学名著,掀起了一场复译潮。凡是在文学史上有定评的世界经典名著,几乎无不被卷入这股复译潮中,多则十几个版本,少则五六个版本,由此出现了许多值得思考的理论问题:如何看待复译问题? 文学名著重复翻译是否有必要? 一部名著,出自不同的译笔,有可能产生怎样的不同? 如何评价它们之间的差异? 又为何会出现差异? 此外,在现实的层面,有的人在名利驱动之下,以复译为名,行抄袭之实,出现了抄译、剽窃的译本;还有一些复译者,根本不具备文学翻译家的基本条件,复译中不负责任,粗制滥造。面对这些不良的现象,到底应该怎么办? 应该说,当时对复译潮所提出的尖锐的现实问题和复杂的理论问题,我还是比较敏感的。意识到这些问题,是对翻译研究工作者的一次挑战,事关译风、译德和文学翻译能否健康发展的大问题。同时,在理论上,由于出自不同翻译家的不同译本的出现,凸现出了有关文学翻译的一些具有根本性的问题,为我们进行有关的探讨提供了可能性。鉴于这些清醒的认识,我经过更深一步的观察和分析,发现《红与黑》的汉译问题非常具有典型意义,复译潮中所提出的问题,几乎都有涉及。为此,我从理论建设的高度,借助读书界和翻译界对《红与黑》复译问题的关注,"不失时机地发起了一场面向社会,有读者参加,历时半年的关于《红与黑》汉译的讨论和争鸣。它规模大,历时长,涉及面广,讨论热烈,可说是新中国成立以来文学翻译界前所未有的盛举",有着"深远的影响"①。著名翻译家冯亦代先生也指出:"改革开放以后译事大兴,但不合格的翻译太多,引起出版翻译作品质量的混乱,应当建立翻译的理论,提高翻译质量。一九九五年的争论,对于提高翻译的质量,极为重要。"②由于有着明确的理论追求,我在这次大讨论中做了大量的理论引导、组织、调查、评论、分析与总结工作,其意义远远超出了《红与黑》复译讨论本身。在《翻译论》一书中,我们就这场讨论对文学翻译与文学翻译批评带来的多重启迪和重要意义

---

① 方平. 序//谢天振. 译介学. 上海:上海外语教育出版社,1999:3.
② 冯亦代. 一九九五年翻译界的一场大辩论//金圣华. 翻译学术会议——外文中译研究与探讨. 香港:香港中文大学出版社,1998:40.

做了较为全面的探讨①,这里不拟赘述。

再谈第二个层面。所谓有思想,就是要对研究的问题有深刻的思考和本质的把握。近 20 年来,我做的主要是翻译研究。一开始,我对翻译的认识是比较肤浅的,对翻译研究的理论认识也相当狭隘。回顾自己所走过的翻译与翻译研究之路,我感觉到自己对翻译的认识每深入一步,研究就会相应地前进一步。从某种意义上讲,对翻译活动的认识的程度决定了研究的深浅。一开始,我只是在技巧的层面去认识翻译,看重的是翻译的转换形式,因此,早期所写的文章大多限于翻译技巧的探讨。后来,随着学习和研究的深入,我对翻译的认识也一步步加深,研究的思路也一点点打开。从《论翻译的层次》(1987 年)到《论翻译活动的三个层面》(1998 年),在整整 11 年的时间里,我对翻译的本质问题不断思考,不断探索。客观地说,对翻译层次的思考及其主要问题的研究,是我比较系统地探索翻译理论问题的一个起点和尝试。我试图以层次的观点去剖析翻译活动,将翻译活动置放在一个思维与语言的相互依存的复杂关系中去进行思考,将语言符号的逻辑、语义和审美特征与语言符号的表思维、表义和表美感的三个主要职能联系起来进行分析,这对认识翻译活动的主要任务和各种障碍,并探讨翻译的可能性,应该是有一定价值的。但拿今天的目光去审视,其中存在着明显的理论缺陷。首先,将翻译活动局限于狭义的"语际翻译",缺乏对翻译活动的本质认识;其次,在对思维与语言的关系的认识中,存在着"语言工具论"的影响;再次,分析的重点主要在语言层次,没有从文化的高度去认识、把握翻译活动所涉及的众多因素。此外,对翻译等值的追求也显然在一定程度上反映了我当时对翻译的浅层理解和认识。对翻译层次论所存在问题的自觉意识,促使自己对翻译继续进行思考。如果说层次论是自翻译的基础由下而上,从思维层次、语义层次和审美层次的明确区分及对各层次主要问题的分析中对翻译活动进行的内部的、纵向的思考,那么对翻译活动的三个层面的探索则由内部转

---

① 参见:许钧. 翻译论. 武汉:湖北教育出版社,2003:416-429.

向外部、由语言转向文化对翻译进行的进一步的探讨。我尝试着从翻译活动的实践性出发,对翻译活动的动态过程进行宏观的考察,指出翻译活动是翻译主体在一定的历史条件下和文化背景中通过具体的语言转换而进行的一种目的十分明确的实践活动,它涉及众多的内部和外部的因素。我还从翻译的意愿、现实和道德三个层面,分析了制约、影响翻译活动的多种因素,认为"要怎么译""能怎么译"和"该怎么译"是翻译活动中所必然面临的问题。它们分属三个不同层面,但相互关联、相互制约、相互影响。

通过对翻译三个层面的研究,无论是对翻译本质的认识,还是对影响翻译的各种因素的了解,都有了进一步的深入。应该说,我的这些认识与看法得益于近 30 年来国内外翻译研究界不断拓展的研究视野、不断完善的研究方法和不断丰富的研究成果。从对翻译的语言层面的研究,到把翻译置放在社会、文化的大背景下,用历史发展的目光去加以审视,使自己对翻译有了更为深刻的理解。如是才有了《翻译论》(湖北教育出版社,2003 年)这部著作的问世。应该说,《翻译论》是我二三十年来从事翻译活动,包括翻译实践与理论研究的心血结晶。为了这项研究工作,我做了许多学术上的准备和积累。比如,我申请了国家教委人文社会科学研究博士点基金重点项目"文学翻译基本问题研究",又主持了教育部资助优秀青年教师基金支持的"外国翻译理论研究"这一课题,通过这两个方面的努力,无论是对国内传统的翻译理论,还是对国外近几十年来的译学探索成果,都有了进一步的了解,为"翻译论"这一课题的研究打下了基础。随着研究的深入,我还认真阅读了哲学、美学、语言学、社会学等学科的有关经典著作和代表作,吸取研究的最新成果,以开阔自己的研究视野。应该说,研究的过程,是一个不断学习、不断思考、不断探索的过程。写这部书,我是有所期待的。我希望能为翻译实践者和翻译研究者提供一点什么。在思想层面,我希望通过自己对翻译的思考,帮助人们尽可能全面、深刻地理解翻译活动,为翻译活动正确定位,明白翻译所肩负的历史使命。在研究层面,我希望通过自己的探索,为人们从宏观上把握翻译活动的本质、在微观上认识翻译活动的转换机制和方法提供新的可能,同时廓清翻译活动所涉及的种种要素,了解翻译活动的动态过程,特别是揭示翻译活动的基本矛盾,为人们探索解决翻译矛盾的方法与原则提供理论参照。在学术层面,我还希望为年轻的翻译研究者提供翻译研究的丰富的学术线索,给他们以方法论的启迪。更重要的是,我想通过自己的独立思考和研究,为翻译学的理论建设做出一点贡献。

回顾走过的路,我感到自己与翻译真是有不解之缘。我在翻译之道上不断前行,对翻译之"道"也确实有了一点领悟。翻译之"道",如今对于我至少有两个层面的含义:一是现实的形而下的翻译之道,其为小道,关注更多的是"如何译";二是理论意义上的形而上的翻译之道,其为大道,探讨的是关乎何为译、为何译、译何为及"如何译"之背后起着无形的重大作用的一切。近四分之一个世纪以来,我一直在形而下的翻译"小道"上艰难行走,幸福却带着负罪感在迷宫般的文本世界里与巴尔扎克、雨果、普鲁斯特等大家相遇,战战兢兢地与他们对话,试图以自己的努力,让他们的心声与在另一个世界的读者发生共鸣。同时,我又在形而上的翻译"大道"上苦苦探索,对与翻译有关的种种重大问题进行思考,虽然经常伴着不解、困惑,甚至绝望,但也有过顿悟的惊喜,在不时闪现的理性的光芒中仿佛看到了译道的方向。小道上的艰难行走与大道上的痛苦探索,留下了抹不去的痕迹,如今回过头来,那一个个艰难的脚印串成的文字,记录下的不仅仅是我走过的探索之路的依稀可辨的踪迹,也见证了我要在这双重的译道上不断走下去的决心和明白译道真谛的梦想。鉴于此,我在这里所说的,于我不仅仅是对所走之路的回望与反思,更是对与译界同仁一起勇敢探索翻译之大道的期盼与憧憬。

(2005年9月3日,香港翻译学会授予我香港翻译学会荣誉会士头衔,颁授典礼在香港大学举行。本文系我在颁授典礼上所做的答谢与演讲词。)

交流,传承,创造

——与青年学者谈学术研究

去年(2016年)9月,我从南京大学来到浙江大学工作,学界的朋友很关心我,有不少人问我来浙江大学要做点什么? 我跟他们说:我来浙江大学,主要是和外语学科的青年学者一起努力,为外语学科的发展做点实在的工作,尤其是为青年教师的成长尽一份力。我作为一个老教师,大学毕业从教已经40多年了,深知学术的传承和发展需要年轻人的积极参与。一个学科,无论有多么强大的过去和现在,没有青年学者的发展,就不可能有未来,一个没有年轻人的外院是没有未来的。10年来,我们外院的青年教师交流平台,开展了很多有益的学术交流活动,组织者也是年轻学者,现在已经成长为成熟的学者,不少青年学者成了学术骨干,有的在国际刊物发表了高水平的研究成果。确实,青年教师交流平台10年来开展的各项学术活动,有力地促进了青年教师群体的成长。正是因为青年教师成长的重要性,我想我到了浙江大学外语学院,就应该和青年朋友有所交流,共同探索外语学科的重要学术问题。我今天要谈的,就是目前大家关心最多、与成长关系最为密切、所受压力最大的两个方面:学术研究和学术发表。

一、为什么要做学术研究?

为什么要做学术研究,这似乎不成为一个问题,但无论是从现实的角度还是自身理想的角度而言,学术研究都是高校教师所必须从事的工作,哪怕现在有了岗位的区分,对教学岗的教师来说也一样。大学不仅仅是知识传授,更是知识生产和知识创新的场所。怎样才能做到知识生产和知识创新呢? 我认为这永远是一个动态的过程,即使是功成名就的教授,要是不读书,不思考,就不可能有进步,有更多的创新。作为高校教师,学术研究,是我们自愿的选择,是一种内在的需要。选择了高校教师这一岗位,实际上就已经与学术研究的使命完全结合在一起了。

许多人把学术发表当作一种压力。对我们大多数教师来说,读书应该是分内事,大家也是喜欢的,研究也不一定会被排斥,但问题是高校对教师有发表论文的要求,尤其是量的要求,没有学术的发表,就没有职称的提升,就没有了前途,于是学术发表就成了一种压力。怎么办呢? 其实学术研究和学术发表本来就是紧密结合的,就如同每天耕种,总等着将来某一天的收获,不然就觉得是白种了。但读书不同,书读多了,知识也多了。心里有知识的人,感觉特别踏实,说话也好像对什么都不在乎的样子;有知识的人就是这样,权威的话、领导的话,都不会太在乎。因为他对知识有追求,有知识的沉淀,知道自己的心里有多丰富,不需要权威、专家的认定。知识分子往往都可以自己进行自我认定。但我认为,做一个读书人、一个满肚子是学问的人,是不够的,还要做一个有社会责任感的公共知识分子,一个不仅学习知识、传播知识,还要生产知识、不断创造知识的知识分子。我们做教师,是一种有着特殊使命的知识分子,要和教学相结合,除了自我的修养和丰富,更要担负起启发下一代以及与同行共同进步、共同探索的责任。学术发表对我来说,就是一种学术交流,是学术传承的一个方面,也是学术创新的内在需求。

我为什么喜欢写作呢? 我也不在乎文章发表在什么级别的刊物上。来到浙江大学,这里的领导与同事对我很宽容,对我没有论文数量与刊物级别的要求,但是我一刻也没有停止过读书和写作。我还是一直很努力,努力到家人因为担心我的身体,甚至想要"没收"我的笔和电脑的程度。我还是一直坚持每天早上六七点开始写作,从春节至今已经就法国文学与翻译研究问题写了 8 万多字的论文,今年以浙江大学名义发表的论文、自己独立撰写的、与青年学者合作撰写的,应该会有 10 来篇。论文发表的数量,不应是研究者的追求,学者倒是应该有一个好的精神状态,一个自觉的状态,应一直处于读书、思考和写作的状态,这是一种常态。如果这还没有成为一种常态,就说明还没有成为真正的学者。就算没有每天写作,也要每天思考、每天读书。读书是为了什么? 读书不是为了写文章。我坚持两条人生原则:一是清醒地活着,二是自由地存在。人一定要清醒,不清醒就不知自身、不知他人、不知世界、不知情感,要做到这一点必须读书,必须探讨;自由是要知道限制,知道限制的人方知自由在哪里。自由不是无法无天,不是一味攫取。在尊重自己、尊重他人的基础之上,才有可能获得自由,而要自由地发表自己的观点,自由地与同行交流,也必须读书和写作。做学术处于天天不断思考和读书、写作的境界之中,一旦成为常态,便有可能觉得没有什么压力了。

青年教师要成长,就应该有一种对自身清醒的认识,也要有一点人文的情怀。我们做父母的,都知道为了把孩子培养成人,要花费很多的心血。而对于我们教师来说,学生就是我们的孩子,我们为了教育好学生,就应该用心做学问,尽心教好书,而要教好书,我们就不能不做好我刚才说的三件事。这三件事是教师的本分,我觉得做学术研究,一般来说有三种境界:求真、尽责、自得其乐。

我们做研究,最重要的是求真。(2017 年)3 月 29 日,《光明日报》整版刊登了我写柳鸣久先生的一篇文章,题目叫《学术"破冰"需要"寻真"勇气》,柳先生看到之后对我说:"大文已见于《光明日报》,千言万语,不知说什么好,只能说,拜谢,拜谢,再拜谢! 你我数十年的情谊,一切尽在不言中。"我要感谢柳先生,是他求真的精神感染着我,鼓励着我。柳先生今年已经 82 岁,自称"个子不高,身体有些羸弱,也没有显赫的学历",是"一片能够思想的芦苇",他就是一位有思想的人、一位敢于思想破冰的学者,而有思想的人必须要求真。在我们的前辈里,也有曾经身陷囹圄仍不忘人类的事业,不断思考、不断求真的伟人,比如中国的方志敏,比如南非的曼德拉先生,柳先生也在以自己的生命实践着"只要活着就要思考着,思考着就是在求真"。我们认真想一想,他们写文章,确实是为了寻求真理。而在如今的高校,做研究发表文章,往往是为了提升职称。有的教师一旦成了教授,就不再写文章了。其中所折射的问题,值得我们深思。

其次,青年教师要尽一份责。如果不研究、不思考,天天只是进行知识的重复,我们怎么能把书教得更好呢? 我们的学术要发展、文明要进步,甚至世界文化要变得丰富多彩,都是要靠每一个创造者去做的。这里我说的尽责,是说教师要尽的一份责任。我记得 20 世纪 90 年代初,有一个学生跟我读硕士,我要求学生多读书,写读书报告,可这个学生读书是读了,而且读得很投入,但没有按我的要求去写读书报告,我问这个学生为什么不写,她说没有什么可写的。我说读书报告应该写,不少于 3000 字。她没多说,交给我一份读书报告,3000 字,一字不多。我和她说,做一个知识分子,光读书,不写东西,这样太自私了,虽然是个爱书之人,但是老读别人的东西自己却不写,这样太自私,你也要在这个世界上生产一些自己的东西,和别人去交流。歌德曾说过,在人类精神交流的市场上,每一个国家、每一个民族、每一个人都应该将自己最心爱、最丰富的思想拿出去与别人交流。学术的研究和学术的发表意味着教师不仅要教书育人,同时也要为人类文明,为学术交流、学术传承与创造尽自己的一份责任。

第三就是要自得其乐。与书本的交流和思考本来就是一件非常愉悦的事情。看到一本好书,和看到一位美丽的姑娘不也是一回事儿吗? 能和书交流,不也是一件很幸福的事吗? 做学问,应该是一份乐趣。在人文学科,应该特别鼓励青年教师根据自己的兴趣,去选择研究的课题。随着年纪的增长,我越来越沉浸在对语言、对文学、对文化的思考与探索之中。我是做文学翻译的,对文字特别敏感。每看到一个字,都会去考虑它的表达地道不地道,到位不到位。我刚才来这里的路上,看到了门口的宣传海报,一位法国著名作家要到我们浙大来做讲座,海报上的题目是:"Que peut (encore) la littérature?"中译文是:文学在当下时代有什么用? 这个译文看去是没有问题的,但如果我来译,我会翻译成:文学在当下(还)能何为? 两者的意思看上去似乎是一致的,但仔细推敲,应该说有些差别:"文学还有什么作用"和"文学能有何为"在接受者看来,有可能指向两个完全不同的层面。前者主要指形而下、工具性的作用,而后者则包含形而下和形而上:"何为"可不仅仅是讲一般的作用。学问处处都在,思考处处都在。"文学还有什么用"的翻译也没有错,但是我们能否再进一步抓住作者的真实想法和明确意义呢? 这个题目让我马上联想到了存在主义哲学家萨特。萨特写过一本很著名的书,已经有了中文译本,书名叫《什么是文学》。萨特所探讨的,就是"何为文学"这一基本问题,而讲座嘉宾所讲的是"文学何为"。就我所知,演讲嘉宾对萨特有深入的研究,他的讲座用"文学在当下(还)能何为?"作为题目,很显然是对萨特文学思考的一种拓展。一个演讲的题目,看上去是简单的文字翻译问题,实际上正是平时的阅读,才让我们能够有此联想,可以把握演讲人真正的意义指向。在生活中,有所思考,有所发现,总是会给人带来很多的乐趣。前些时日,中央台的"朗读者"节目,第一期有许渊冲老先生的朗读。他今年 96 岁了,他还每天读书,每天翻译,有无尽的乐趣。他的乐趣何来? 他说,乐趣就在翻译的每一个字当中,在超越别人的时候,同时也是在超越自己。

我觉得,做学术研究,发表学术文章,其目的应大致是我上面所讲到的三点:求真、尽责、自得其乐。我与许渊冲先生在学术研究上有许多争论,特别是翻译的问题,我们有过很多的探讨,他比我大 30 多岁,是我非常尊敬的学者和翻译家,但是为了求真,我们有思想的交锋,也有观点的论争。我从来不想把自己的观点强加给别人,学术要有论争。进入新世纪之后,翻译途径发生了变化,随着中国文化"走出去"战略的实施,许渊冲先生在中华典籍翻译领域中的重要性得到了普遍关注。为此,我鼓励南京大学翻译学科的博士研究生进一步研究许渊冲先生的翻译与翻译思想。我的儿媳对此很感兴趣,在前期读书与研究的基础上,选择了许渊冲作为她的博士论文研究对象,题目为《许渊冲的翻译思想研究》,2016 年11 月顺利通过了答辩,最近在《外语教学》杂志上发表了一篇文章,题目是

《试论许渊冲翻译思想的前瞻性》，受到了学界的关注，得到了同行的鼓励。她的研究既求真，敢于对我的观点提出质疑，也得到了乐趣，因为有学界的肯定。我特别希望，年轻教师能够养成读书思考的习惯，养成动笔的习惯，选择有价值的课题进行研究，并坚持下去，把学术研究与发表论文的压力化为动力。人生其实就两种事：必须做的事和愿意做的事。如果我们能把这"必须做的事"都转变为"愿意做的事"，我们的人生就会有乐趣，就会很开心了。我感觉到，人哪怕遇到灾难，也应该承受住灾难，不断救赎自我，不断超越自我。人的心态很重要，我经常说，不要在晴天的时候只想到暴风雨，而要在暴风雨的时候想到晴天一定会到来。

二、如何开展学术研究？

浙江大学外语学院的青年教师，都是有很好教育背景的人才。据我所知，近 5 年来，浙江大学对入职教授的条件很高，要求有国外名校的博士学位，本科还得是 985 学校的。我自己出身农村，也不知道什么是博士的时候，就开始指导博士研究生了。我于 1991 年从解放军南京外语学院法语专业来到了南京大学，那时候 30 多岁，到了南大，因为博士点被亮了黄牌，学校给我加了压，很快让我当了西方语言文学系主任，招博士的时候也就不到 40 岁。就好像没做过妈妈的人不知道当妈妈的苦。我没有做过博士研究生，没有博士学位，要带好博士研究生，指导他们，真的很苦。但做学问，我觉得探索很重要。只要有心，一步步去探索，会有收获和进步。而所谓有心，首先就是要有意识。有一个例子，两位青年学者，都是博士，毕业后一位到大外部任教，一位到英语专业任教。十年之后，两位青年教师的成长就有很大不同。前者很有可能教书很好，但仍然是个讲师，但后者可能十年之后就成了教授，当了博导。这样的例子不少，南京大学就有很多。这是为什么呢？其实就是意识的问题。在大外部教书的教师，就认为自己只有教学最重要，其他的都排其次。而在英语专业任教的教师则知道，除了教好课之外还要做好研究。人的潜能是无限的，没有受过训练的人，在平衡木上行走很困难，但对一个稍加训练的儿童而言却易如反掌，跳舞、翻跟斗都算不上高难度动作了。对大学教师来说，研究意识一定要尽早养成。如果说我已经有所成就，那么从很大程度上来说就是意识得早，对学术的追求、对写作的热爱"开化"得早。最近北京外国语大学的王克非教授告诉我，今年暑假，要在北京召开《外语教学与研究》杂志创刊60年纪念会。在中国，对于外语学科而言，这家杂志太重要了，是公认的一流学术刊物。《外语教学与研究》到今年已经办刊60周年了。如果我没有记错的话，"文革"期间曾一度停刊，1977年复刊，我的第一篇论文就是在这家刊物上发表的，是1979年的第4期。那时，我还在解放军外语学院任职，学校没有要求教师写文章，而且因为是部队院校，有纪律要求，我早期发表的文章甚至都是用笔名，但我还是要写，有问题就要写下来，寻求问题的答案。而要寻找问题的答案，就会去读书，去找资料，去向行家请教，自然就进入了研究的轨道。我觉得，作为高校教师，我们一定要强化研究的意识。我有一种感觉，没有思考与研究，就等于白活着；没有研究，作为教师，也是不称职的。这种研究与探索的意识，对于一个学者而言太重要了，可以说是一个学者的基本存在方式。

有了"研究"的意识，第二步就是要思考"怎么去做研究"。我有一个体会，要做好研究，确定研究的方向很重要。对在座的青年学者来说，你们都是博士，都有自己明确的研究方向。博士毕业之后，一般都会将博士论文研究的问题作为研究方向的基本定位。但这是不够的，研究方向的选择要考虑研究的可持续性和开拓性。我带的博士后不多，就5位，研究都不错。当初他们来找我，希望我做他们的合作导师，我很快就答应了。我答应带他们，因为我一直关注着国内的青年学者，尤其是翻译学界青年教师的研究状况，他们发表的论文，我都会特别认真地去看。记得是2012年，我接受了两位博士后的申请，他们都是来自国内很一般的学校，但是我还是关注到了他们的成果。其中有一位是研究外交话语的，要来申请我的博士后的时候都超龄了，但是我还是将他收下了。另一位是研究法律翻译史的。我把他们招来后就告诉他们，做研究，一定要给自己定位。

一方面是研究方向的定位,另一方面是有学术高度的定位,我希望他们两人都能成为其研究领域的领头人。他们当时自己都觉得不可思议,但我觉得完全有可能。那位研究法律翻译史的青年学者此前已经在《历史研究》上发表过文章。法律翻译史的研究很有空间。对法律,我没有研究,但我有个基本判断,中国法学学科的建设,得益于国外法学著作的翻译,有些法律的制定,也会参照国外的法律。很多术语,包括条款,都是翻译过来的。在一定程度上,可以说,中国当今的不少法律法规,其体系、内容、术语的建设都对西方有所参照。所以说,法律翻译的研究空间很大。就法律翻译史的研究而言,尤其是近代史,我认为可以说是一部中外关系史。而在中外关系史上,中国皇室与西方使团之间交往的翻译问题、不平等条约的翻译问题等,都特别值得研究,所揭示的一些问题,是有可能改写近代史的部分史实的。另一位研究外交话语的青年学者也是一样。我认为,中国要走上世界舞台,仅仅参与是不够的,而是要追求主导权,而话语权永远是外交领域中非常重要的一面。两位博士后选择的研究课题很有价值,符合我提出的有持续性与开拓性的原则,而且有对历史与现实重大问题的观照,加上他们有很好的研究基础和能力,经过几年的努力,他们发表了很好的研究成果,取得了不错的成就,达到了我所设想的学术地位。研究外交话语的杨明星的文章几次被《人民日报》的内参引用,研究成果在国外著名刊物发表,还获得了全国高校哲学社会科学优秀成果奖,年纪轻轻就被评为二级教授;而研究法律翻译的屈文生的成果获得了上海市哲学社会科学优秀成果奖一等奖,入选首批青年长江学者,当时外语学科首批入选的只有两位。

刚才讲的是两个成功的例子。那么,怎样才能更好地进行学术定位呢?我发现,成功者往往都是先行者。做学术研究,现在有的人往往都是等到别人都在做了,才跟着做,这就晚了;就像买股票一样,等别人都买了,你买的时候就会被"套牢"了。先行者买的是原始股,跟风的就可能遇到垃圾股。因此,学术定位首先要有一种前瞻性。很有意思的是,前瞻性的定位中也有一种叫"以不变应万变"。例如文学研究,不论当今世界发生什么,但是我们知道,如果没有文学,人类世界就无法丰富地存在,所以经典的文学作家一定可以研究。研究经典作家,是个不变的好选择。但是,要做好经典作家的研究,还要有新的材料和方法。

研究定位首先要立足基本问题研究领域。虽然要寻求"个性化"的问题,但是首先要"入主流",不入主流的"个性"容易被边缘化。基本问题就是"入主流"的问题,例如翻译问题中的"信达雅""影响翻译的因素研究""翻译主体研究"等,这些问题一直存在,一直有不同的观点,所以就值得关注。这些基本问题只要有新的视角、新的方法、新的材料,便有可能取得焕然一新的成果。对基本问题的研究很重要,但是,我们在对基本理论问题的把握之上,对学术发展的趋势和研究的走向也应该有所把握,这样就有可能比别的研究者先行一步,对所在学科就会有所关注,或者说针对推动学科发展有帮助的问题展开研究,就会有所开拓,有所发现。这样的研究才有带动力,也是前瞻性的一种体现。

其次,研究应该关注重要的现实问题,关注当今社会的焦点问题。我对文学研究不多,但我发现当下中国的文学批评,一有什么新的理论或主义,经常一窝蜂地跟上,什么生态主义啊,女性主义啊,等等。这些都是研究的视角和方法,但其实文学的焦点问题还是集中在"何为文学"与"文学何为"这两个方面。在我看来,焦点问题还包括文学民族性与世界性的关联,以及文学的边界性问题等。对于翻译研究而言,新时期中国文学的外译研究就很重要,因为这样的研究回应了国家的战略需求和社会的重大问题。早在 21 世纪初,我就考虑到随着中国经济的发展,中国文化的影响力一定要提高,因此中国文化必须"走出去",而中国文化"走出去",就会涉及文学的外译与传播问题。于是,我就开始带领自己的博士生进行中国古典文学法译以及中国现代文学、中国当代文学在法国的译介与接受研究,研究很有系统,也很深入,有新材料、新观点,在研究方法上也有所突破,取得了很好的研究成果,比如《中国现代文学在法国的翻译与接受》,入选全国高校优秀博士学位论文。相关的研究成果因为具有开拓性,又有对现实问题的观照,所以也有不少引用。

第三,研究者还要能够在有争议的问题上寻求发言权。有争议的问题很多,博士论文也可以此为出发点,从有争议的问题出发,在解决这些问题的道路上形成一门学问。同时也不要忽视那些自明的或看似自明的、自在的问题。例如,一般研究文学作品,都会从某个作家入手,研究该作家的创作思想、创作成就、艺术特色等。研究文学史,往往是对流派及重点作家的梳理。但能不能换一种角度,去研究一下不同时代、不同国家的作家是如何书写时间、如何书写空间的呢,或者如何书写爱情的呢。我最近看到一本书,是郑克鲁教授翻译的,叫《爱情小说史》,写得很有特点。学问无处不在,只有一直带着寻求疑问的眼光,带着发现的眼光,才有可能找到自己感兴趣的问题,才能感觉到做学问的乐趣。我认为,年轻学者要敢于对"大家"提出疑问,这才是学术生命常青的表现,是学术传承和学术创新的体现。

上面提到的几点,只是我个人的体会,希望对青年学者有所启发。我觉得我们外语学科的青年学者,做学问还是有别的学科所羡慕的条件的,就是我们懂外语,我们的学术资源相对比较丰富,学术研究的参照空间也比较大。做学问,需要大量阅读的积累,需要开阔的视野。读书很重要,等到要用的时候,所读之物就会闪现,读过的书就能与你的想法进行对话、融合和共鸣。

三、如何进行学术发表?

学术发表,是一个比较现实的问题,尤其在高校,在某种意义上说,没有学术发表,就没有存在感。从现实的角度说,我的看法是,学术发表要"坚持自我,妥协地存在"。

今年年初,我在《外语与外语教学》杂志上发表了一篇文章,题目为《试论国际发表的动机、价值与路径》,其中有些观点,青年朋友可以看看。我觉得,论文要有可能发表,首先选题是决定性的。我们发表学术论文,要特别注意制度化的要求和意识形态的问题。一个学者要在体制内生存,不能不关注有关的规定和要求,但更要心存学术理想,坚持独立的学术立场。我在许多场合一再强调:一定要看学者所写的论文的学术价值,不要以所谓的期刊高低来论英雄。我们的学术研究只要是真正深入的、有的放矢的、能解决学术问题的,就应该认同。

谈到解决学术问题,就会涉及选题的问题。论文要发表,选题最重要。你选的题目应该是学术共同体所关心的、有争议的,或者说是有开拓性的。这与我在上面说的是一致的。论文能否发表,取决于其学术价值,而学术价值的判断,对于青年学者而言特别重要。你给一家杂志投稿,应该知道这家杂志所关心的问题、所讨论的问题。我的一个弟子一直研究隐喻的问题,在《外国语》《外语教学与研究》上都有发表,但最近研究好像难以进一步拓展。我们有过一次谈话,他想换个领域,我的观点则不同。隐喻问题很重要,要坚持研究下去,但研究的材料可以扩充。我建议他去研究一下"中国诗歌外译的隐喻问题"。诗歌中充满了隐喻,其中意象的隐喻非常有意思,我甚至给了他一个题目,叫《情色与哲思之间——中国诗歌的隐喻阐释与英译》。意象本来就是一种介于形而上和形而下之间的东西,比如"玉"字,可以指向女性的身体,也可以指向灵魂。隐喻正是诗歌的精华之要素,写诗的秘诀之一也在于此。从翻译研究的角度讲,虽然我们常说"诗歌不可译",但事实是,五四运动就是以诗歌、戏剧运动当头的,诗歌翻译与戏剧翻译很重要;中国当代文学对外交流中,诗歌的传播、诗人与西方的交流却是最好的。例如北岛、翟永明、欧阳江河、王家新,他们对于诗歌有一种生命的认同感,中国当代诗歌在国外的翻译与传播值得特别关注,而诗歌隐喻的阐释与翻译研究,就有了价值,就有可能开辟一方天地。而且这样的研究,无论对中国学术界还是对外国学术界,都有参照性的价值。

我提出要"妥协地存在",是因为目前的高校,在对科研的管理上有一些值得商榷的地方,虽然不合理,但已经形成了体制化的要求。比如你做学术研究,不申请项目好像就不行,似乎申请到的经费越多越好,不看成果,只看项目和经费。又比如发表论文,对数量的要求重于对质量的要求,而质量的高低又不看文章,主要以发表的刊物等级来衡量。对这些问题,我们要有清醒认识。但是不要有对立的情绪,就当作过海关,人人都要面对的,再说做了好的研究,有很好的研究基础,去申请项目,有经费的支持,也不是坏事。至于论文的数量和质量,我们一方面把好质量关,同时勤奋一点,多思考多交流,有好文章就发表,也是多多益善。所以,我说的妥协,是一种心存学术理想与追求、对学术环境和管理体制的清醒性的"适应"。此外,人文学科的研究,往往是学者个人的兴趣所致,有不少学者的个人兴趣与基金项目申请和指南上的选题可能会产生冲突。遇到这样的情况,应该有所"妥协",我觉得应该适当地将个人爱好与兴趣和国家的需求结合起来。近年来,中国文化"走出去"与"一带一路"的发展战略,为我们翻译学界提供了很好的机会,有不少课题是可以考虑去做的。

此外,论文要想发表,要关注国内外相关、相近学科的刊物,有重点地阅读刊物中发表的重要文章,争取加入学术共同体,进行思想的交流与学术的交流。我在国际刊物上发表的第一篇小文章,是 1989 年,我在法国《世界报》(Le Monde)上发表了一篇介绍性的文章,介绍法国著名作家普鲁斯特的《追忆似水年华》在中国的出版环境、翻译的困难以及学界反应等。当时身为军人,我冒着被处分的危险,通过钱林森老师向国外投稿。当时正值反精神污染运动,中国出了《追忆似水年华》的全译本,我想一定要让法国文学界知道,在反精神污染的特殊的年代里,中国学界的思想是开放的,中国法语界是有见识有水平的,被法国人视为天书的《追忆似水年华》被译成汉语全文出版就是明证。1999 年,翻译学界的一流刊物 Meta 杂志出了一个专号,这个专号是我"异想天开"去争取的,专号题为《中国的翻译实践与理论》,整整 15 篇文章,讨论中国的翻译理论与实践问题。想到出这样的专号,是因为我认真阅读了这家刊物多年发表的论文,发现很少有涉及中国翻译研究现状的。我觉得出现这样的情况,要么是西方学者不了解中国,对中国的翻译与翻译研究现状没有研究,要么就是无视中国。我写信给这家杂志主编说,如果不研究中国的翻译问题,不发表有关的研究成果,就说明这家杂志不算一个国际性的杂志;如果西方学者有语言的障碍,研究有困难,那么中国学者可以参与,可以集中中国翻译学界的力量,做一个专号。*Meta* 不愧是国际性杂志,主编也很有胸怀,对我们的提议给予了很大的支持。专号发表的 15 篇文章全部被 A&HCI 检索。

对学者而言,学术发表,就是一种学术交流。一个学者,要想有所创造,学术交流很重要。刚才谈到要关注期刊,关注学术发展动态,关注期刊中讨论的问题,这就要去读期刊中的文章。有些青年教师,说文章写好没有地方投,我问他了解多少学术期刊。我发现有的青年学者对所在学科的国内的与国际的学术期刊了解不多,阅读更少。做学问,我特别强调要去读文献,去读重要的论文。我们通过阅读,了解别人的想法,就会有"插话""说话"的欲望,有提出问题的欲望,甚至有纠正别人说法的欲望,尝试得多了就有可能慢慢成了主讲,成为主导者。所以一定要读同行的论文,还要找寻其中的"破绽"和问题,从插话、讲话、质疑,最后到主讲,乃至引导别人。对于相近学科的杂志也一定要时时关注。我发现,外语学科不少学者往往眼睛里只有外语研究与外国文学研究方向那几家刊物,实际上我们外语学科的研究也可以为相近学科的发展做贡献。例如我所在的翻译与文学研究团队,不仅向《外国语》《中国翻译》《外国文学》投稿,还经常向中国语言文学学科的《文艺研究》《文艺争鸣》《小说评论》等刊物投稿,还可以向各类学报和综合性刊物投稿。国外的杂志也一样,我最近就给美国的一家刊物投稿,那家刊物叫《法兰西评论》,是美国法语教学研究会办的,该刊学术视野很广,质量不错。除此之外,也要主动在学术共同体里,例如通过参加学术研讨会,向能够指引、引导你的成功学者寻求指导与帮助。我觉得一个真正的学者,是有义务、有责任引导年轻人的。只要有年轻学者带着文章来找我,就算是素不相识的,我也一定会提出意见。如果我觉得文章很好,我也会主动推荐。今年寒假,我很欣喜地看到了我们外院的青年教师发给我的一些文章,写得还是很有水平的。我很高兴,也很感激,你们的文章帮助我打开了思路。

学术投稿要争取"找对路"。交朋友要选好对象,谈恋爱也要找准人。

发表学术文章是交流,当然不能没有目标地随意投稿。我认为,文章一开始写,应该就明确准备投给哪家刊物。不同的刊物有不同的学术重点领域,有不同的学术风格,不同主编的风格和要求都会有很大差异,应尽早明确投稿的方向和需求,弄清自己文章的方向是否与之吻合。还要考虑到文献的引用等因素,我们除了重视对外文文献的引用,也要注重引用中文文献。投稿中文杂志就是与中文期刊的作者进行对话,就要知道本期刊以往的研究,并有所回应。引用投稿期刊以往的文献也是一种学术传承的体现。一般杂志最喜欢发表高产作者的文章,因为高产作者能够帮助增加期刊的引用量。其次,研究内容和投稿方向都应有持续性,一旦被引用,好的文章就有可能得到关注,会引起学术对话,而专栏也是一种持续性的学术对谈的园地,要特别关注专栏文章。我谈的这几点,看上去好像有功利之嫌。实际上,学术发表,就是学术交流,是学术传承,而引用文献,就是一种对话的方式。

最后,我想对青年朋友说,选择了学术之路,就一定要坚持不懈。看准了一个好的研究课题,对其价值有了正确的判断,就要坚持下去,不要经常换题,不要投稿一失败就放弃。我们知道有些学者发表了很多文章,但并不知道他们可能也被拒稿了很多次。投稿如果被退,要去思考是什么原因,是什么问题,发现问题就有可能进步,坚持下去,不断探索,必然有一天能成功。学术要有追求,要有对话,要有交流,要在传承的基础上有所创新。我希望有机会与青年朋友经常有交流,比如不同语种的青年学者带着各自写的论文来,我们一起讨论,在题目的选择、写作的结构、观点的提出与论证、文献的引用等方面展开讨论,互相启发,共同提高。我也一定会和大家谈我的看法,提一些建设性的建议。总之,我希望青年学者要心存理想,有求真的精神、人文的情怀、探索的毅力和踏实的努力。

(本文系 2017 年 5 月在浙江大学外国语言文化与国际交流学院青年学术沙龙上所做的演讲的文稿,由吕倩兮根据演讲录音整理而成。)

当下翻译研究的困惑与思考

　　作为一名翻译工作者,同时也是一名翻译教师和翻译理论研究者,我一直非常关注翻译领域出现的新动向、产生的新问题。在近期的一篇文章里,我指出,近年来中国翻译研究发生了一些重大变化,其中有两点尤其显著:一是问题意识加强,二是研究路径多样。这两个方面的变化,与翻译产业、翻译教育和翻译研究的突飞猛进息息相关,与国家的战略需求、社会的重大变革、技术的发展进步也密不可分。"在历史发生急剧或者重大变化的时期,出现的新问题,往往会催生新的思想与观念,同样也会引起某些困惑与思考。"[1]如今,我们正面临"两百年未有之大变局"[2],难免会产生一些有关翻译的困惑与问题,需要结合中西古今关系之变进行一些思考,以回应新时代对翻译学提出的挑战。据我们观察,当前翻译学界普遍存在着四种典型的焦虑症:理论焦虑症、技术焦虑症、方法焦虑症和价值焦虑症。这些焦虑症给众多翻译学者带来诸多压力和困扰,因此,有必要对其产生原因、表现形式和应对之策展开思考与探讨。

一、当下翻译研究的几种焦虑

　　从事翻译实践、教学与研究,并在这一领域耕耘多年的人,难免会遇

---

①　许钧. 当下翻译研究中值得思考的几个问题. 当代外语研究,2017(3):1.
②　潘文国. 大变局下的语言与翻译研究. 外语界,2016(1):6.

到很多困惑与问题。有困惑和问题并不可怕,它们反倒可以激发我们的思考,促进学术研究的发展和科研水平的提升。因为我们研究任何一个事物,如果没有困惑,没有问题,就不可能产生思考,而没有深入的思考,就不可能产生有价值、有分量的研究成果。总的来说,当下的中国翻译研究界,存在着如下几个方面的困惑、问题,或者说焦虑,亟须对其进行一番思考。

(一)理论焦虑症

对于一批长期在翻译领域从事研究,而且已经取得一定成就的学者,我觉得存在一种理论焦虑症。这个理论焦虑症是怎么产生的? 这要从这30多年来的翻译学术史说起。

1. 翻译有理论吗?

改革开放后,翻译事业受到了前所未有的重视,与翻译实践密切相关的翻译研究、翻译教学遇到了一个非常好的时期。这 30 多年来,一直存在着各种声音。第一个声音,可能现在的研究者都不会遇到,那就是:翻译有理论吗? 现在这是一个不成问题的问题,但是在 20 世纪 70 年代末、80 年代初,我们对翻译问题进行思考的时候,很多人都说翻译是实践,哪有什么理论? 为了回答"翻译到底有没有理论"这个问题,我曾经做过一些探索。我们国内有一批老翻译家,他们都有半个世纪以上的翻译经验。但是你去问他,他却说"翻译没有理论,我就是这么译的"。这种观点影响了很多人。那翻译有没有原则呢? 翻译过程当中有没有遇到问题? 这些问题是怎么解决的? 解决是不是可能有不同的方法? 在翻译活动当中,你采用了什么样的方法? 采用这些方法的依据是什么? 不同的方法又会有怎样不同的结果?

当你把这些问题抛给这些翻译家的时候,我们不谈理论,只讲问题,他们每个人都有自己非常独特的看法。我记得非常清楚,当我向季羡林、陈原、李健吾、草婴、李芒这些著名翻译家提出这些问题,跟他们交流的时候,他们每个人都提出了自己的看法。我跟许渊冲、江枫等有半个世纪以上翻译经验的人也进行了对话①。从这些对话当中,我们就可以看出来,不同的翻译家有不同的理论追求,不同的翻译家有不同的翻译原则。如果有共性,那就是翻译的共性问题;如果有个性,那就说明翻译当中会有不同的问题出现。所以对于这个问题,通过这样的一些研究,以及其他学者对这个问题的思考之后,对翻译有没有理论给出了非常重要的回答。现在大家都知道,这个问题已经没有了,翻译是有理论的。

实际上,翻译有没有理论,可以归结到一点,那就是翻译有没有问题。在 20 世纪 60 年代,法国的乔治·穆南写了一篇博士论文,题目叫《翻译的理论问题》。翻译如果没有自己作为这个学科和领域独有的、可以解决的问题,那么其他学科就可以取而代之。翻译理论的问题在哪里呢? 这是乔治·穆南提出的第一个问题。其《翻译的理论问题》是一部奠基性的翻译研究著作,是法国的国家博士学位论文。国家博士学位论文具有非常崇高的学术地位,在当时绝对是这个领域的佼佼者。穆南提出的翻译的几个基本理论问题非常重要。例如,翻译是可能的吗? 历史上的翻译活动一直存在,难道说不可能吗? 但是,存在的事情就一定是可能吗? 在哲学(语言哲学)的层面、在文化的层面,翻译的可能性何在? 这个问题非常重要,你可以回答一辈子。考我的博士生,这个问题是必考。对这个问题的回答,可以看出一个人的学术水平。

有关翻译的第二个理论问题是,翻译是合法的吗? 这个问题似乎还没有人提出过,实际上翻译的可能性和翻译的合法性是结合在一起的。因为如果是不可能的事情,大家去做的时候,可能就违背了伦理。翻译活动的合法性指向什么? 我认为是指向伦理。例如,在翻译过程中,我们不尊重原文,这样的翻译是合法的吗? 对原文不断地修改、修订、甚至是改编,这样的翻译是合法的吗? 所以,这些理论问题提出之后,我们就把理论思考的深度进一步拓展,对翻译基本理论问题的思考就慢慢展开了。

---

① 参见:许钧,等. 文学翻译的理论与实践——翻译对话录. 南京:译林出版社,
2001.

而且,这种理论思考是个体化、个性化的。

2.可以有翻译学吗?

翻译有没有理论这个问题非常重要,因为它决定了翻译教师在高等教育体制中的学术地位。如果翻译没有问题,翻译没有理论,那么可能就没有研究的必要和价值,翻译这个学科就没有任何存在的必要。随着中国翻译研究的不断深入、在高等学校的地位逐渐增强,在理论和实践层面又提出了新问题:翻译如果存在理论问题,可以有翻译学吗?能够建设成翻译学吗?如果有翻译学存在,那么在实践的问题上,在体制的问题上,翻译的学科就存在。大家要知道,现在的翻译研究,包括高校的各种研究,归属感是很强的。翻译有没有学科,翻译学是不是学科,直接决定了我们所从事工作的价值认定,以及在整个教育体制内的地位。而在中国,体制的地位意味着资源,所以这是非常重要的。这个问题经历了 20 世纪 90 年代、21 世纪初的几场争论后,翻译学科建立了,而且不仅仅是建立,而是不断地巩固和发展。这方面的例子非常多,首先是翻译学二级学科的建立。现在每年培养 110 位左右翻译学或者翻译方向的博士生。大家可以想象一下,一年 110 位左右翻译方向的博士生呀!在国务院学位委员会公布的学科目录当中,我们外国语言文学学科非常明确地把翻译学作为二级学科,作为外语学科的五大方向(外国语言学与应用语言学、外国文学、翻译学、国别与区域研究、比较文学与跨文化研究)之一。翻译学是其中一个非常重要的方向。

3.翻译学理论如何创新?

在翻译理论建设和探索过程中,我们做了很多工作,其中有两个方面的工作非常重要:一是西方译论的引进、借鉴和消化,二是中国传统译论的梳理、总结和提升。这是两条非常明确的主线。但这两条主线是不是永远不相交呢?西方译论的引进与中国本土经典译论的整理,这两者之间好似老死不相往来,实际上,在这个过程中出现了各种各样的想法,也就出现了各种各样的理论困惑和焦虑。这种困惑和焦虑是对理论的追求,甚至是在理论的创建过程中所产生的。因为有这样的困惑,有这样的追求,所以我们就希望去创建。而在创建过程中遇到的问题又反过来会造成一些困惑。

回望过去 30 多年,在中国翻译理论界,想创建理论的大有人在。最近陈东成副教授送给我一本书,叫《大易翻译学》。我粗粗翻了一下,觉得是有收获的。其中关于"易"这个角度,关于"生"这个字,实际上在翻译理论研究当中非常重要。翻译的问题就是从一,到二,到三,到万物的过程,这个过程是一个"生"的过程,用《易经》的思想来研究翻译,用《易经》的术语、观点作为一个构架,对翻译学进行理论构建,这样的追求肯定是值得鼓励的。这是真正的本土思想资源的开拓。对自己的研究进行一个系统化的理论构建,这是很多老一辈学者追求的。比如说,前不久刚刚离世的张柏然先生,他一直提出应该重视本土的译论资源,对古典译论进行现代化阐释,建立具有中国特色的翻译理论。罗新璋先生更是提出了具有高度理论自觉和理论自信的观点,即中国拥有自成体系的翻译理论。

我们中国翻译研究界有一点非常了不起,那就是可以敏锐地发现问题,敏锐地走在实践的前面,能够在理论自觉、理论自信、话语权的争夺方面,跟国际学者进行共同探讨,而不是一味接受。这一派的声音非常强,这方面的成果已经出了不少,如译介学、生态翻译学、变译理论等。有了这些理论的追求之后,慢慢地就出现了一种理论的焦虑。因为现在每个人都想创立理论,好像是用西方理论不行了,用以前的理论也不行了。我们生活在一个创新的年代,而创新的年代,就意味着一个理论创新的大爆发时期。现在有一个倾向非常明显,那就是无论你到哪里去,都会有人谈他想构建一种什么理论。有的学者甚至声称构建了两种、三种理论。如上所述,这种理论追求是特别值得鼓励的,而且有的理论的确非常有价值。但是如果我们纯粹为理论而理论,为创造而创造,这样的研究就会形成一种理论创造的焦虑。

一种理论的创新,必须以思想资源为基础,这一点非常重要。一个理论能不能创造出来,首先要看它的思想资源和哲学根源。凭空创造是不可能的。10多年前，我在广东外语外贸大学做过一场讲座，题目就叫"关于翻译的理论资源的思考"，活动组织者是穆雷教授。当时我谈到，翻译的理论资源有阐释学、人类学、社会学、文化学和伦理学等。然而，在当今世界，几乎所有的哲学流派都被我们消耗掉了。任何一种理论的翻新，仿佛都出现了一种困扰。在这种情况之下，产生了理论创新的焦虑。该怎么办？我认为，要解决这个问题，我们需要从两个方面去思考。

第一个方面，如上所述，任何理论创新都必须有其思想基础。大家可以想一想，就文论来说，无论是中国的文论，还是西方的文论，都是在一定哲学思想基础之上发展起来的。它实际上是一种哲学思潮。女性主义是一种哲学思潮，最后变成了女性主义批评，然后到了我们翻译领域，变成了一种女性主义翻译理论。解构主义，从某种角度上说是一种语言哲学，最后慢慢变成一种文学批评，然后在翻译中也有了借鉴。所以，现在我们在思考翻译问题时，应该回到源头。我们的理论创新，不是一个体系的随意构建，不是术语的堆砌，而是要有坚实的思想基础。

第二个方面，一种理论的创新，需要与翻译问题有直接的联系。没有这两者的联系，思想也不可能转换为一种翻译理论。所以说，翻译理论创新的第二个方面，是必须关注翻译的基本问题。翻译的基本问题不搞清楚，所谓的理论创新，是无助于我们对翻译的认识、理解和思考的。所以在目前，尤其是在五六十岁的翻译学者当中，很多人都是希望自己能有所成就，有所创造。在这一批人当中，存在这么一种理论的焦虑。它非常重要，因为也正是这批带头人在思考。所以这个问题我想提出来，这是第一个焦虑。

(二)技术焦虑症

当下翻译研究界存在的第二种焦虑叫技术焦虑症。我去过很多地方，无论走到哪里，都会遇到很多问题。无论是翻译界人士，还是非翻译界人士，他们都问我：现在时代发展这么快，特别是机器翻译飞速发展，以后机器翻译搞成了，我们干什么呀？很多老师都说，以后机器代替我们人类了,翻译这个行当要消失了。所以,现在技术问题引发了一些焦虑。具体表现在:第一,翻译机器的出现,给翻译行业本身价值的思考提出了新问题。第二,翻译机器的出现,给翻译教育提出了新问题。翻译技术教育包括翻译技术和教育技术两个方面,如何协调两者是个问题。如何处理好翻译技术教学与传统教学的关系,又是一个问题。第三,对学生而言,如何掌握一种甚至多种翻译技术,才能满足语言服务企业的需求,成功进入翻译市场,并占有自己的一席之地,这也是一个问题。第四,从翻译理论研究的角度来说,也会引发一些焦虑。如果不去思考技术问题,翻译理论是不全面的。因此,技术问题成了一个我们普遍困惑、焦虑和关心的问题。任何地方的翻译学科建设和翻译学科评估,首先要看各种翻译技术软件和实验室是否具备。所以,在我们整个翻译教学与翻译活动的思考过程当中,技术问题已经成为一个大家普遍关心的重要问题。

我想说的是,在我们的翻译研究、翻译教学和翻译实践过程中,技术是必须重视的,因为时代在发展。在我们这个时代,技术为人的发展提供了诸多便利。我们首先要端正心态,思考人与机器的关系。一方面,我们要承认,技术给我们带来了种种便利,对人类生活水平和生产力的提高起到了重大推动作用。但另一方面,我们也要追问,人与机器之间到底是一种什么样的关系? 在翻译教学过程当中,在思考翻译理论的过程当中,技术问题不可以代替一切。我们需要翻译技术方面的人才,同时,对于翻译与技术的关系、翻译与技术教学的关系,以及技术给翻译理论提出的思考,我们要进行研究,把焦虑化为问题,把问题化为一种思考的可能。对这一问题,我们每个人都应该重视,应该关注。人类总是在不断进步,进步之一就是把自己从繁重的劳动中解放出来。都说世上最难的事是翻译,翻译都有机器帮人做了,我们人类岂不是很高兴?! 如果说,翻译技术的进步,使得我们带着一个小小的机器就可以走遍世界,与世界各地说各种语言的人自由交谈,那是多么幸福的一件事情啊?! 那简直是某种不可抵达的乌托邦!

实际上,各种语言之间的交流,机器是没法完全解决的。机器可以解决一些最实用层面的问题,但是无法解决翻译的根本问题。为什么?因为翻译是人存在的一种方式。为什么说机器不能解决根本问题?因为人,或者说人的存在,最显著的特征就是语言。人与猴最显著的区别性特征就是人有语言。人类创造了符号之后,就可能有各种各样的创造。人类最伟大的创造是符号的创造和使用。人类的符号创造实际上是人类文化创造的根本途径。人类因为有语言符号,所以才有各种文学、艺术的创造。如果没有语言,怎么写出《易经》?怎么创作小说?没有语言,人类就无法表达自己,也不可能有这样的思想创造。正像索绪尔所说,没有语言,思想就是一个模糊的云团。除了语言符号之外,人类还创造了音乐符号、绘画符号,所以才有各种博物馆和各种艺术展览。因为人类有形体符号,所以也就有了戏剧。再加上一些技术的应用,电影、电视剧等各种符号创造的综合艺术产生了,我们人类文化创造的最伟大的成果产生了。中国文化"走出去",不正是这些东西"走出去"?一个国家的文化辉煌,讲的不就是这些东西?所以我觉得,符号是我们人类最伟大的文化创造。

我们人类除了这种符号创造之外,还有一个存在的根本方式,那就是符号的转换。这个非常了不起。符号之间可以相互转换,而这种转换创造的力量就不一样了,不是一加一等于二,而是一加一等于三。机器能不能达到这种符号之间的各种转换呢?能不能把小说变成电影?机器翻译能不能把音乐变成诗?雅各布森的符际翻译实际上道出了我们人类存在的根本方式。我们人类可以把各种符号进行转换,这种转换产生了巨大的生产力,是对人类认识空间的巨大拓展。一部《红楼梦》带来了各种符号的转换,也就是通过广义的翻译带来各种作品。《红楼梦》是一部小说,小说可以转换为各种符号,戏剧、电影、绘画、舞蹈等。《红楼梦》里的文字还可以转换为实物,如红楼建筑。小说里的东西还可以从文字转换为生产力,如医药、膳食等。在学术的角度,对文本的理解和阐释也是翻译的一部分,历史上产生了多少关于红楼研究的作品?对它的阐释又有多少?这也是翻译的一部分。翻译机器能代替我们翻译存在的根本方式吗?目前看来是遥遥无期,基本不可能。但是我们说无难,说有容易。我们期待这一天的到来。所以,当我们在思考这些问题的时候,实际上涉及了一个非常重要的方面,那就是对翻译理论的那些根本问题的思考。

(三)方法焦虑症

当下翻译研究的第三个问题是方法焦虑症。我们现在做研究都会遇到方法论的问题。方法论是非常重要的,因为研究不得法,或者说遇到问题找不到正确的解决方法,那肯定是不行的。研究的方法就是研究的工具。你要开门,却发现上了锁,怎么办?钥匙就是方法。没有钥匙,想个别的办法,用大锤子也能进去,但那是破坏性的方法。研究也同样如此,你面对问题,要思考它,要尝试它,是需要方法和工具的。问题是,我们现在的翻译研究,就好像各种方法都已经用过了。以前的思辨性研究方法,现在好像不时髦了。一般的分析方法,大家觉得已经没新意了。现在我们形成了一个定律,评价一个研究的价值,总是要问有没有新问题?有没有新方法?有没有新材料?新问题是有可能出现的,新材料也有可能出现,但是新方法哪有这么容易啊?

翻译研究其实很难5年就出来一个新方法。如果没有新方法,怎么就不行呢?我们人类吃饭,西方人一直用叉子,我们中国人一直用筷子,用了几千年,怎么不变呀?再不行用手抓嘛!对于这个问题,我们还需要进一步思考。我们对方法的翻新,对方法的刻意追求,成了一种焦虑。所以我们做博士论文,都要求描述采取了什么样的方法。每个人都要想出一点方法,现在已经成为一种焦虑。遇到一种新方法,大家一哄而上。例如,现在有很多的翻译研究都是基于语料库的。国家社科基金、教育部基金、省级基金等,都是如此,好像没有基于语料库,这个研究就没有科学性。语料库当然是一种很好的方法,相关研究在国内也取得了非常好的成就,但问题是,当我们变成一种焦虑,变成一哄而上,好像非此不可的时候,实际上,就已经走向了方法的反面。我们的研究应该正本溯源,应该根据什么样的翻译问题,根据手中有什么样的材料,再去考虑采用什么样的方法。

我们现在都喜欢用抽样调查法，或者通过语料库收集资料，用数据说话，或用图表说话。我曾经看过一篇文章，用语料库研究李白诗歌在西方的翻译方法。大家知道，用语料库方法来研究诗歌翻译是非常难的。为什么？诗歌的翻译是个性化的，创造性最重要。语料库的优势是进行大数据分析。他讨论的李白诗歌翻译一共就 6 个版本，所谓的语料库能够解决多少问题啊？还有一篇文章，统计了亚马逊网对一个作家的评论，一共收集了 24 条，就画成了各种图表，高高低低，方法看上去很科学，但根本没有涉及要研究的问题。这 24 条评论根本不需要通过图表来展示，文字就可以解释得很清楚。所以，我们的这种方法焦虑症，一哄而上去追求所谓的新方法，实际上影响了我们的思考；现在最大的问题就在这里。大家都在追求新方法，从而使得对问题的关注和材料的收集被放到第二位，这是一种本末倒置。

我一直认为，只有提出了新问题、真正有价值的问题、大家所关心的问题、大家所困惑的问题，才可能有真正的思考；有了真正的思考，才能做出有价值的研究成果。此外，在研究过程中，我们应该注意收集和发现新材料。你发现了重要的新材料，研究没有价值是不可能的。所以我说，在问题、方法和材料三个方面，不要首先去焦虑用什么样的方法，而应该把三个方面摆正。就好比吃西餐，先看吃什么，再看用什么样的工具去吃。吃肉和吃鱼的刀叉是不一样的。所以在这个问题上，我们大可不必有所谓的方法焦虑症。

（四）价值焦虑症

第四个普遍存在的问题就是研究价值焦虑症。这种焦虑症表现在多个方面。

第一，在我们年轻一点的时候，总觉得现在的研究大家都已经做过了。我现在做，有什么价值啊？我的研究选题都没有了，都被别人捷足先登了，我现在去炒冷饭，做出来的成果有什么价值？怎么超越前人呢？这是一种非常普遍的"影响的焦虑"①。

第二,我们有时候做研究,会陷入一种功利主义思维中。比如,我是做实践的,总结出来的方法很有价值,而且传授给学生后,他们也都很受用。但是,我自己在翻译实践和教学过程中总结出来的东西,形不成理论性研究成果。虽然教学做得很好,但是写不出文章,发表不了研究论文,最后提不了副教授、教授,又有什么用啊?然后就产生了价值焦虑症。这个价值实际上是功利主义的价值了。现在很多人都因此而怀疑自己。

第三,就是我虽然写了很多文章,一年可以发表三四篇,但最后好像也没有提出什么新的理论。人家说,你写得那么多,有什么用啊?有那么一批人,又对你写了那么多文章的价值提出了一些疑问。这也是一种价值的焦虑。

第四,我们搞翻译理论的人,包括我自己,也会有价值焦虑症。为什么?一种翻译理论的提出,难道仅仅是提出我们本学科的问题,指导本学科吗?我们翻译学研究的一些成果,难道不能为其他学科提供借鉴和指导吗?如果我们研究的这个东西,对于其他学科都不能产生作用,这样的研究会有什么很大的价值吗?于是,又产生了一种价值的焦虑。

实际上,翻译研究价值的焦虑症普遍存在。每个人处于不同的阶段,都有一个价值性的追求。因此,价值焦虑问题的解决,就要因人因时而异。如果目前处于第一种焦虑阶段,那就要看当所有人在研究的时候,你能不能抓住真正的研究问题。对于第二种价值焦虑,那就要看在实践的过程当中,你能不能突破实践,走向理论性的思考。对于第三种价值焦虑,就是要看你提出的各种各样的理论中,有没有一些真正闪光的思想。对于最后一种价值焦虑,则不仅要看你的理论对于我们本学科是否有重要的指导意义,还要看对于其他学科是否具有交叉性的力量。

---

① 哈罗德·布鲁姆. 影响的焦虑. 徐文博,译. 北京:生活·读书·新知三联书店,1989.

二、翻译研究的拓展之路

虽然上述种种焦虑症,给翻译学者带来一些困扰,但这些焦虑同时也是一种拓展的途径。一方面,这些焦虑反映了一些普遍存在的状态、一些思想的困惑,但也给我们指出了当下翻译研究值得关注的一些根本性的问题。要应对这些焦虑症的困扰,首先要具备一定反思能力,把我们每个人的问题和困惑弄清楚,然后对症下药,才有可能药到病除。具体而言,就是要找准定位、长期积累、发挥优势、互动交流。

(一)找准定位

有人曾经问我,外语教师要成才,最关键的是什么? 我回答说,成才的关键点很多,但有几个要素非常重要,第一个就是给自己定位。现在学科发展的趋势是专业划分越来越细,因此,明确自己的发展领域,在学科所涵盖的各个方向中,找到自己的立足之地非常重要。总的来说,青年教师应该从外语学科整体的发展和内涵的拓展上来考虑自我定位。① 这一观点同样适用于青年翻译学者。现在翻译研究可谓如火如荼,我们每一个人都应该找准自己的定位。翻译研究领域众多,按根本问题来分,有何为译、为何译、译何为这三个方面的重要内容,当然还有翻译的过程。按领域分,则有翻译的基本理论、翻译的应用理论、翻译教学、翻译历史、翻译批评、翻译技术等。随着翻译研究的不断拓展,我们的困惑也越来越多。这么大的一个研究领域,而且每一个领域下面,又有非常多的、非常重要的一些子领域,我们有时候确实很难找到自己的位置。就翻译理论而言,有阐释学的、语言学的、文学的、文化的等诸多不同的路径。应用翻译理论就更多了,翻译教学理论也是非常之多。翻译批评、翻译历史等,

---

① 黄新炎,许钧. 高校青年外语教师如何自我定位与发展——南京大学许钧教授访谈录. 上海翻译,2014(1):87.

都是一些刚刚开垦或没有开垦的处女地,非常值得去关注。

我一直认为,从事翻译研究的人最幸福,守着一个个宝藏,但问题是我们有没有想到去耕耘。我们很多人都是在一些短平快的、人云亦云的地方跟着做一点事儿。实际上,翻译历史有多少人去书写?翻译历史当中的翻译家,有多少人研究?除了现当代的研究,对古代的研究呢?对佛经翻译家我们有多少研究吗?玄奘的翻译研究有没有?鸠摩罗什的翻译研究有没有啊?这都是一片一片值得开垦的领域。目前,我们整个翻译史的研究,基本上就马祖毅等几位老先生做出了突出的成绩。而马祖毅先生今年都90多岁了,没有什么后来人。所以我觉得不仅仅是在中国,包括全世界,对于翻译历史的忽视,实际上是对人类文明交流史的忽视。我们需要站在一定的高度,对翻译历史研究予以充分的肯定和认识。而翻译史的研究,实际是精神交流史、文化交流史、文学交流史的研究。很多文学、文化的因缘,都是在翻译当中结下的。

在翻译教学研究方面,穆雷在中国是先行者。她当时做翻译教学研究,我内心真的充满了钦佩,因为那个时候要找一点材料太不容易。到中国图书馆查一个资料都是钱钱钱,她弄一点资料,一条信息,就要三块钱、五块钱,她那个时候工资才多少钱啊,才几十块钱,研究生的时候哪有钱?花了那么多的钱,然后搞了那个研究,现在看来是多么的重要。现在的翻译教学研究非常多,也值得做。《中国翻译》杂志也起了非常好的作用,发表了一系列的好文章,但是翻译教学里头有许多重要的问题,还没有展开研究。新的任务又摆在我们面前,2007年翻译专业硕士学位设立之后,发展到现在,已经有200多个学位点。有没有必要设立翻译博士专业学位?翻译博士专业学位的人才目标、定位、方法在哪里?它的师资、培养单位怎么选择?它的主要任务是什么?主要困难在哪里?设立之后有可能产生什么样的后果?这些问题我们都要去考虑。所以,目前我们翻译教学研究的领域非常之宽广。

翻译技术研究也是值得进一步拓展的新兴研究领域。现在很多的翻译公司、一些大公司都在研究机器翻译,我们的翻译界有没有介入?实际上,我们很多搞翻译技术的人,都是在外围说说话。搞翻译技术研究,就要争取跟高水平技术人员去交流,去给他服务,去了解:根本性的问题在哪里? 根本性的突破在哪里? 如果机器翻译问题解决了,那就意味着其他的学科问题也解决了,比如说翻译的机制问题,翻译机制是什么? 翻译的运行机制是什么? 现在人工智能、云计算、大数据非常火,但这些大数据都是指向过去,只有人类才会思考未来。我们所有的东西,只要问题没有出现,你就没法做解决。人类拿机器去做我们已经做过的事情。人类可以提出新的问题,思考新的问题,让机器再推动我们做,这个就是我们人类跟机器之间的关系。这个问题实际上沃尔夫已经讲得很清楚,这就是语义的假设问题。什么叫一个词的意义? 意义怎么确定? 词的意义确定了吗? 人的认知一天没有结束,这个词的意义就一天没有确定,就一天不完整,那怎么办呢? 人类只能说,假设在一个相当的共同体里对某一个事情有一个大家基本一致而且稳定的认识,就构成了这个语义的基本方面。计算机也只是做一些大家认识基本一致的、基本得到认同的基本方面而已。对于翻译机器的伦理问题,我们在翻译教学、技术教学方面遇到的一些问题,都值得我们去研究。

然而,我们每一个人的时间和精力都是有限的,不可能对这些问题都展开研究。我们的困惑就在于,那么广的一个大海,我要掉进去就淹死了。这么大的一片森林,我一进去就迷路了,所以这个时候定位就很重要了。你有本事,要了解大海和森林,你就往深处去,往中心去,往理论前沿去。没有本事,或者那些刚刚开始学术生涯的初学者,你就在沙滩边上慢慢走,先学习游泳,决定你是到森林去,还是到大海去,还是到其他地方去,总之自己要有一个明确的定位。一下子就进了森林,你肯定迷路;一下子跳到大海,你肯定淹死。所以我们每一个人,在每一个阶段,都得有一个非常好的定位。这个定位每个人是不一样的,我目前的定位,跟一般刚刚博士毕业的人的理论研究定位是不一样的。所以我觉得,每一个人找到一个合适的定位是非常重要的。一定要有定位,没有定位就没有学术的面貌。

青年学者的学术定位,要与所在地区、所在学校的发展状况和需求结合起来,更要与国家、社会发展的战略需要和时代召唤结合起来,将个人条件、兴趣与整个学科、整个时代发展结合起来。在新的历史时期,中华民族要复兴,就要与世界交流,不仅要拥抱世界,还要把自己展现给世界,把中国的思想、中国的文化、中国独特的文明展现给世界,与世界共同分享。这不仅是出于中国自身的一种美美与共的良好愿望,而且也是出于世界本身对于中国的一种呼唤,而在这个过程中,翻译又起了排头兵的作用。这些丰富的翻译实践,对于人才的一种迫切需求,才有可能产生翻译人才培养的问题,产生翻译师资培训的需求。中国当前在翻译教育领域所取得的成绩,在全世界范围内绝无仅有、史无前例。无论是中国的翻译理论研究,还是中国对于翻译人才培养的探索,我认为我们中国人有一些值得世界其他各国借鉴的经验,这方面的工作如果能够开展下去,应该说前途非常巨大。中国人在参与全球治理,中国文化要"走出去",中国话语权体系要建立,我们翻译研究同样也应该承担起这样一份责任,因此我们必须在时代发展的背景下,来看我们翻译研究的一些领域,来找准我们每个人的定位。

(二)长期积累

学术定位首先是研究领域的定位。坚定了自己的学术追求,并有了自己的定位之后,就需要在这一领域长期耕耘,厚积薄发。学术追求本身,就像西西弗斯不断地把一块巨石往上推,贵在坚持①。科学研究是长期的事业,一定要有持之以恒的精神。我曾经说过:"在学术上滴水穿石才能见功夫,很少有人一两年就能取得轰动成就。学文科的学者越老越吃香,就在于长期的积累,靠的是滴水穿石,贵在坚持。"②这种坚持既是让

---

① 黄新炎,许钧. 文字·文学·文化·思想——南京大学许钧教授访谈录//黄新炎. 聆听外语界前辈的声音. 上海:上海外语教育出版社,2016:6.
② 黄新炎,许钧. 高校青年外语教师如何自我定位与发展——南京大学许钧教授访谈录. 上海翻译,2014(1):89.

思考和写作成为一种习惯,也意味着我们从事学术研究的人,要有一种知识分子的责任感、使命感,要有心灵的坚守。

在科研探索的过程当中,我们难免会遇到困难和挫折。遇到这些问题的时候,大家千万不要轻易放弃。我遇到很多人,过来对我说,他报了一个选题,申请了国家项目,第一次没有通过,然后第二年又换了一个题目,花了很多气力,结果又没有通过,他再换一个。就像谈恋爱一样,第一次你去跟她谈,被拒绝了,马上换了一个人。第二个又拒绝了,又马上换了一个。第三个你坚持一下嘛! 第一次不同意,我第二次再求她,她不同意,我第三次再求。大家知道,求爱往往是坚持才求到的,求真也如此。很多科技产品都是实验几百次才成功的。我们搞科学研究不能一次被拒绝就泄气了,一定要坚持和积累。在外语界,多年来一直在坚持的那些学者,如谭载喜对翻译学思考的坚持、穆雷对翻译教学研究的坚持、申丹对叙事学研究的坚持,一直持续到现在。我本人对翻译的一些基本问题的研究,也是不断地在坚持、在思考。在不久前我写了《当下翻译研究中值得思考的几个问题》,我不断地在提出问题,一直在研究问题。

我首次提出关于翻译的四大焦虑,实际上是我对这个问题长期思考的结果。所以我们翻译研究跟其他研究一样,有坚持才可能有积累,有积累才可能有突破。我当初跟教育部申请,要做关于"文学翻译基本问题研究"这么一个课题。这个课题很大,但这个基本问题不是我凭空去想的,这个问题在哪里呢? 于是我就去找具有多年文学翻译经验的老先生,就是刚才所说的那些老翻译家。我就去跟他们访谈,做了 18 次访谈,涉及20 多个翻译家,都是赫赫有名的、在中国现当代翻译史上拥有重要地位的人物。跟他们的谈话当中就涉及了翻译的基本问题,然后梳理和总结出来。如果没有坚持,我觉得这样的工作没法做。我看准了这是一块好矿。但问题是,20 世纪 90 年代的时候,我还没有这么多的发言权,那时候我才40 多岁。四十几岁的时候,就跟这些老先生谈,他愿意跟你谈吗? 季羡林、陈原那时候很厉害的,你提的问题他会跟你谈吗? 而且我提的问题还不是简单的问题,都是很难回答的问题,你三言两语打发不了我,所以每一个人跟我一谈就是一万多字啊。

这些问题提出来，十几年、二十年后再来看的时候，价值就非常大。正是因为有这样的追求，这些老先生一次一次以自己的亲身经历，坦诚地与我交流。你的问题如果提得准，戳到他痛处的时候，老先生也不服的，他就要跟你争，他就会回答你，所以我们就形成了对话和交流。这十几篇访谈，现在看来价值很大。这种坚持，是着眼于未来，所以坚持就意味着积累，而积累就有可能导向未来，因为你有积累了，你就可以持续地做下去。跟老先生一起做一个访谈是很难的，他不愿意跟你谈，就谈不深啊，我们现在有些访谈就存在这个问题。这工作我们当时做了，现在你看多重要，而且我们还在继续坚持做。《中国翻译》前几年发表了一系列中国作家谈文学外译的文章，大家知道这样的文章是很难得到的。你跟余华去谈，跟毕飞宇去谈，跟贾平凹去谈，跟池莉去谈，跟莫言去谈，他愿意跟你一个搞翻译的人谈吗？你没有思想，没有真正的问题，对他没有深刻的了解，是不可能形成对话的。与阎连科的对话，有一万四千多字，这样的东西是有价值的。未来如果有10个作家跟你谈，形成文章，形成书，国外一定会慢慢把它翻译过去。所以说，贵在坚持，持续积累，不要着急。

（三）发挥优势

翻译研究的领域很宽广，上述几个领域的研究都很有价值，就看你合适不合适。比如说我，首先会排除翻译技术，因为我不合适，我到现在连微信都不会用。但是我关心技术的伦理问题，可以进行相关伦理问题的思考。学计算机出身，然后转过来研究翻译的，搞翻译技术研究是可以的。研究翻译历史问题，要看你的中文（古文）功底怎么样。研究美国与中国的交流史，要看你英文功底怎么样。我要是去研究中美交流不就死掉了吗？我只能做法国的。所以，每个人要根据自己的条件和兴趣进行定位，没有定位就没有学术的面貌；没有学术的面貌，就不可能有学术地位；没有学术地位，就一定没有学术的话语权。你一开始就想有学术地位，有学术面貌，有话语权，那是不可能的。往往是在一个领域默默耕耘，一篇文章、两篇文章、三篇文章、四篇文章写出来以后，别人才知道这个人是研究某个领域的！面貌一清晰，大家就认得你啦，那我们的《中国翻译》《外国语》杂志看到你的文章之后，也就会特别关注，看是不是满足发表要求。然后，你就有了发展，有了地位，有了接受发表的地方。发表多了，大家愿意听了，你就有话语权了。

但是，有话语权的人，不适合独霸，还要去开拓。不要老是霸在这个地方，一霸二十年不行，要到其他地方去开拓。比如，我现在是国内很多杂志的编委，《外语教学与研究》《外国语》《中国翻译》《外语教学》等，有十几种。但我觉得不能老是在国内，也要到国外去开拓一下。所以我有文章发到法国社会科学研究中心主办的一份哲学与政治杂志上，这份杂志的刊名叫 *Hermes*，德里达等一些大哲学家都在上面发表过文章。开拓之后，现在国外和境外我也担任了几个期刊的编委，比如 *Meta* 的编委、*Babel* 的编委。还有一个法国和韩国合作、刘和平教授参加的 *Forum*（《论坛》）编委，香港中文大学的《翻译季刊》编委。不仅是在外语和翻译界，我还到其他学科领域去开拓，到中文界的一些期刊，如《文艺研究》《小说评论》《文艺争鸣》等当中去开拓。

所以说，发挥自身条件优势，才能做出真正有价值、有特色的研究成果，才更容易受到学界的认可。大家知道，我招收的博士后是很少很少的。每一个人到我这里来，我真的是选择了又选择。对于他们每一个人的研究，我都提出两个要求。第一，你要有明确的定位，没有明确的定位不要来找我。第二，你博士论文做的题目是什么？你的研究计划是什么？没有好的研究计划的人怎么来考我的博士，来做博士后研究啊？做我的博士后，我要告诉他们：你的研究基础是什么？你未来的研究领域，或者说你以后要占据的领域是什么？你必须在这个领域当中，在未来十几年里，成为这一方面成绩突出的教授和学术带头人。

我招收的第一个博士后是胡安江，是做外译研究的，寒山诗英译研究做得很出色。他的博士论文做得非常出色，在这方面国家社科基金已经拿了两个了。应该说，他是中译外研究方面具有重要位置的学者。还有个博士后叫杨明星,当时是在一个不知名的学校。但他对外交话语构建很有研究。在六七年前,我觉得是非常重要的,有前瞻性。这两年我们讲话语权,讲话语体系的构建,所以他在外交话语研究方面应该说是很超前的。我根本不要看别的,就看这个领域,这个题目,他做的一些成果,就能说明这个人在这个方面一定能做出好的成绩。我只要在方法上、在研究的学风上、在未来可能出现的一些敏感问题上,给他一些建议和指导,他就可能做出成绩来。现在看来,五六年过去了,我认为他在这方面做出的成绩应该说也是非常重要的。他连续拿了两个国家项目,而且《人民日报》的内参上了几次,目前他还有一些重要的想法,想做一个国家社科基金重大项目。在翻译历史研究方面,我招收了华东政法大学的屈文生,他在法律翻译研究方面有自己的优势,取得了非常不错的成绩。他是和杨明星一起来的,我记得很清楚。我非常明确地告诉他们:你们定位之后,一定要成为各自所在领域持续耕耘、不断进步的专家和学术带头人。

所以我觉得,对于一个学生,对于一个年轻人而言,选择一个好的领域,发挥自己的优势和特长,坚持深挖下去非常重要。现在好的领域有很多,都是好矿。关键就在于能不能进去,把这矿藏选到。人家李四光能选得到,我们翻译研究者也同样应该可以。我们的研究如果能够结合国家、社会的需求,发挥自身的特点和优势,持续下去就有可能成为这方面的专家,所以我觉得,我们每一个人的定位、我们的坚持、我们的积累、我们的特色和优势,都是非常非常重要的。

(四)互动交流

除了找准定位、长期坚持、发挥优势之外,要做好学术研究,参与互动交流最重要。通过学术交流才能打开自己的研究视野,提升问题意识和学术判断力,也才能不断地完善自己的思想。20世纪70—80年代,我曾经在军校工作,当时纪律非常严格,不允许私自跟外界交流。对一个学者而言,这种封闭的学术环境是非常可怕的。我就想各种办法查找资料,写信、写文章与外界保持沟通交流。学术交流的渠道和方法有很多。回顾我个人的学术探索之路,有几种交流对我个人的学术发展非常重要。

一是关注学界前沿,与本学科领域权威专家进行交流。我的第一篇学术论文《对〈法语中近年常见的一些新语法现象〉一文的一点看法》,发表在 1979 年第 4 期的《外语教学与研究》上。当时我才 20 多岁,刚刚从法国留学回来。因为关心法语的一些新语法现象,在国外积累了很多资料,回来之后做了一个相关的学术讲座,反响还不错,就将其整理成了一篇 1 万多字的论文,准备投给《外语教学与研究》。但当我找到这本期刊来看的时候,发现我们法语界的权威学者陈振尧先生在当年第 1 期已经发表了一篇题目几乎跟我的一模一样的文章。当时对我打击不小。但冷静下来一思考,觉得自己的选题还是不错的,材料和观点也有跟陈先生不一样的地方,于是我坚定了信心,将 1 万多字的文章删减到三四千字,去掉了和他差不多的地方,增加了一些我自己的看法和观点,投给了《外语教学与研究》。这是我平生第一次投稿,竟然有幸被采用了。当时,很多外语界的老先生都还没有在这本中国外语界最权威的刊物上发表过文章。

现在回头来看,我一个 20 多岁的年轻人,之所以能在《外语教学与研究》上发表论文,就是因为我有与学界有识之士,特别是学术大家交流、探讨、商榷的意识。正因为我有这种交流意识,所以我写文章不是先想着往哪个期刊投稿,而是要看近期学界正在讨论什么问题,跟我所思考的问题什么异同之处。任何研究都不是凭空而起,而是要看别人怎么说,然后才能参与进来,有自己的话想说。说的方式可以有很多种,最高的境界是发前人所未发,其次是对老问题提出新看法,再次是对前人研究成果进行总结和评析,第四是与他人进行商榷与争鸣,最后是对前人所说进行查缺补漏,即补遗。20 世纪 90 年代中期,针对国内翻译出版界复译之风泛滥的状况,我在《文汇读书周报》上组织有关《红与黑》汉译的大讨论,其实也是一种与社会各界人士的广泛交流。前面提到的对季羡林、陈原、李健吾、草婴、李芒、许渊冲、江枫等著名翻译家的系列访谈,其实也是我与翻译界最权威的顶级专家的沟通交流。近期,我和我的学生对莫言、余华、毕飞宇、阎连科、苏童、池莉等著名作家有关中国文学走出去的系列访谈,也是一种交流。

二是组织和参与学术会议与学术团体,与全国不同地方、不同单位、不同背景的志同道合者进行互动交流。我一直有这样一种意识,要开拓学术视野,可以有多种渠道。其中,通过组织学术研讨会,在学术团体里加强交流就是一种重要渠道。20 世纪 80 年代中期,我在南京大学读研究生。当时有感于西方(尤其是英语世界)翻译理论的全面引入,需要加强沟通,开阔视野,就在南大成立了一个研究生翻译学会,把志同道合的不同专业的研究生团结起来、组织起来,相互交流,研究翻译。当时有柯平、张亚非、郑伟波等同学,他们都在《中国翻译》等期刊上发表了很好的成果。后来我又想,南大做翻译研究的人还是有限,可不可以把全国的研究生都团结起来呢? 于是,在 1987 年 5 月,我组织召开了中国首届研究生翻译理论研讨会,老一辈翻译家范存忠、李赋宁、草婴、杨周翰、卞之琳、董乐山等给会议发了贺信,来自国内 27 所高校的 55 名研究生参加了会议,大家都带来了自己的最新研究成果,收获自然是非常丰富。多年后,参会的研究生当中有的成了中国翻译学科的领军学者,有的成长为学术带头人。通过沟通交流,我自己收获非常大,会后不久在《中国翻译》杂志上发表了《论翻译的层次》等文章。现如今,各种类型的学术团体和学术会议如雨后春笋般发展起来,几乎每个周末都有不同类型的学术研讨会。加上信息技术的发展,网上、手机上各种翻译论坛和群体非常活跃,当代翻译学者沟通交流就更加方便、更加频繁了。这对于学术思想的碰撞和学术水平的提升无疑是非常有帮助的。

三是参与国际对话,实现"引进来"与"走出去"双向发展的国际学术交流。20 世纪 90 年代,我曾联系北外的蔡毅老先生、浙大的郭建中先生、川外的廖七一先生等国内翻译理论界不同语种的专家学者,一起把国外最新的翻译理论引介进来,出版了一套"当代西方翻译理论研究丛书",系统介绍了苏联、美国、英国和法国的翻译理论。最初计划也包括德国卷,但后来因为某些原因未能出版。这套丛书对于开拓国内学者视野,吸收和借鉴国外先进翻译理论,起到了重要作用。后来,随着我们对西方翻译理论了解的不断增加,我又发现了一个问题。那就是,国际上谈论翻译理论,总是想到西方的翻译理论,对中国的翻译实践与理论思考基本不了解。中国翻译历史悠久,理论资源也很丰富,但国外翻译学界对中国翻译研究的成果了解有多少?难道中国就没有可以与国际翻译学界同行交流和对话的东西吗?带着这样的问题,我给翻译学国际期刊 *Meta* 的主编写信,建议他们介绍一下中国翻译研究的成果,做一期中国翻译理论研究的专刊。两个月后我收到回信,我的提议被采纳了。后来,我联合申丹、王克非、范守义、郭建中等国内一批翻译学者来做这件事情,*Meta* 杂志经过严格的学术评审之后,全部予以通过。所以,1999 年 1 月,该刊发表了十几位中国学者的文章。后来,我又应邀加入了国际翻译家联盟的会刊 *Babel* 的编委会,进一步增加了与国际翻译学界的学术交流。现如今,只要翻开一些重要的国际翻译学研究期刊,都可以发现中国学者的名字。这就是国际对话与交流的体现。这种交流是双向互动、互惠互利式的学术交流,不仅对于繁荣中国翻译理论研究,而且对促进全球翻译研究的生态平衡和良性发展,都起到了助推作用。

综上所述,当前翻译实践、翻译教育和翻译研究发展迅速,在很多领域都取得了不少突破性进展,然而,国内翻译界也因此产生了一些困惑、问题与焦虑。其中比较突出的就是理论的焦虑、技术的焦虑、方法的焦虑和价值的焦虑。这些焦虑症的产生有其特殊而又复杂的历史与现实背景,给翻译学者带来了一些困扰和压力。本文分析了这些焦虑症的具体表现及其发生和发展的外缘与内因,并针对这些症状提出了我们自己的看法,尝试着开出了一些药方。我们认为,这些焦虑的产生,一方面是翻译产业、翻译教育和翻译研究发展的自然结果,与整个社会的发展变迁,尤其是与经济的发展、科技的进步、教育的变革和学术的演化密切相关,反映了一些翻译界乃至整个社会都普遍存在的状态。另一方面,这些困惑、问题与焦虑也给我们指出了当下学术研究需要关注的一些根本性的问题。因此,在面对这些焦虑症的挑战的同时,我们也可以发现一些拓展研究主题和研究视角的途径。当然,要找准问题,解决问题,我们的翻译学者需要提高自身的研究能力,凸显出自己独特的研究特色。一个人的学术面貌,与其准确的学术定位、长期不断的坚持积累、找到自己的独特优势、积极参与国内外学术交流等都密不可分。对于一个学者而言,学术面貌越清楚,就越能在学界脱颖而出。

(本文系 2017 年 7 月 23 日在中国翻译协会主办的翻译理论研讨班上所做的报告的文稿,由覃江华副教授根据报告录音整理而成。)

文学翻译、文化交流与学术研究的互动

——以我和勒克莱齐奥的交往为例

凌建侯(主持人,北京大学外国语学院世界文学研究所所长、教授、博导):

今天我们非常高兴地请到了著名翻译家、学者许钧老师来到我们外院世文所,我们所的师生大多读过他的书。许钧老师是浙江衢州人,现在是浙江大学文科资深教授、博士生导师,教育部长江学者特聘教授,曾经在南京大学工作多年,担任过南京大学研究生院的常务副院长、南京大学的学术委员会副主任。头衔很多,我挑选介绍一些:现在兼任教育部外国语言文学学科评议组召集人,全国翻译硕士翻译教育指导委员会副主任,中国翻译协会常务副会长,他也是中国作协的会员,并担任 *Meta*、*Babel*、《外语教学与研究》《中国翻译》《外国语》等 10 余种国内外权威学术刊物的编委。许老师发表了学术论文 240 多篇、著作 8 部、译著 30 余部,我挑一些比较有影响的,譬如米兰·昆德拉的《不能承受的生命之轻》、波伏娃的《名士风流》、勒克莱齐奥的《诉讼笔录》等,其中有些书我们世文所的师生应该都读过,像著作《文学翻译批评研究》《翻译论》,特别是《翻译学概论》,大家都不陌生。他的许多著作多次荣获国家与省部级优秀成果奖。奖项很多,我选一些介绍给大家:1999 年获法国政府颁发的"法兰西金质教育勋章",2008 年和 2010 年两次获国务院学位委员会和教育部颁发的"全国优秀博士学位论文指导教师"称号,2011 年获宝钢教育基金全国优秀教师特等奖,2012 年获中国翻译协会颁发的"翻译事业特别贡献奖",2015 年获江苏省委省政府授予的"江苏社科名家"称号,等等。我们今天特别荣幸,我们外院世文所师生以及其他院系师生在外国语学院会议厅聆听许钧教授关于"文学翻译、文化交流与学术研究的互动——以我和勒克莱齐奥的交往为例"的讲座,希望大家会有很大的收获。

同时,我们今天也邀请到了北京大学外国语学院英语系的教育部长江学者特聘教授申丹老师,特别荣幸,特别高兴,真是没有想到申丹教授真的能来,谢谢您申老师!还有我们外国语学院的院长宁琦教授、副院长吴杰伟教授也来到了现场。今天我们邀请到了法语系的两位专家,杨国政教授作为评议人也来到了我们现场,段映虹教授一会儿作为对话嘉宾将会与主讲嘉宾进行对话,对话嘉宾还有英语系的黄必康教授以及世文所的副所长程小牧老师。我看我们外国语学院的这些老师大家应该都很熟悉,我就不一一详细介绍了,我把时间交给许钧老师。欢迎许老师……

许钧:

非常高兴,这次应北京大学外国语学院宁琦院长的邀请,我来到北京大学与大家进行交流。上个礼拜五下午我已经与外国语学院一批非常有才华、有思想的年轻学者做了交流,我自己通过交流也有很多收获。今天下午到场的除了老师和青年学者,更多的是我们的学生。我今天下午讲座的题目比较长,叫"文学翻译、文化交流与学术研究的互动"。这个题目可以说基本囊括了大学外语学科老师的基本任务。我刚才特别注意到,凌所长介绍我的时候,首先说是"翻译家",然后说是"学者",我非常认同这个介绍。在我们外语学科,我觉得翻译是一个基本功。在大学里,很多学者都做翻译,我们北京大学的一些著名教授本身就是翻译家,季羡林是翻译家,他翻译的印度史诗太重要了,现在季羡林虽然走了,但是他的翻译还活着。刘安武是翻译家。再年轻一点的,很多我都很熟悉,打过多次交道,有仲跻昆教授、张玉书教授、赵振江教授,赵振江的诗歌翻译,不仅影响了北大的学子,更影响了全国的诗歌爱好者。还有法语的桂裕芳教授、罗芃教授、秦海鹰教授、王东亮教授,大家都知道王东亮教授翻译了非常有名的《情人》。申丹教授是位学者,但是我知道申丹教授获得过"梁实秋翻译奖",你们在座的可能不知道,她主编的"新叙事理论译丛"(里面有她翻译的《解读叙事》和她为第一译者的《新叙事学》)在全国文学界的影响非常大,在学术界被引用的次数也是非常多的。翻译非常重要,但现在我们遭遇了问题的另一面:在大学学府里,翻译的重要性尽管已得到承认,但它始终不受重视,因为它在职称评定时不是一个重要的依据。如何解决这个问题?我想最好是能够在理想与现实之间、在体制内与体制外之间,找到一种融通的方式。我觉得,我们每个人都要生活在现实中,但心中不能没有理想。一个大学教师,你能不能走出承认与不承认的所谓现实的阻挡,能不能把自己的理想和追求与现实结合起来、与一个教师应该担当的责任结合起来,这正是我今天想讲的内容。我在周五的讲座中特别明确地谈到,在一流大学、一流学科的建设当中,我们每一个教师应该肩负三个主要工作,一个当然是人才培养,第二个就是学术研究,第三个是社会服务。我看了北大外国语学院的网站,学院介绍中有关"学术声誉与社会影响"那一栏有四点,其中两点跟翻译密切相关,第一,我们做了很多中外文化交流的活动,第二,我们这里的外语学院翻译了大量的世界经典名著,当然也包括学术经典名著。可见我们这里的老师很好地把翻译的价值跟教师的职责,跟一流大学、一流学科的建设任务结合了起来。下面我想结合我自己的经历,和我所了解的情况,从这个角度谈一点自己的看法。

一、"做翻译不能止于翻译"

首先,我觉得我们做翻译不能止于翻译。很多人翻译一本书,仅仅是翻译一本书,书译好了,就结束了。实际上,如果说文学翻译是一种文学的创造,或者说思想的创造,那么翻译做完后它到底牵连着什么呢?刚才我提到老师有三大任务,学术研究、人才培养和对社会的服务和贡献,也就是我们的文化交流。我认为,翻译可以和这三个任务密切地结合起来。

第二,做过翻译的都知道,就其根本的形式而言,狭义的翻译,就是从一种语言到另一种语言的转换过程,它从一种文字出发抵达另一种文字。但是我们永远不要止于文字的转换。如果我们把这两点做好,翻译就会呈现不一样的面貌。以理论与实践结合的问题为例。以前我们认为,翻译的世界是从一本书到另一本书,但其实文本的一头有作者,另一头有读者,真正的翻译世界由作者、文本、读者、译者构成。如果我们考虑到文学翻译是一种生命不断生成的过程,那么我觉得还有很多因素可以加入进去,比如说出版者,比如说研究者。如果我们单单关注翻译这件事,那么翻译结束后事情就截止了,但如果你关注翻译背后的世界,和其中的因素发生联系,你的世界就能真正地打开。

就我自己来说,我们 MTI 有翻译工作坊,在翻译工作坊,我们讨论的是文本的翻译问题。但我在上第一课时会提一个问题:你为什么要做翻译? 你做的翻译是别人叫你做的还是你自己选择的? 这个问题并不简单。巴金十六七岁就开始做翻译,但并不是别人让他做的,巴金在十六七岁时已经对世界有自己的想法,有自己的理想和追求,对于文学有自己独特的理解,所以他要把自己的目光转向另外一个文学世界,他已经开始办杂志,去找一些东西来翻译,能够主动地、有目标地、有追求地把它们推荐给中国的读者。我们 MTI 的学生已经是硕士,更应该知道翻译到底为了什么,应该选择什么样的有价值的东西来翻译,这种价值又怎么认识。所以我上完第一课后,会留一个作业,请每位同学回去以后写一篇两三千字的文章,介绍一部或一篇自己认为值得翻译的书或文献。之后同学们会在课上互相介绍自己推荐的书,说明它的价值。作为老师,我也学到了很多东西。

受这门课启发,我们跟有关杂志建立了联系。比如上海《文汇读书周报》有一个栏目叫"阅读西方",差不多占据一个版面,这个栏目是我们开的,在很长一段时间里,都由我的学生担任栏目主持,还有很多学生为它供过稿。后来又在《中国图书评论》开了一个栏目,叫"西域书影",刊登的基本上都是我的学生的文章。这些文章发表后会带来什么? 很多出版社会去找他们。比如一个学生介绍了一本名为《爱丽舍宫的陌生人》的书,是希拉克传记,讲述新总统来临、旧总统离去的故事。这本书写得非常好,出版社得知后马上就去找她了。通过这些栏目的设置,通过书情介绍,学生跟出版者建立了联系,获得了翻译的机会。

但翻译不应止于此。我对学生说,文本的背后是作者,你所翻译的书的作者,如果他已经离开我们,请你找到最新、最权威的研究他的文献或著作,如果他还健在,请你联系到他。这个要求非常重要,因为我知道,如果作者还活着,那么一旦我们与他建立了联系,这对于我们理解他的书,对于一种长期关系的建立,都是非常重要的。那么怎样才能建立联系呢?随便写封信行吗?我说不行,一定要把这部书中你无法理解或无法解答的问题找出来,带着这些问题去请教他,我相信十个作者十个都会给你回信,因为他认为你尊重了他的书,你理解了他的书,如果他认为你提的问题很到位,他还会跟你建立一种信任的关系。我们的学生还会问我,怎么才能联系上呢?我说非常简单,只需给他的出版社写信。法国的出版社一定会把这封信转交到作家手里。我为什么会有这样的自信呢?我在二十多岁,还是一名军人的时候翻译了第一本书,翻译过程中遇到了一些问题,军人不能跟外国人联系,但我还是通过别的关系跟作者建立了联系。跟勒克莱齐奥先生建立联系是在 1980 年,在翻译他的书《沙漠》时,有很多问题解决不了,我就写信问他。他不但回了信,还主动给《沙漠》中译本写了序,写得非常好。

第三,翻译除了连着作者之外,它还连着读者。一个文学文本的生成到文本生命的生成,这是一个不间断的过程。作者完成了一本书,作者就"死"去了,但作者已死,书却还要活着,活着靠什么,靠读者。很多译者在译完作品后就觉得跟他没关系了。我觉得这样不行。一本书到了你手里,尤其当作者还是你喜爱的作家,你带着真正的理解翻译了这本书,你对它是有感情的,你要为它的生命负责。所以我对我的学生说,你翻译的书出版后,必须写一篇 1500 字左右的推荐,谈谈你对这部书及其价值的理解,最好能发到刊物上去。《文汇报》《文汇读书周报》《中国图书评论》等报纸杂志经常会收到我的推荐。前不久我们的一个学生翻译了巴塔耶的《天空之蓝》,今天要参加对话的程小牧是巴塔耶研究的专家,她对巴塔耶有深入的研究。因为我对学生有明确的要求,这位学生便写了一篇译后记,她说:《天空之蓝》,"非常之蓝",可以说是"一部非常之书",更准确地说是一部"反常之书"。我就跟出版社说,书已经出版,这篇译后记可以推荐出去,题目我都给它起好了,叫《反常之书:〈天空之蓝〉》。译者到了这一步,他面向的是读者,要向读者推荐自己翻译的作品,让文学生命真正得以延续。翻译的过程是阐释的过程,是不断加深理解以及再表达的过程,因此翻译必然涉及研究。所以,我特别期望我们的学生在有可能的情况下,对自己翻译的书进行一些研究,当然前提是这部书是有价值的。我们平时都说翻译是一个世界,翻译涉及很多因素,但大多数时候我们只是泛泛而谈,如果能把空泛的理解变成一种真正的学术理解,你就会觉得,翻译活动所涉及的真的是一个很大的世界,你在每一个方面都可以有自己独特的理解和发现,也会有所收获。

二、"要用自己的眼光去发现一流的作家"

所以我想讲下面一个问题,我认为,翻译,文学翻译应该是有所发现的,翻译的过程就是发现的过程。译者为什么要翻译?因为有他者,因为有差异。译者通过他者来丰富自身,就像歌德说的,"通过异之明镜照自身",这个过程要求译者具有一种发现的目光。这是我讲的第一点,这一点对于我们文学翻译者非常重要,刚才我讲到巴金的例子,其实这样的例子非常之多。

以我和勒克莱齐奥为例。我跟勒克莱齐奥的作品相遇是在 1977 年。那年我 23 岁,在法国留学,那个时候我真的没读过什么书,翻译文学只读过巴尔扎克的作品,傅雷翻译的。现代派作品,像太阳剧社的作品,像尤奈斯库的作品,国内没人读,我都是在法国读的。勒克莱齐奥的第一部书《诉讼笔录》也是,当时是真的读不懂。那是在 1977 年,我记得很清楚,老师向我们推荐这本书,说写得特别好。老师说的话我特别信服,就把这本书找来读。读了一个礼拜,没读懂,因为它没有故事,里面的主人公,你不知道他是来自军营,还是来自精神病医院,也不知道他是一个什么样的人。他说的话都是颠三倒四的,每天的活动是看到老鼠就跟老鼠对话,看到树就跟树对话,看到狮子就跟狮子对话,他说"我梦想成为狮子,成为石头,成为树木",我那个时候真不懂。他到大街上发表演说,批判这个社会,最后当局把他当精神病人抓起来。这样的东西我哪能读得懂呢?我刚刚经历了"文革",就知道"真善美",这样一本书我看不出来真在什么地方,也看不出来美在什么地方,善我也没看出来。但就是这样的书,读了以后,我发现我忘不了它,忘不了里面的主人公。主人公名字叫亚当,这个很有意思,亚当,《圣经》里的亚当跟这个亚当是不一样的,那么这个亚当是什么人呢?我就觉得,如果亚当是人类的始祖的话,那么这个亚当就是物质时代的人的化身。

读不懂,但也忘不了,因为书里的东西太反常了。这就像有一个人,他不一定爱你,但是你喜欢他,你忘不了,《诉讼笔录》就是这样一本让我忘不了的书。到了1980年,南京大学的钱林森老师给我一本书,书名叫《沙漠》。《沙漠》我读下来后,觉得文字特别优美,它有两条线,一条讲过去,一条讲现在,其中有一个人物叫拉拉,也让我特别难以忘怀,特别是当她在法国成名,成为封面女郎之后,她还是要回非洲去。在回非洲的路上,在沙滩上,望着无花果树往前爬,大地的颤抖声,沙漠的那种气味,背后的浪花,跟她生孩子前的颤抖融为一体,她仿佛又回到母亲的身体——非洲大地。读完以后难以忘怀,我就想把这部书翻译出来。后来我发现,作者跟我以前看的那本讲述精神病人亚当的《诉讼笔录》是同一个。所以我是先喜欢上《沙漠》,之后又回头去找了《诉讼笔录》,发现以前读不懂的部分渐渐能够理解了。在1991—1992年,我把这本书慢慢地翻译了出来。

勒克莱齐奥先生比我大14岁,他1940年出生,1963年发表了《诉讼笔录》,获得了当年的勒诺多奖。那时他名气并不是很大,1980年时国内对他没有任何研究。但是我和钱林森老师发现了《沙漠》,觉得这部书非常重要,就给出版社写了 1500 字的推荐信,还一起翻译了 2 万字的试译稿,交给了湖南人民出版社。我觉得对于勒克莱齐奥,我是具有一种发现的眼光的。

我因为翻译困难向勒克莱齐奥先生求教,我们在 1980 年就建立了通信关系,1992 年,他又随法国大使来南京看我。之后他每出书必寄我,给我寄《金鱼》时,他在《金鱼》这本书上画了一只小金鱼,给我寄《流浪的星星》时,他画了几颗星星在书上。我就觉得我们的心特别相通。因为时间关系,不可能每本书都由我自己翻译,我就让我的学生去译。

一直到 2004 年,那时他在法国已经很有名气。我那时有机会推荐诺贝尔文学奖候选人,便向瑞典文学院推荐了他,也把我的推荐信寄给了勒克莱齐奥先生,跟他说"你一定会获得诺贝尔文学奖"。我觉得我们中国的外国文学研究者特别有眼光,2008 年 1 月,勒克莱齐奥被授予"21 世纪年度最佳外国小说"奖,是吴岳添等几位法国文学研究会的老师选出来的,勒克莱齐奥还到中国来领奖。等到那年 10 月份,他获得了诺贝尔文学奖。在他获得诺贝尔文学奖的刹那间,我忽然觉得,诺贝尔文学奖也没什么了不起的,因为就是身边的朋友获得的。他得奖了,他为什么能获得,理由很充分,我很了解,我自己也给他写过三个理由。现在这封推荐信,我还留了副本,瑞典文学院给我的回信,我也还保留着。从开始被翻译,到不断的翻译,现在国内已经翻译了他二十几部作品,其中大概 70%是我跟我的学生翻译的。像这样的发现,我觉得对我们每一个文学研究者来说真是非常重要。

大家知道,鲁迅文学奖里设有翻译奖,我曾有机会担任这个奖的评委,但对于作品的一个入选条件,我非常不认同,就是参评鲁迅文学奖的不能是复译。后来我跟他们说,比如勒克莱齐奥,他在 20 世纪 80 年代刚被译介至中国时还没有什么名气,他的书不会入选;等到他获诺贝尔文学奖的时候,我们复译了他的书,比如说我翻译的《沙漠》,我们都觉得应该获奖,评审条件却说,这是以前翻译过的,不能获奖,我觉得这对于译者来说是非常不公平的。一个翻译家的价值,就像一个评论家的价值,当作者还没成名时,好的评论家能够发现作者的价值,能够对他做出非常重要的阐释,能够拓展、丰富作品的生命,让这个作家能够被发现;一个译者也同样如此,好的译者应该发掘作者。我们很多人做研究时说,一流的作家有人研究了,二流的作家有人研究了,我没什么可研究的了。但我们所看到的一流、二流,都是别人发现和认定的一流、二流,你能不能自己去发现一个一流、二流作家呢?能不能从三流甚至还不入流的作家中,看到一个潜在的一流作家呢?我觉得翻译者应该有这样的发现,用自己的眼光去发现一流作家。

10 年前,在一个朋友的帮助之下,我组织了一个文学翻译奖,叫"依视路杯全国法语文学翻译奖",段映虹老师他们都知道。依视路是很有名的眼镜牌子,它的广告语是"看得更真、看得更美",我很认同这个宣传语,所以找到他们,我说你给我机会,我来设一个文学翻译奖,我们的文学研究就是要让人对人生看得更真、看得更美,他们就同意了。第一次选翻译材料时,我花了很多力气。因为如果一篇文章特别有名,它可能已经有翻译,那么我们的学生去比赛,把现有的东西拿来改造一下,这样就体现不了翻译的价值;特别没有名气的东西,翻译了也没有什么价值。所以你要选择。后来在选择过程中,有人给我带来一本书。这个人是萨特的一个朋友,她带给我的那本书叫《书的馈赠》,作者我第一次听说,以前没读过他的书。但这本书我一读就喜欢上了,所以就选了书的第 1 页和第 2 页,作为翻译竞赛的原文。我记得那一次获得竞赛冠军的,是我们北大法语系的何一同学,她翻译得特别好。即使她翻译得好,我认为她的翻译跟第 2 名之间的差距也不是很大,前不久还有一位很有名的翻译家说起这件事,说第 2 名他也很喜欢,两位译者对原文有一些不同的理解。同一句话有不同的理解,有不同的理解必有不同的表达,那哪一个是对的呢?不同的理解有两种可能,或者字面意义跟内涵不一致,或者它的比喻跟你所要指向的东西不一致。所以我就对原文进行了研究,发现里面有几句话确实可以有两到三种甚至更多种理解,而且我自己就因为理解的多重可能性而特别喜欢这样的书,因为一部文学作品,它理解的可能性越多,它的个性越强，它的价值一定越高。科学指向一，唯一，但文学指向的一定是多，是多重的可能。正因如此，像《红楼梦》《尤利西斯》《追忆似水年华》这样个性强烈的作品，它们就有多重阐释的可能，也为阐释留下了足够的空间。我断定这本书是好书后，就想去了解作者，后来了解到作者的名字叫丹妮艾尔·萨拉纳芙，据说是巴黎第十大学一位非常不错的教授，也是一个文学家。后来我去巴黎时跟她见了一面，因为我要向她请教。我们一起讨论文本，讨论她作品中难以理解的句子，她觉得很有意思。一开始我问她有没有这层意思，她说没有，我跟她分析，说我认为还有这样的意思，谈完了以后她说，哎呀！好像确实有这个意思！所以我觉得读者是可以有所发现的。几年以后，这个作者当选法兰西学院院士，四十个不朽者之一！我又觉得好像也没有什么了不起，为什么？因为我跟她接触过，离我并不远，我们一起探讨过问题。如果回想我所做的，我翻译过很多书，通过这些书，我有很多发现，这种发现，我认为不仅仅是对一本书的发现，更是通过文本发现各个层面的东西。

三、经由翻译，"可以在多个层面展开研究"

我想说的另一个问题是，我觉得一个翻译者不应该止于翻译，他应该有所研究。一个翻译者如果是一个发现者的话，他可以带给我们一个新的世界；如果他是一个研究者的话，他可以让我们对这个世界的纵深看得更深。其实文本的内容是非常丰富的，我们可以在多个层面展开研究。

第一个层面是语言层面。都说文学是最丰富的语言，丰富的语言现象、语言的创造性都体现在文学之中，所以我们学的课文很多都是文学作品，因为文学作品能让我们真正去触摸语言的温度，去感知它的律动。所以如果是一个有心人，我们在翻译时要把文学文本中遇到的一些语言现象记录下来进行研究。我在 20 多岁的时候，语言水平还比较低，但我特别喜欢那些看不懂的句子，看不明白的语法现象，还把这些东西作为例句收集起来，通过这些例句来说明隐喻问题、蕴含义问题等。我早期的文章都是关于蕴含义也就是 connotation 的理解的，我们有 connotation 和 denotation，我觉得文学作品的 connotation 最为丰富，就这方面我写了一些文章。

第二个层面是文学的层面。我早期对文学的关注不是很多，后来阅读多了开始思考文学层面的问题。因为你要读懂一部作品，就要了解这部作品的文学特色在哪里，它的文学价值又体现在哪里。对于一部好书，这些问题如果讲清楚了，那么就会是一篇好文章。比如说勒克莱齐奥，人们说他的创作是一个诗意的历险过程，那么他的作品为什么会具有诗意写作的特征呢？于是我就写了一篇题为《诗意的诱惑与诗意的生成——论勒克莱齐奥的诗意历险》的文章，写了一万八千多字，发表在《浙江大学学报》上，后来这篇文章被《新华文摘》摘录了论点。再比如说我翻译昆德拉的《无知》后写了一篇文章，文章写完后还请申丹老师指正，后来发表在《外国文学评论》上。我翻译了《邦斯舅舅》《桤木王》等很多书，翻译完了以后我都进行了研究。我一直认为我是做翻译研究的，文学研究上不会有什么成就，但是今年我把我这些文章收集起来，发现已经有 20 多万字的东西，涉及很多文学名家的作品。我给这个文集起了一个书名，叫《法国文学散论》。这样的研究我还可以继续下去。

第三个就是翻译层面的研究。我早期做了语言文字层面的研究，近年又做了一些文学方面的研究，但翻译一直是我非常有目标、有追求也很有动力的研究。1987 年，我有机会参加《追忆似水年华》的翻译。这部书太难译了，15 个人翻译 7 本书，基本是两人合译一本。这部书的翻译可谓前仆后继，有些知名翻译家承担翻译任务后，觉得太难便放弃了，我是后继者，是当时《追忆似水年华》"翻译敢死队"的一员，而且是最年轻的。两年时间，我翻译了 23 万字，每天翻译 6～8 个小时。我们可以算一下，23 万字除以 600 多天时间，每天翻译多少字。有的时候一天连一个句子都翻译不出来，因为普鲁斯特的句子太长了。但是通过两年的接触，慢慢地，对于这部连法国人都认为是天书的作品，我认为我开始走进了它的世界。所有的难点，我能记下来的都记下来了，无论是语言的、翻译的，还是有关文学特质的。1989 年翻译完成,我还在法国《世界报》上发表了一篇文章。但最大的收获是,这部书翻译完了以后,我写了一本书,叫《文学翻译批评研究》,以《追忆似水年华》这部"不可翻译的天书"的汉译为研究对象,探讨该书的隐喻、长句、风格等方面的翻译问题。长句怎么翻译? 意识流怎么翻译? 隐喻怎么翻译? 普鲁斯特的风格怎么翻译? 要回答这个问题,就要回答他的隐喻到底有什么特征,他的长句是怎样构成的,长句的价值体现在哪里,他的风格有什么特征,有什么标志,等等。在翻译方法研究的基础上,我谈到了文学翻译的评价问题,以我自己和其他几位"敢死队"队员的翻译为蓝本,许渊冲先生也是当时"敢死队"的一员,我在书中还评论过他的翻译。《文学翻译批评研究》出版后一直很受关注,现在已经有第二版,我相信它以后还会有别的语言的版本。

所以我们可以想象,作为一个翻译者,如果止于翻译,不迈出走向研究的那一步,那么你永远只能是一个翻译者,你的理解可能在你翻译结束的那一刻就永久地凝固了。但作为一个研究者,你可以走得更远,能够在各个层面展开研究。所以我觉得作为一个翻译者,一方面要有所发现,应该有所发现,另一方面是一定要有所研究。

四、"翻译对文学文化交流、对学术研究应该真正地有所促进"

但我觉得只研究翻译背后的东西可能还不够,所以我想讲第三点,就是翻译对文学文化交流、对学术研究应该真正地有所促进。翻译对学术研究的促进毋庸置疑,比如申丹教授等人组织的关于叙事学的翻译,还有我和南大周宪教授主编的关于现代性研究的译丛,总共 60 多种书,之后我跟周宪教授又主编了一套文化与传播译丛,也在商务印书馆出版,有近30 种,收录了麦克卢汉等当前最具影响力的传播学学者的名著,这些翻译对中国的叙事学研究、哲学研究和传播学研究推进是很大的。怎么证明呢? 这些书是哲学和人文学科领域的学者引用最多的一些书。2011 年,南京大学的苏新宁教授主编、出版了一部很有价值的书,叫《中国人文社会科学图书学术影响力报告》。该报告将著作分为两类,一类是在国内出版的国外著作,另一类是国内学者撰写并在国内出版的著作。不言而喻,前者就是译著。该报告根据图书被 CSSCI 来源期刊引用的情况,在数十万种图书中收录了 3113 种,涉及 24 个学科,其中译著达 1285 种。经过分析,报告认为:"国外学术著作在我国人文社会科学领域发挥着很大的作用,产生了很大的学术影响力。"申丹老师有三部在里面,有专著,也有译著。

但是我们的文学翻译能不能真正地跟文化交流联系起来?我们都说翻译是文化的桥梁,我们怎样才能有意识地去做这样的工作?我觉得有意识和无意识是完全不一样的。我们都知道文学交流有多种形式,一种是通过文本,一种是通过作家之间的交流,还有各种跟书的推广、传播相关的活动。译者既然是桥梁,那他就应该自觉担负起推动文化交流的责任。这件事多年来我都是有意识地去做的。以勒克莱齐奥为例,段老师、杨老师都知道,勒克莱齐奥在法国几乎不在公开场合露面,很少去签售会,也很少接受媒体采访,跟大家交流不太多,大家都说他是一个很腼腆的人。获诺贝尔文学奖之后,有段时间他一个人跑到英国乡下,谁都找不到他。他到了中国,我跟他说,你能到中国是因为你的书被翻译了,你的书被翻译了是因为有很多人要读你的书,你和你的读者正面交流是很值得的,另外还有很多作家也在读你的书,他们也想跟你进行交流。他觉得我说得好像挺对的,就没有拒绝。于是我的胆子就更大了一点。有一次上海国际书展要找两个人参加活动,一个是数学家丘成桐,还要找一个诺贝尔奖获得者。后来他们找到了我,因为他们知道我跟勒克莱齐奥很熟,想让我帮忙把他请过来。我就给他写了一封信,结果他真的来了,而且讲得特别好。我记得那是一个下雨的日子,他为 1000 多个读者签书。他又接受了中央电视台的采访,很多读者为他送上心爱的礼物,他看后特别感动,没想到读者是这样的。后来,我又推荐他去参加了几次重大的活动,比如今年江苏搞了个"扬子江作家周",舒婷、余华、苏童、毕飞宇全去了,他也去了,还做了一场特别好的演讲。

我还跟他说，要跟中国文学有真正的相遇，必须跟中国作家进行对话，所以我组织了勒克莱齐奥和莫言的三次对话。一次在西安。为什么在西安？因为丝绸之路的起点在西安，组织者希望他们两人就丝绸之路谈一谈自己的看法。丝绸之路不仅是贸易之路，更是文化交流之路和精神共鸣之路。他们两人在西安进行了一次交流，这次交流所带来的精神意义、象征意义和实际意义都非常重大。第二次，我们在山东大学组织了一次交流。为什么要到山东大学？因为中华民族要复兴，必须有根，而孔子是中国文化的思想之根。勒克莱齐奥到山东跟莫言进行对话，我觉得这具有一定的象征意义。对话之后，我又带着他，同莫言夫妇去了莫言家里，见到了莫言90多岁的老父亲，见到了莫言写小说的那个小土屋。小土屋非常小，门很矮，高度大概在一米五左右。勒克莱齐奥身高超过一米九，所以他到莫言家的时候，是低着头进门的，进去之后他有两分钟没说话，一直在看。他问莫言在这里写了几本书，莫言告诉他写了7本，他的眼泪就流出来了。后来他在一次演讲中说：当我到了莫言的老家，看到他的小土屋，裸露的墙、裸露的土地，看到那种简陋和贫困的时候，我能感觉到他笔下的每一个字的分量。他写了一句题词："在最贫瘠的土地上生长出最丰硕的精神成果。"我们的记者在勒克莱齐奥低头进去的那一刻拍了照片，写了一篇文章，给莫言看。莫言一看说，不行，因为文章提到"法兰西人低下了他高贵的头颅"。莫言说，我的理解是："最是那一低头的温柔。"这就是交流，我认为，这种精神的契合，使两个作家心中产生了巨大的共鸣和力量。后来我又陪勒克莱齐奥到浙江大学，在这里，莫言跟勒克莱齐奥又进行了一次交流。那次交流讲的是教育问题，书、文学创作之于教育的意义。所有这些交流和演讲的题目都是我起的。

除此之外，勒克莱齐奥跟毕飞宇、余华、方方等作家都有过交流。2015年我跟他在华中科技大学访学14天，住在学校里，他做了两个讲座，我也做了两个讲座，还有一些采访、交流和研究。后来华中科技大学由方方担任主任的现代文学研究中心编了一本书，叫《存在与发现——2015年秋讲·勒克莱齐奥　许钧卷》，大概有42万字。两个星期留下了42万字,这种交流是真正的文学交流,真正深入到作家、作品当中去了。

　　一个作家到中国来,你是带他去社交吃饭呢,还是带他去做别的什么呢?我对勒克莱齐奥说,你必须对中国的古典文学有所了解。于是我带他到了泰州。大家知道,泰州是施耐庵的故乡,孔尚任的《桃花扇》也在那里诞生,这块土地,每一滴水都是文学的。我带他到了那里,他就被迷住了,写了一句话:"这里地方虽小,故事很多。"我后来才知道那是马可·波罗说的。你可以想象,勒克莱齐奥在那一刻想到的,是连接西方人和东方人的那颗心。我陪他到孔尚任故居吃了晚饭,又带他到施耐庵墓地,我们俩人在墓前很虔诚地拜了三拜,有照片记录。后来我又顺路带他到了淮安,罗贯中的家乡。

　　我还带他到过两所中学,一所幼儿园。他给幼儿园 30 位两三岁的小朋友讲了一个故事,叫《树国之旅》,就是在树的国家的旅行,这是他的一部小说。他还给孩子们写了一首诗,他认为孩子们是未来的天空。中央电视台知道消息后,派少儿频道去录制了节目。我觉得这样一些活动不仅可以使勒克莱齐奥对中国有所了解,可以让文学家之间有所交流,更可以让他甚至让我本人对中国古代文化、对中国文学的骨脉、对中国人的灵魂和追求有所了解。一个学者如果能在翻译的背后去做这些工作,在过程中有所发现、有所研究,对文化有所促进,这就是我们对社会的贡献。对维护文化多样性所做出的贡献。我觉得这是很崇高的。

五、"要把翻译与人才培养结合起来"

　　第一点,作为一个翻译者,我觉得还应该更进一步,把翻译与人才培养密切结合起来。文学翻译跟人才培养有关系吗?有人觉得什么关系都没有,我却觉得关系很大,关键要看是不是有心。如果把一辈子作为一个追求,把所有的东西做一个积累,你会发现翻译跟人才培养有很多的关系。比如我编了一本书,叫《法汉翻译教程》,是教育部精品教材,里面用的基本上是我译过的书中的例子。教材中有关标点符号的使用等,是其他书里没有的。我通过翻译实践积累了丰富的例子,编了一本可供培养人才的书。

第二点,我刚才讲过,我翻译过《追忆似水年华》,也翻译过《不能承受的生命之轻》。在这些书的翻译过程中,我发现有很多问题是值得研究的,我自己来不及研究,就让我培养的博士生来研究。所以我的学生的博士论文题目很多跟文学翻译相关。比如说我研究傅雷。我翻译《邦斯舅舅》,我翻译《贝姨》,就是为了学习傅雷,我觉得自己不如傅雷。因为傅雷的文学翻译太经典了,我便让一个学生以《约翰·克利斯朵夫》的翻译为例,研究翻译文学经典的生成与传播过程,这篇博士论文后来成书了,书名叫《翻译文学经典的影响与接受》,写得非常好,从理论上解决了翻译经典是否存在、怎么生成、怎么传播的问题。这篇论文后来获得了全国优秀博士学位论文。另一个学生,我让她做《追忆似水年华》的翻译风格研究。还有一个学生不久前刚答辩完,她的论文是昆德拉在中国的译介与阐释研究,因为有《不能承受的生命之轻》等很多例子。关于《不能承受的生命之轻》,其中有一个方面我特别关注,那就是读者的反馈。据说在一个网站上,读者留言多达 30 多万条,最长的有 4000 多字,我觉得只要把这 30 多万条留言进行研究,就是一部非常有价值的有关读者阐释研究的博士论文。还有《诉讼笔录》,我在 1991 年翻译了《诉讼笔录》,译文在 1992 年出版,1992 年我在南京大学工作后指导的第一篇本科论文,就是研究勒克莱齐奥的《诉讼笔录》,这是中国最早研究勒克莱齐奥的论文。后来由于我关注了勒克莱齐奥,就指导了两篇研究勒克莱齐奥的博士论文,一篇跟法国索邦大学教授米歇尔·穆拉联合指导,另一篇跟法国新索邦大学一位教授联合指导。这两篇论文在法国答辩也获得了最好的评语,这两个学生现在一个在南京大学任教,另一个在浙江大学任教。所以就我来说,所有的翻译实践与研究、所有的文学研究,都跟学生培养紧密地结合在一起。

更为关键的是,当时我还在南京大学研究生院工作,我便说服学校直接聘请勒克莱齐奥为南京大学博士生导师,其实勒克莱齐奥本人就是博士。就这样,被我们翻译的作家直接转化为生产力。勒克莱齐奥在世界上招了独一无二的一个博士生,目前就读于南京大学,非常优秀,就是前面提到的翻译《天空之蓝》的那个学生,叫施雪莹,勒克莱齐奥也特别喜欢她。在选择论文研究对象时,我们经过讨论,没有研究法国特别有名的作家,也没有研究法国本土的文学,而是让她研究法国海外领地的法语文学,因为勒克莱齐奥的目光更多地集中在这些国家和地区。

后来,勒克莱齐奥被聘请为南京大学教授,他每年给全校学生开设一门通识课,用英文授课。第一年的课程主题叫"艺术与文学的多元阐释"。我记得特别清楚,他提到对文学艺术进行非线性阐释的观点。为什么非线性?因为他认为文学艺术不是从低级阶段发展到高级阶段的。每一个时代都可以产生它特有的文学艺术,不同时代的文学艺术不能简单地进行比较。我觉得这个观点非常重要。第一年选这门课的人很多,还有很多人旁听,因为他用英文讲课,大家都能听懂。选课的学生做了作业之后,他都要亲自批改,有的人写得很好,他要给他们 100 分,我坚决不同意,我说文学艺术最好只给 95 分,他便对别人说,是我不让他给 100 分。第二年开课时,我建议上同样的内容,因为课讲得那么好,那么受学生欢迎。他说不行,已经讲过一次,不能重复。于是第二年开课时,他讲了"文学与电影——艺术之互动"。我觉得他太了不起了,他以俄狄浦斯的故事串联小说、诗歌、电影、戏剧,来阐明不同形式的艺术的差别。第三年又没有重复,开了一门课,叫"守常与流变——世界诗歌赏析与阐释",竟然能够发动我们的学生去翻译唐诗,让早期的翻译跟现代的翻译、让中国人的翻译跟外国人的翻译、让专家的翻译跟学生的翻译进行互相的对照与激发。这一年的课上完后,他对唐诗有了很深的理解,现在他特别喜欢杜甫。第四年、第五年,他还是没有重复,分别开了"小说叙事的艺术""现实:文学与艺术中的现实主义与理想主义"。多么好啊!他今天离开中国回法国了,昨天晚上给我打了个电话。我说明年你准备讲什么,他说我还是不重复,我讲"神话与文学"。我觉得这就是一个世界级作家的视野。

有幸身为译者,我想说,翻译者是世界上最幸福的人。我本人翻译过巴尔扎克,翻译过雨果,翻译过普鲁斯特这样的大家,跟他们神交。因为做翻译,我有机会接触到勒克莱齐奥、加利、德里达这样的文学家、政治家和哲学家,让我对自己能有更为清醒的认识,使自己能够成长。作为一个翻译者,我觉得我也是一个非常富有的人,翻译者的精神世界是非常丰富的,因为翻译本身就是在拓展一个个新世界。

最近我想成立一个学术机构,这个机构的名字已经定了,叫"中华译学馆",立馆的宗旨是:以中华民族为根,译与学并重,弘扬优秀文化,推进中外交流,拓展精神疆域,驱动思想创新,把文学翻译跟我们的文化交流、学术研究、人才培养紧密地结合在一起。所以我希望,翻译是一个新的历险的开始,希望外语学科的师生,从翻译出发,去抵达更为深刻、更为丰富的世界。

凌建侯:

非常感谢许老师直白、真诚、有趣、深邃的讲座。就我个人而言,我是有很多的共鸣、有很多的启发的。下面我们有请特邀评议人杨国政教授来谈一谈。

杨国政(评议人,北大外院法语系教授、博导):

非常感谢许钧老师激情四射、妙趣横生的报告,的确是收获很多。我先更正一下,我不做评议人,许钧老师是我们学术界的领军人物,我实在没有资格去评议。我只是谈一谈,特别是自上周五以来听了许老师两场报告的一些个人感受。

首先,我现在才知道,我们外语学院是很会"压榨"人的。为什么呢?我们对许老师进行了最大程度的压榨。上周五许老师给青年教师做了一场报告,的确给我们一种醍醐灌顶、拨云见日的感觉。在许老师讲完之后,英语系的黄必康教授拉着我的手说:哎呀,我们就是需要许老师这样的报告,来给我们指点学术的迷津。刚才我也看到了黄必康教授,可能一会儿他还会有感想。他可能是没有过瘾,今天又来聆听了。今天是借着世界文学所的人文工作坊对许老师再次进行"压榨"。我们压榨的是他的治学经验。尽管许老师给我们做了两场报告,已经道出了许许多多的经验,但是我想起了鲁迅的一句话,"时间就像海绵里的水,只要挤总还是有的"。许老师的治学经验也像海绵里的水,只要我们去挤也还是有的。等一会儿在座的各位老师和同学还可以继续向许老师"压榨",不把他榨干我们就不放他走。

许老师今天给我们讲的题目是"文学翻译、文化交流和学术研究的互动",以他自己的亲身经历,用深入浅出的语言,给我们做了这样一场报告。从他的报告当中,我突然想到了我们文学研究中现在非常热门的一个词,就是"身份研究"。许老师是我们学术界有身份的人,这一点毫无疑问。但是他今天所讲的三个方面的内容契合了许老师的三个身份:一是许老师是一位译者,二是许老师是一位文化交流者,另外许老师还是一位研究者,许老师是一个"三位一体"的学者。我认为,许老师肯定不会否认他还有两重身份:许老师是一位教师,我想许老师肯定不会否认的;另外,许老师还是一位管理者,他曾经负责过南京大学法语系、外国语学院,甚至南京大学研究生院的行政工作。所以,我认为许老师已经达到了"五位一体"的程度。作为一名学者,许老师达到了我们作为大学教师的理想境界,一个"五位一体"的境界。他的这几重身份是相互促进的:他从翻译入手进行研究,他的研究又促进了教学,又从研究进行文化交流,而且,他还利用自己的行政工作,整个地促进了这些,尤其在勒克莱齐奥的研究方面,他把南京大学变成了中国的勒克莱齐奥研究和翻译的中心。不光是他自己进行研究,他手下还有一批弟子,据我所知,有高方博士、张璐等,他们的博士论文都是研究的勒克莱齐奥。可以说,对于勒克莱齐奥研究,以及勒克莱齐奥在中国的地位的确立,许老师做出了重要的贡献。

但是,我这时就有一个疑惑:我们作为大学教师,平时最大的一个感触就是时间不够。我们即使就一种身份,哪怕我就是当一个老师,当一个译者,当一个研究者,总是感到时间不够。我们一年下来,最大的感受就是"时间都去哪儿了?",发现自己两手空空。许老师却能同时能把五件事做好,达到了、进入了一种自由的境界。其实这个疑惑,许老师在上星期五下午给出了回答。他说:"我为什么能同时做这些事情呢?"是因为"我是一个很无趣的人",他说自己没有什么爱好,业余的时间都用来看书、思考、写作。他现在的翻译已经达到了一千多万字,研究有二百多万字,每天大概按照一天 1000 字的量,每天都在写,等于说把别人其他的爱好用于自己的研究上。他说的这些不能让我信服,他说是用"无趣"换来的这些成绩。而我也是一个很"无趣"的人,我为什么就没有这方面的成绩呢?看来许老师还是有经验可以谈的。所以请许老师继续谈一谈他的经验。

许老师今天是以他研究勒克莱齐奥为例。许老师说他是在 1977 年初次与勒克莱齐奥相遇,我算了一下,1977 年勒克莱齐奥才 37 岁,许老师只有 23 岁。当时的勒克莱齐奥,我想在法国只是,即使不是一个无名小卒的话,也只能是众多作家当中的一个,根本不像今天他得了诺贝尔文学奖,大家都知道他,都趋之若鹜地去研究他。而许老师刚接触他的时候,他几乎还是一个毛头小伙,即使在后来许老师开始翻译他的作品、开始研究他的时候,勒克莱齐奥的文学地位也没有最终确立。这就是说,我们接触一位作家,其实是需要一种敏感性的。许老师说他是从"文革"走过来的,脑子里装的都是真善美。也恰恰因为他的脑子里原来装的是真善美,所以接触到勒克莱齐奥这么奇怪的作家,才激发了他的敏感性,从此入手,一步步在我们国内掀起了勒克莱齐奥翻译和研究的燎原之火。但是,我认为光有这种敏感性也许是不够的。还需要什么呢?我想还需要像许老师这样,从此入手,从翻译到研究,最后成为一个组织者,成为一个交流者,带动整一个方面的研究。这就是许老师从 20 世纪 90 年代开始翻译,到现在已有 20 多年的这种锲而不舍的投入。

我想到一个问题,我们经常说,我也天天看书,为什么我们总是不能深入下去呢?刚才听许老师的演讲,我也就有点儿自己的感触。要说敏感性,我也有一点儿的:法国有两个作家,一个叫佩雷克,另外一个叫莱里斯。90 年代我在法国的时候初次接触到这两个作家,觉得这两个作家的写作非常有特色,读了他们的一点儿东西,回来以后也写了一点儿东西。

我的敏感性还是有一点的。但是后来，我发现这两人太难了，我就转到别的方面去了，把这两人给放弃了。到今天为止，国内对这两人的研究也还不是非常深入，佩雷克的作品现在已经翻译过来了，莱里斯呢，根本还没有人，不光是没有人研究，而且也没有人翻译。所以，这是我的一个教训，就是对于一个研究的对象、研究的主题，应当要有韧劲，要锲而不舍地钻，要深入。学术研究就像滚雪球一样，如果我们选准了一个主题，哪怕我们没有很高的悟性，今天钻一点儿，明天钻一点儿，时间长了，总是能够做出点东西来。

这是我的一点感触，我还有一个小小的问题。刚才许老师说了，我们今天所翻译、所介绍的这些外国作家，不管是一流、二流，还是三流的作家，这些作家其实都是在国外已经确定了他们的地位，我们按照人家确定的标准和地位拿来进行介绍和研究。那么，在国外，也有很多人，很多作家，尤其是当代的作家，他们在国外还没有确立自己的地位，那么我们作为国外的研究者，能否先一步，先于国外，来确定他们的地位呢？

另外一个问题，前几年我承担了一个课题："中国改革开放三十年来外国研究的状况"，法国文学这部分是我负责的。当然，30年来，我们国内的学者的确做出了非常大的贡献，发表了几千篇论文，几百本著作，成绩的确是功不可没的。但是，我也发现有一个问题：我们研究的这些作家，也就是我们的研究对象，其实在国外是已经确立的。比如在国外确立了昆德拉，我们就都研究昆德拉；国外确立了杜拉斯，我们就都研究杜拉斯。那么我们是否能够自己找到某些问题、观点？尤其是我们今天特别强调追踪前沿，对于我们外国文学研究者来讲，前沿又在哪儿？我们能否发现前沿？我发现很多论文，所谓的前沿论文，其实还是说着人家国外的那些话语。例如，研究一个女性作家，我们就用女性主义批评话语，说女性受男权的压迫；研究少数族裔作家，就从一个身份意识的角度入手；拉伯雷本来在中国没有人研究，因为巴赫金谈到了拉伯雷，巴赫金是从狂欢的角度谈拉伯雷，于是我们国内一片狂欢，针对拉伯雷的一场狂欢。也就是说，我们所使用的话语、方法，其实都是国外已经确立的。而国外研究中国问题,可能不一定有我们研究得这么深,但是,国外研究中国的文学、研究中国的历史,他可以完全无视中国学者的成果,他只是使用中国的资料。而我们的情况几乎是:别人出题我们作文。区别在哪儿呢? 就是他们是能够找到另外一条途径,不需要跟在中国学者后面,而是另辟蹊径。所以就这个问题我也想问一下许老师,我们这些学外国文学的、搞国外研究的,其实也是很困惑的。如果我们不跟着人家走,我们怎么走? 我们的路是不是很难找? 好,谢谢!

许钧:

我发现阐释跟点评特别重要,因为杨国政老师一点评我才知道,我这两天讲的价值和意义在哪里,他让我更加明确地知道我自己做了什么,我以后要根据他的指点,继续做好。

最后这个问题我觉得非常难回答,但是,杨国政教授提的这个问题恰恰也是我所思考的。从我个人来说,我觉得在理论探讨上,比如说在翻译研究上,我并没有完全按西方的话语去走,但也取得了一些有特色的成果,我相信总有一天这些成果会被国外学者接受。比如《文字·文学·文化——〈红与黑〉汉译研究》这本书。法国有一套非常重要的"Que sais-je?"("我知道什么?")丛书,在法国大学出版社出版。这套书里有一本叫《翻译》,篇幅不长,大概 120 来页,却在"翻译批评"一节提到了我所发起的《红与黑》翻译批评活动,认为给文学翻译批评提供了一个范例。再比如《文学翻译的理论与实践》一书,当时我找了季羡林等 20 多位翻译家,与他们进行了关于文学翻译的对话,非常有价值,现在有学者和外国出版社想把它翻译出去,已经入选中华外译丛书了。文学也是如此。我今天没讲自己对勒克莱齐奥的研究,因为我主要想讲其他方面,但实际上我觉得,首先,我通过文学翻译,给文学研究带来了一些新的东西,而这些新的东西可以成为国外勒克莱齐奥研究的一个重要参照。比如说,我跟他有一个对话,是我们俩的笔谈,非常深刻。我第一段话就是对他的质疑,而且我对他的质疑是非常厉害的,我认为他是一个非常矛盾的作家,是一个充满悖论的作家,内部的悖论和外部的悖论我都讲了。我们笔谈的手稿总共有 150 多页。这样一部书,我觉得应该成为研究他的一个非常重要的资料,或者说是研究他的一个非常重要的成果。这样的成果,我相信我们会先有中文版,然后会有法文版、英文版、西班牙语版等。我们已经联系了伽利玛出版社,但我想把中文版先出版出来。

第二点,我通过文学交流与勒克莱齐奥建立了深厚的友谊,勒克莱齐奥竟然把他的一部手稿给了我,就是获得"21 世纪年度最佳外国小说奖"的《乌拉尼亚》的手稿。那天他在浙江大学把手稿给我时,毕飞宇和莫言在边上。毕飞宇就说他疯了,怎么把手稿都给你了! 手稿上面还写有他找的一些资料,包括上面的一些涂改都在。后来边上有人告诉我说,莫言有一部手稿,30 多页,拍了 300 万,而《乌拉尼亚》手稿有三四百页! 问题是回去后我进行了对照,发现正式出版的书跟他的手稿差别很大,所用的时态完全变了。于是我就去追问他,你为什么要改变时态。大家想象一下,我如果通过这个第一手资料,来探讨他写作的生成过程,这样的文章写出来,我觉得绝对不会跟在法国人后面,应该会成为勒克莱齐奥研究的一个非常独特的方面。

这样的一些研究让我得到了国外同行的关注,比如前不久在一次勒克莱齐奥国际研讨会上,就有一个知名的法国大学教授来与我访谈,这个访谈有英文版,有法文版,现在中文版也出来了,发表访谈的刊物叫《勒克莱齐奥会刊》。现在他们已聘我为这个会刊的编委,我马上就可以进入这个研究领域,或者说对其他研究有所涉猎。所以我觉得一个学者,你带着独特的东西慢慢地深入下去就好,并不是绝对要独树一帜、另辟蹊径,而是要通过实实在在的努力,给研究带来一种新的关系、新的视角或者新的认识,我觉得这就是中国学者的贡献了。在这方面,我觉得我们中国学者确实还有很多事可做。比如我们的法国文学研究,我就觉得特别遗憾,要研究的东西特别多,但是研究的人特别少,发表的成果就更少。所以我觉得在目前这个阶段之下,我们如果能把文学翻译和文学研究结合起来,真正地坚持下去,我相信一定会取得很多成绩。

凌建侯：

　　非常感谢！其实许钧老师一点都不无趣，杨国政老师也是，你们俩都非常风趣，杨老师还给我们开了一个好头，更轻松地交流。我们后面是对话。申丹老师，您——

申丹（对话嘉宾，北大外院英语系教育部长江学者特聘教授、博导）：

　　非常感谢许钧老师给我们做的精彩报告。首先他锲而不舍、孜孜不倦的学术追求精神，值得我们在座的每一个人学习，我们既然选择了做学术，就应该贡献自己全身心的力量。另外，他给我们介绍了宝贵的治学经验，给了我们很大的启发。而且我本人也想借这个机会向许老师致谢，我在翻译 J.希利斯·米勒的《解读叙事》这部著作时，把翻译的初稿寄给了许老师，他拨冗帮我看了。首先我接这个翻译，他是热情鼓励的，然后又帮我看了译稿，提出了很多宝贵的意见，在这个过程中，我学习了很多。我之所以不敢多做翻译，一是因为现在国内学术界的成见，另外我还是希望能够更多地引领学术研究的发展，我确实是有这个目标的。譬如，最近我在国际上提出，自亚里士多德以来，在情节发展后面，在不少作品中存在一股叙事暗流，它是跟情节并列运行的，但中外学术界都没有关注它，所以我提出了"隐性进程"的概念，进行了相关理论建构，也从这个新的角度对经典作品进行了重新阐释，这在国际上引起了比较大的反响，认为这是一个具有突破性的理论框架，一个新的解读视角。今天我们向许老师学习了如何把文学翻译、文学交流、文学研究有机结合起来，让它们产生良性的互动。另外，我作为一个中国人，从一开始就没有学术迷信，就像许老师说的，他说他敢于去超越西方人，我觉得要在学术上做出成绩，一定要有自信，并不是说西方人在西方文学研究方面一定会强于中国人，有的地方我们能够超过西方人。我重新阐释的西方经典作品在西方已经解读了一百多年了，但是如果你能发现新的角度，就能超过他们。我曾经指导过一个硕士毕业生，她的硕士论文正文有两章，我作为她的第二作者，

在美国的 *Style* 和英国的 *Language and Literature* 上,以这两章为基础发表了论文。这是文体学研究的两个顶级期刊,然后剑桥大学给了她奖学金,现在她在深圳大学,因为她家里的原因。她是被深圳大学作为首席聘请回去的。我的意思是说,我们年轻人一定要有理想,要有自信,许老师是我们的光辉榜样,我们大家要相信,只要大家努力,一定能够做出成绩,希望大家一定要热爱学术。我们能看出来许老师对学术的那种热爱,那种追求、那种奉献的精神,这是我们做学术研究必不可少的。非常感谢许老师给我们带来的精彩报告。

凌建侯:

嗯,许老师是榜样,申老师也当然、同样是我们的榜样(许钧:更是榜样)。我记得我年轻的时候还听过申老师的课,那应该是 1991 年还是 1992 年,那是给法语系的学生上英语课,申老师,我还专门去蹭过课。

申丹:

给法语系上英语课是在 1982 年。

凌建侯:

1982 年吗,那 1991 年的时候?

申丹:

哦哦,你是说给研究生上课啊?那研究生可能是给英语系的学生上。

凌建侯:

嗯,好的。那么下面我们有请段老师。我们自由点。同学们如果有什么问题的话,随时都可以举手,可以问许老师,他是我们最主要的提问的对象,当然也可以问在座的申老师啊,其他老师,都可以。好吧?

段映虹(对话嘉宾,北大外院法语系教授):

就像杨老师说他不敢当评议人,我也不能认为自己是跟许老师对话,只是有机会向许老师当面请教,我是很高兴的。我第一次见到许老师是1999年,我去南京大学开会,差不多20年了。我一直把许老师视为我很尊重的学术前辈,我自己是学生辈,说不上对话。

刚才杨老师也讲了,许老师是"五位一体",他这样的境界,我们当然是很难达到的。我觉得,在许老师也好,申丹老师也好,这样的榜样面前,我们一方面被他们的成功所鼓舞,另一方面也可能同时会感到有一点沮丧,觉得我们永远也达不到那样的地步,有一点望尘莫及。但是我尤其想跟同学们说的是,我觉得一切都是从点点滴滴开始的,同学们千万不要妄自菲薄,哪怕我们不能做到"五位一体",我们就把许老师说的作为一个文学研究者的三重任务,一个高校老师的三重任务,我们能做好其中一项,也是很不错的。如果其中一项我们自己觉得比较有长处,比如我们在翻译上比较有长处,那我们就踏踏实实地做,如果我们翻译的文学作品,或者是经典学术著作能够成为我们自己国家的文化积累的一部分,我觉得都是非常宝贵的事情。这是我想跟同学们分享的第一点。

第二点,就是刚才许老师讲到的,勒克莱齐奥在南京大学每年给学生开新课的这一点,我想大家对这个印象都非常深刻。我从中得到的感受是什么呢?我们作为一个人文学者,一定要对自己的知识储备,全面的知识储备有一定的要求,因为从我跟同学们接触的情况来看,我觉得大部分同学都有一种焦虑感,希望自己学到的东西,或者正在看的这本书,马上要产生什么效用,希望其中的一个观点写文章时立即就能用得上。我觉得如果没有平时脚踏实地的积累,恐怕很难达到勒克莱齐奥在他的写作中,或者像许老师、像申丹老师在他们的学术上那样游刃有余的地步,所以一定要懂得无用之用,一定要多读一些无用之书,做好不是马上有用的知识上的积累,做好各方面的,包括个人修养上的各种积累,才能一步步地往上走,往高处攀登。这是第二点体会。

第三点呢,我想请教许钧老师一个比较具体的问题,就是怎么样看待翻译的问题。许钧老师的文章,我也拜读过一些,最近有一篇比较新的论文,可能是还没有发表的,我有幸先睹为快了。今年 11 月 12 日,我们法语界的老前辈柳鸣九先生组织了一个译道化境的翻译论坛,参与者中很多都是国内的翻译大家,就翻译化境的问题,开了一个学术讨论会。可能许钧老师没有机会来,但是会上宣读了许钧老师的论文。所谓译道化境,就是从傅雷以来,包括钱锺书先生在《林纾的翻译》里面,都非常推崇翻译的一种化境,钱锺书很有名的一句话就是:"译本对原作应该忠实得以至于读起来不像译本,因为作品在原文里决不会读起来像经过翻译似的。"这个观点得到了很多人的呼应,我也觉得有一定道理。但是我觉得许钧老师的那篇文章谈的刚好是在文学翻译中对异质性的处理,对我来说非常有启发。因为许钧老师讲到,我们翻译外国文学,也是要把外国语言中有,而我们的语言中没有的一些特质,加以复制、传递,然后让我们中国的读者受到启发,让我们的语言迸发出新的生命力。我觉得这一点讲得特别好。而且许老师引用了法国哲学家德勒兹的一句话,非常有冲击力的一句话,就是我们"捍卫语言的唯一方式就是攻击它",就是我们要创造一种新的语言,而且每一个有价值的作家,都是因为他对语言进行攻击,创造出自己的特色,发展了自己的特质而获得独特的价值。

您在这篇文章中举的例子,是我们法语系王东亮老师翻译的《劳儿的劫持》,我看了以后很受启发,但是我同时也有一个疑问,因为杜拉斯的语言是短促的,虽然按照她的节奏翻译过来,中国读者可能不习惯,但是她的短促的语言节奏在中文里还是可以传达的。刚才您讲到您年轻的时候参加翻译《追忆似水年华》,您也说了,普鲁斯特的句子,一天也出不来一句,那您能不能讲一下,就是在您处理长句的时候,是用什么样的方式来传递普鲁斯特的语言相对我们中国语言而言的异质性呢?

许钧:

这位段老师,是一位特别严谨的学者,文章还没有发表,已经被她捕捉到了非常重要的信息。当时是柳鸣九先生安排人替我做的发言。那天去的是一批特别有名的翻译家,都七八十岁甚至九十几岁了,他们一定要化境,一定要流畅。照理讲,我应该尽大家的兴,但是我觉得在学术面前,我必须发出自己的声音,我的发言实际上跟他们的意思是不一样的。他们都说鲁迅的翻译不行,硬译不行。但是我的思考是,鲁迅用他的中文写小说,能成为语言的建设者,那他的翻译为什么要采取那种方法?真的就不是通顺与不通顺的问题,也不是方法的问题,而是对语言本身的认识问题。我一直有一个想法,就是我们生命的极限处,也就是语言可以抵达的地方,所以才会有布朗肖,才会有德勒兹,才会有巴塔耶,才会有鲁迅,才会有我们的一些诗人,因此,要关注文学的特质,关注如何攻击它,让它具备我们所说的外语性,因为这一切都跟我们的生命相关。所以我特别感谢段老师提的问题,它跟我的思考产生了一种共鸣。

再回到王东亮的翻译,我觉得王东亮以他的碎,以他的短,还原了杜拉斯的碎和短。我知道有人翻译《中国北方的情人》,用了很多四字成语,但其实杜拉斯是最怕程式化的语言的,如果用四字成语,真的是违背了她的文学生命。那么普鲁斯特呢,怎样还原他的长句?这个长句跟短句,怎么翻,我觉得这个问题确实值得探讨。其实最大的问题在什么地方?我们知道中文的句子不可以无限延伸,句子太长,就容易成病句,而外语可以通过从句无限延伸,但是,不同的延伸方式,翻译的难度是不一样的。举一个简单的例子:从前有一座山,山上有一座庙,庙里有两个和尚,老和尚对小和尚说,从前有一座山……如果用外文,比如英文,我根本不需要别的,通过 where,通过 which,就可以把这个句子一直延伸下去。这就给了我一种启示,就是长句有两种,一种是限定性的,一种是延绵性的。限定性的一定要还原它的限定性。但很多叙事性语言,它不是限定性的,而是延绵性的,延绵性的怎么办呢?那就要运用中国语言的特征,也就是先行词的重复,比如说巴尔扎克的小说,一开始那一段一定是:某一天某一月某某人走进了一个房间,房子的一角摆着一张桌子,桌子上摊着一本书,书中夹着一朵玫瑰……法文句是很长的,但长句如果是延绵性、解释性的,那么重复先行词,就能解决问题。这样的问题,我觉得它是由两种语言的不同特征造成的,这是其一。其二呢,长句翻译这样的东西本身就是实验性的,中文的插入句怎么放,本身就值得研究。因此翻译研究要明确为什么要用长句,要弄清楚长句的价值在哪里,长句本身的特征在哪里,然后再看翻译成中文后,长句的特点有没有被保留,它的价值有没有被保留。这就是我的回答,谢谢。

凌建侯:

非常感谢!我们英语系的黄必康教授也来了。他的——

许钧:

我这两天在读他翻译的十四行诗,他用词的形式翻译了 154 首莎士比亚的十四行诗,我读后非常喜欢。

黄必康(对话嘉宾,北大外院英语系教授、博导):

您喜欢啊,那太好了。那我说两句,这个机会太难得了。我跟许教授,这是第一次见面,刚才您的讲座,和周五的讲座,这两个报告都有一种现身说法的意味,也就是说,对于我们听众,特别是在座的青年学者,有一种拉近距离的感觉。所以我个人在您的讲座中听到的,尽管我跟您第一次见面,就有一种熟悉感。有了这样的熟悉感,在这样的学术讨论氛围之中,就可以随意地发表一点我自己的想法。我说对话也好,说请教也好,就是提出点问题,想听听您的观点是怎样的。

首先我想纠正杨国政教授给我说的一个事儿。那就是,周五讲座结束后,我是对国政老师说过这样的话:许钧教授的报告呢,如果是早一些的话,对我们这个年龄段的学者,或者老师,都会很有启发,也许我们现在的学术成果就可能更多一些。不过,当时我可没有拉着国政老师的手说这些话(笑声)。

许钧老师今天的报告,还有周五的报告,我感到,都显示出一个学者研究问题的自我意识,他特别强调的就是这个意识:你的研究成果从何而来？就是来自这个意识。如果你没这个意识，写作在断断续续间难以完成，成果也就出不来。这种意识在许钧老师周五的报告中提了出来。今天我听到了这个报告，许老师把它延伸了，不仅是学者个人自觉的研究意识，还有一种使命感，一种社会的视野，而不是单打独斗，独善其身，这是兼济天下的学术意识。学问不仅是在书斋里面弄的东西，获得一些评职称的文章或某种名声。不是这样的，任何的学问一定要推而广之，做出来的学问和其他的学者交流，甚至你还可以在这个过程中推动整个社会文化的建设，在这个过程中，你的很多对话就可以联系起来，清晰起来，加以理性的思考，对话于是慢慢地形成文字，这就是固态化的、固定下来的、一种文献性的文字，也就是一种学术的承载。这是我在许钧老师的两次讲座中感受最深的东西。许钧老师周五说的、今天说的，我感觉到了做学问的意识，还有学术视野，还有这个使命感。另外还有一点，那就是在互相交流的过程当中，如何把学生带动起来，使更多的人受益。这是我的一点感受。下面我想提两个问题。

一个是比较个别性的东西。刚才杨老师也提到了一个问题。大家都会觉得，在学校里时间不够用，时间都去哪儿了。这个问题我觉得对很多青年学者来说也很典型。于是我就想到，许老师曾经是南京解放军国际关系学院的老师。我有个经历，就是我硕士毕业的时候遇到了涂寿鹏教授，涂寿鹏教授是南京解放军国际关系学院的元老教授，参加过抗美援朝，是志愿军少将级的将军，他和美军俘虏打交道，后来到南京解放军国际关系学院任教以后，他老先生突然一转，转到英语诗歌的研究上来，还写出专著来。我是云南人。涂先生曾经在云南英语专科学校就读，当时他在搞民族救亡运动，当时应该是 20 世纪 40 年代，他在学生中带头反对国民党的统治，搞学生运动比较多。所以呢，他对云南有一份情结。那年，涂教授回云南，我就去请教他。他就鼓动我到南京解放军国际关系学院。我就问他，我如果到那里，是不是纪律严，还要搞运动。他说不用，在学院任教那是个文职。我问他：那您可以给我干个什么活？他说我起码可以当个副营级。后来我就想这很有吸引力，我就问老先生，在南京解放军国际关系学院,我们怎么教学呀,跟其他地方院校有什么区别,是不是需要我每天都坐班啊？先生说,他希望我过去,至于坐班,他说,早上嘛,你就在办公室坐着,下午就是可以自由活动的时间了。我有这段经历之后,今天跟许钧老师说话,就有一种熟悉的感觉。所以第一个问题:您在部队里的这种经历对您的学术研究,是不是培养形成了这种严守时间、自律的精神？这个听起来跟学术研究没有关系,但我觉得关系大了去了,您之所以有这么等身的学术成就,除了强大的学术研究意识,原因可能与这一点很有关系。这是我想知道的,我想在座的也可能受益。

第二点,关于诗歌翻译,这是文学翻译。我比较喜欢搞点诗歌翻译。我总以为,在诗歌翻译中,可能是要以翻译诗情、诗心为主,而不是形式的对等,就像庞德大诗人在翻译中国诗歌的时候,大致有这样一句话,他说:诗歌翻译,我采集了各种不同的花朵,然后生成一朵异样的花。那么这就牵涉翻译的主体性问题。翻译者是有主体选择的,就像您说的,我翻译什么、我怎么翻译、我跟读者的对话、我与作者的对话等,都要考虑进来。但是译者是一个活生生的学者,他自己的主体性发挥到什么程度为好？这个是我一直想提出的问题。而我的想法呢,也是我的部分答案在于,这个诗歌翻译的主体性、译者的主体性,更多地应偏向读者这一头,而不是偏向诗人这一头。因为诗人这一头,诗歌写出来之后呢,它有很多可能,有很多解读,但是我对于读者,一个时代的读者,我想给他们建立一种共同的语言联系、一种共同的审美趣味。但是这种度应该把握到什么程度,我想请教您,谢谢。

许钧:

这两个问题又是特别难以回答的。第一个问题还比较容易一点,就是时间。军队生活确实让我形成了非常好的习惯。军人每天起得特别早,早上六点就起床了,我现在老了一些,可能不能每天做到,但我以前每天六点钟肯定起床,吃早饭不会超过五分钟,所以我有大量的时间。第二呢,成果是靠积累的。这个暑假,我没事时就在那里整理自己的文章,发现我一下整理出七本书,之前都没想过要出。第一本书叫《译道与文心——论译品文录》,是我写的所有的序言,我竟然写了70多部作品的序言,我自己书的序,给别人写的序和评,总共三四十万字。另外一本也是这样,就是把写的有关法国文学的东西放到一起,叫《法国文学散论》,也是多少年,这里写一篇,那里写一篇,积累起来的。还编了一本书,是《勒克莱齐奥在中国的演讲》,所有这些演讲都是我带他去的,题目都是我起的,然后我给他做口译、做笔译,就有了这14篇演讲稿。他昨天晚上给我打电话,说伽利玛出版社也有兴趣,让我把稿子寄给他。他没有稿子,只有我有稿子。所以我觉得慢慢积累特别重要。今天做一点,明天做一点,后天做一点,累加起来,就有很多。真正要想有时间,第一是要做自己喜欢做的事,第二就是做自己本分的事,这两个事是一定要兼顾的。一个是自己喜欢的,一个是自己不得不做的,人就是做这样两件事,非常简单。我们现在很多人,不知道自己该做什么事,那时间就不属于你了,因为你不知道做什么事的时候,所有的时间可以说都不是有效的具有生命的时间。这是我对第一个问题的回答。

第二个问题恰恰是我无法回答的,我翻译了很多东西,哲学的,文学的,历史的,小说,散文,唯独没有翻译过一句诗歌。我不能翻译诗歌。"文革"时,12岁的我参加了红卫兵,写了很多具有那一时期特色的诗,"东风吹,战鼓擂,现在世界上究竟谁怕谁",诗歌被我翻译出来,全都是这样的打油诗。我翻译过一首诗,一首歌,自己觉得翻译得特别好,就是法国著名作家图尼埃的代表作《桤木王》中的《党卫队之歌》,我翻译得特别好,因为那个语言跟我们"文革"的语言是完全一样的。所以很抱歉,你这个问题我没法回答,谢谢。

但是我想补充一点,我最近好像有点诗兴,觉得自己很想翻译一点诗歌。哪天我可能真的会翻译诗,我觉得我是有一点诗意的。

黄必康:

您的回答,给我一个启示。第一个回答的启示,工农商学,我都当过,但我没当过兵,可惜了,应该去当兵。

程小牧(对话嘉宾,北大外院世文所副所长):

许老师您好,我再补充几句。刚才各位老师的发言,都涵盖了我的想法,在这里,我特别想感谢一下许老师。刚才杨老师说到您在文学研究中"五位一体"的身份,每种身份都成就斐然,因为您非常敏锐,能捕捉到属于未来的作家和课题。我觉得,除了敏锐之外,许老师也极为热忱,我时时刻刻都能感觉到您的热忱。尤其您在老师和文化交流者这两种身份中,充满了热忱和慷慨,作为您的学生极为受益。因为我认识许老师很多年了,我是南京大学的本科生,虽然当时学的是中文,算不上许老师的学生,但因为认识,就偶尔有机会向他请教。我记得在我每一次重大选择的时候我都请教过您,当年就是您鼓励我去法国读博,现在都记忆犹新。还有就是我在翻译《内在经验》之初,当时出版社让我翻译样章,我完成后,冒昧地寄给您看了。许老师给我回复非常快,他说,虽然他没有时间一一对比原文,但是从译文来看,他有几个小建议,包括把长句拆短等。虽然是不长的一封邮件,我却受益很大,所以这里我要感谢许老师。

记忆中还有一件事情是,十年前,2007 年的时候,许老师去法国出差,当时我正在那儿读博士。得知您去,与您联系,没想到就见到了您,我们还一起在卢森堡公园散步。其实您行程很紧,有很多约会,但是只要有老学生、老朋友约您,您都非常慷慨地答应,甚至我约您第二天去听一个音乐会,您也欣然赴约。我觉得许老师对很多事情都保持着纯净的好奇心和热忱,这是作为一个文学研究者、文化学者的一种非常了不起的素质,给我的印象非常深,对我也有很大启发。这些琐事都是题外话,向您表示感谢。

另外,还有几个很具体的问题想请教。我读了《沙漠》,这些天我专门找来您的译本看。《沙漠》的译者是您和钱林森两位老师,我有点好奇,就是您和他的分工是怎样的。第二个问题是,因为这本书我非常感兴趣,我这学期开了一门课叫《法语世界文学》,讲法国之外的法语区文学,其中有一部分就是北非文学。我读《沙漠》的时候,深感勒克莱齐奥是一个知识型的、非常有历史修养的作家,他的很多作品涉及一些异域文明的历史,包括他的博士论文好像写的就是玛雅文明的历史。在《沙漠》这本书里,有两个线索,历史和现实相交织,写到了殖民史和马格里布地区抗击殖民者的一些部落的故事,里面涉及很多历史知识,比如说一些部落酋长、教长的称谓,还有些国名、地名的古称等,我想请问您有没有参阅什么资料,还是您直接向作者求证? 因为这是个非常具体的技术性的问题,每个译者都会碰到的。另外,我还比较好奇,就是这个主人公酋长,他有没有原型,因为他会让我想到阿尔及利亚历史上的一些民族英雄,像阿卜杜·卡迪尔这种。谢谢您。

许钧:

很具体的两个问题。第一个就是我和南京大学钱林森教授的合作。那时我很年轻,二十几岁,而且我一直认为我的中文不是特别好,其实选择做翻译的一个重要原因是我想把我的中文练得更好。当时钱老师告诉我,有本书你看一看。我看了,还写了推荐文章。出版社确定要翻译出版后,我译了初稿,译完之后,他在上面修改润色中文。这就是我们的合作过程,现在手稿都在,非常幸运。他改的每一处,对我来说都是值得学习的,他是中文系的老师,北大中文系毕业的。这个老师给我的最大帮助,就是领我走上了文学之路。另外,就是他的中文滋养,跟着他学习,我的中文慢慢有所提高,后来我还成了江苏省作家协会的副主席。最近《钟山》杂志发表了我一篇近万字的随笔,杂志主编说:我一个字也没动。我听了这话当然很欣慰。刚才我说申丹老师翻译得非常好,曾获得梁实秋翻译奖,她翻译的书稿叫我给她看一看,就是互相提高的机会,我写的文章,我请她看一看,她给我改。一个善于学习的人,一定会在合作和交流中学到很多东西,有所提高。

第二个问题,在翻译过程中,知识储备确实是非常重要的,知识储备如果不够,明明翻错了还以为是对的,就会贻笑大方。比如我翻译的《中国之欧洲》。这本书太难翻了,有 6 种文字,而且很多中文名字根本无法还原过来。你不能还原,但一个专攻那个领域的人,他就会发现问题。所以《中华读书报》上曾发表过一篇文章,指出我和钱林森教授合译的《中国之欧洲》所犯的错误,其中几处让我觉得刻骨铭心。所以作为一个译者,真的是战战兢兢。刚才小牧提出来的时候,我以为她又发现了我的错误呢。但如果她发现了,下次我还可以再改。有一个非常有名的翻译家说过,翻译一部文学著作,就像翻越一座座高峰,它有很多障碍,当他挑着几百斤的担子往前走,说不好可能会摔一跤,可能会把东西摔坏了。翻译是会犯错误的,这个时候一个善意的指正,对于译者来说,永远是一个提高的可能性和机会,所以翻译是一件无止境的事,每一个读者对我们来说,都是一种提高自身的新的可能。

第三点,我觉得特别高兴,就是你把我们翻译的小说作为教学参照和阅读书目。有一点我特别骄傲,就是国内一些"必读的一百本书"之类的清单中往往有《追忆似水年华》《不能承受的生命之轻》这些书。《不能承受的生命之轻》已经进入很多学校——包括北京大学、复旦大学、浙江大学——推荐的阅读书目,吴晓东的《从卡夫卡到昆德拉》也把它列为书目。所以我觉得作为一个译者,他所做的工作确实能对我们的教学、对我们的人才培养起到很大的作用。谢谢!

凌建侯:

同学们,有问题吗?

提问一:

老师您好,我叫程子薇,我来自 MTI 教育中心。刚刚老师在讲座中提到的 denotation 和 connotation,其实在我看来,作品中的 cultural connotation(文化隐含义),是文化交流的一个窗口,那么我想问一下老师,在翻译原著作品时,您认为怎样处理 cultural connotation,最好的办法是什么?谢谢。

许钧：

你看看，我们北大的学生就是厉害，一下子就叫我回答作品当中 cultural connotation 怎么翻译，有什么样的方法。我觉得真的很难。connotation 是"只可意会而没有言传出来的东西"，那么是不是要言明它，这个非常重要。第一种情况我想是语言点到为止，不说明白。在文化交流中，如果说两个文化对彼此很熟悉，那么不需要特别做什么。比如阿拉伯语说："这是一个被猪乳头所喂养的人。"什么意思啊？那是对宗教的污蔑，我们都很了解。如果你了解每句话后面的隐含意义，就不需要特别去做什么。第二种情况，就是两种文化比较陌生的情况，这时我们可以有多种形式来表现 connotation，但是"言"的部分，也就是语言表达的那一层，我们不应该放弃。只有自以为是的译者，没有太过糊涂的读者，只要把语境传达出来，借助前后文，读者自己能够领会 connotation。如果不管"言"的部分，只把内涵部分翻译出来，我觉得这无助于了解文化比喻背后的双重性。第三种情况，两种文化具有同样的喻体，但文化内涵不同，又怎么翻译？举个例子，"兰花"，兰花在中文中是高洁的象征，但在普鲁斯特的《追忆似水年华》中，兰花变成了同性恋的象征。我记得特别清楚，有一次我跟法国大使在一起，那天我正好为《追忆似水年华》向法国人要赞助。大使夫人知道大使特别喜欢《追忆似水年华》，就对我说"你问他要钱"，那是在 1990 年，他给了 15 万法郎，不然译林那一套书也出不出来。就在那一天，要去吃饭的时候，大使夫人问我们在哪儿吃，我告诉她在"兰圃"，是金陵饭店一楼的一个餐厅，大使夫人就笑笑说"你们俩人去吧"。如果我不了解"兰花"的那一层含义，我可能就无法理解夫人的玩笑，所以我觉得译者必须了解不同文化背后的东西，这是第三点。总之，我想，注意语言的文化因素，注意保护原文的特质，这才是我们翻译的本质追求。谢谢。

提问二：

感谢许老师啊！我不是北大的,问不出这么技术性的问题。我在上周五的下午听了一个翻译工作坊,是北语的一个教授做的一个报告,其中讲了现在翻译的形势。他说现在大概是翻译主管部门进入了新时代——"一带一路",现在不光企业要"走出去",文化也要"走出去"。历史上,一千年、几百年或者几十年来,都是外翻中,他说现在到了转折点、拐点,就是中翻外。不过,我看您许老师做的都是法翻中。现在到了中翻外这个拐点,我们做好了准备没有？或者您认为这个形势成熟不成熟？如果要做中翻外的话,在人才培养方面,有哪些比较大的挑战？

许钧：

刚才提出了"中翻外"和"外翻中"的问题。照理讲,翻译应该是用母语来翻译,我们应该把英文翻译成中文,把法文翻译成中文,因为我们有这个需要。同样,中文的东西要翻译成外文,应该是由外国人来翻译,是不是？但在此之前,我们可以想一想,翻译为什么会存在？首先当然是因为语言的差异没法克服,只能求助于翻译,翻译是一个不可为而为之的东西。因此翻译的存在恰好是语言多样性的体现,能起到保护各种语言存在权利的作用。语言存在的背后是文化的存在,维护语言的多样性,也就是维护文化的多样性。所以我们被翻译得越多,就越能保持自身。现在外国不来主动翻译我们,我们就自己做了很多"中翻外"的工作,这也可以说是一种维护中国语言文化的举动。

我们中国人很有意思,大家有没有发现,比如我们到英国、法国、美国去访问,会带着我们自己的英文翻译、法文翻译,都是中国人；外国人到中国来访问,提供翻译的还是中国人。在文学领域,把中国现当代文学翻译出去,我们中国人起到了非常大的作用,比如说《阿Q正传》法文版不是法国人翻译的,是我们中国的第一代留学生敬隐渔他们翻译的,20世纪八九十年代又有一批从北大、武大到法国读书的研究生,他们也为中外文化交流做出了很多贡献,比如说北大历史系毕业的陈丰,再比如说西安外国语大学原来的校长户思社,他跟法国人合作翻译了很多东西,我们北京大学的许渊冲先生,他翻译的东西也很受欢迎,我们的董强教授翻译了《论语》。我想跟这位同学说,当我们做某个工作的时候,只要有需求,我觉得永远都是值得鼓励的。等到哪一天,外国人也在翻译,我们也在翻译的时候,我们又会发现两者的区别,比如说《红楼梦》,杨宪益和霍克斯都翻译了,很多人说霍克斯翻译得好,杨宪益翻译得不好,说杨宪益的翻译被束之高阁,但是最近有人做了非常好的调查,发现这两种翻译同样受欢迎。所以我觉得像这样的工作,没有人规定必须怎么样,只要有实际的文化交流需求,人们就会自然而然去做这件事,我觉得这个是非常重要的。这是我的回答。

凌建侯:

非常感谢!我们原定计划是到四点半,已经超时了。我自己也有问题,特别想请教许钧老师。但是,我想把提问的机会给同学们,我看到同学们应该有很多问题想问。有吗?如果你们有问题,请举手吧。

提问三:

许老师,您好!今天非常荣幸能够听到您的讲座。我是北京大学日语翻译一年级研究生新生,在翻译上算是一个初学者吧。刚刚听到您说翻译一定要保持原有的语言特质,这一点给了我非常大的启发,但是我有一个疑问,如果一定要最大化地保存语言的原有的质地的话,那是不是就一定要牺牲汉语翻译过来的流畅性?在保持语言质地与保证汉语流畅性的度的取舍方面,非常疑惑,希望能获得您的解答。谢谢!

许钧:

嗯,又提了一个非常好的问题,怎么样保持原作的风姿,同时也不失去原作的精神,这是鲁迅提出过的问题,今天你又提出来了。我觉得你们日语系有两个翻译家,特别值得研究,一个叫叶渭渠,一个叫李芒,李芒对于日语俳句的翻译是非常独特的,叶渭渠对于小说的翻译也是非常独特。丰子恺翻译《源氏物语》翻译得非常好,还有台湾的林文月等翻译家,他们也做得非常好。我觉得你提的问题,恰恰就是翻译的度的问题,这个问题我在年轻时也思考过,30 年前我写过一篇文章,叫《论文学翻译再创造的度》,就是回答你提的这个问题的,如果你愿意的话,可以读一读那篇文章。谢谢。

提问四:

非常感谢许老师,今天是我第二次听您的讲座,上周五我蹭在老师堆里,也听了一次您的讲座。我是凌建侯老师的学生,现在在另外一个学校教英语。今天您讲座的主题是"文学翻译、文化交流与学术研究",对研究生和老师们非常有帮助。我想问的是,我现在教的是英语专业本科生,文学翻译,您觉得英语系的本科生,应该开始练文学翻译了吗? 还是说就应该先专心地去阅读英文和中文的文学作品,先来夯实自己的语言基础呢? 就是说,如果本科时就开始练习文学翻译,会不会为时过早,或者说太匆忙了。这是我的问题。

在听到您的回答之前,我想先表达一下我的感激的心情。主要有两点。今天听您的讲座,我有两个特别震撼的收获,第一个就是颠覆了我的一个观念,我向来就觉得中国的外国文学研究者是没有办法做手稿研究的,因为我老觉得这个手稿都在国外,刚才听您的讲座,通过与原作者的交流可以获得手稿,我真的是觉得特别震撼,完全出乎我意料;第二个是颠覆了我原来的一个错误观念,确实是我自己学识浅薄,一直特别重视经典文学的学习,对当代的文学重视不足,我刚才听您讲,如果我们要想做一个译者,发现一个好的作家的话,那一定要去读当代的作品,不然就都被别人发现完了。所以非常感谢您。下面期待您的回答。谢谢!

许钧:

我觉得对于有心人,什么时候都不早。我们现在真的是有一个问题,就是我们英语语言文学专业的学生，或者法语语言文学专业的学生，不要说一年级，有的到了三年级，你问他，读了几本法语小说，或者几本英语小说，回答常常让人非常失望。有的人学了四年的语言文学专业，没有读过一本完整的小说，读过的，读的还是简写本，那我觉得这是不可以的。所以我觉得我们先不要谈文学翻译。我们想象一下，一个中国语言文学专业的大学生，他能不读中文小说吗？如果不读外文小说、散文、诗歌，怎么能说你是外语语言文学专业的学生呢？这倒不是一个形式上的要求，是因为文学是最丰富的语言，语法最丰富，句法最丰富，词汇最丰富，具有创新性，可以让你很好地学习语言。更重要的是，通过文学作品，我们能够深入文本背后的文化和思想中。所以我觉得，在当今的教学中，如何正确地评价文学作品的阅读，是否将文学翻译当作文学修养提升的手段，这些都是值得我们思考的问题。谢谢！

凌建侯：

许老师，还有问题。

提问五：

许老师，您好！我是韩语系的老师。今年 10 月份我去了一趟韩国，写了一篇论文打算发表，因为我对翻译理论不是很了解，所以论文主要介绍了韩国文学翻译的大概情况，讨论了存在的一些问题。韩国有一个文学翻译院，专门资助韩国文学作品在中国的翻译和出版。从 2001—2016 年的统计数字来看，它一共资助了 748 部作品，其中近现代小说有 240 部。这是我统计的数据，可能不是很准确，我是在网络上收集的数据，一个一个统计的。我发现的问题就是，在中国真正长期做韩国文学翻译的译者非常少，据我大概统计，有不到 10 位吧，这些人都翻译了 5 部以上的作品。在中国翻译了这么多韩国文学作品，如果把没有受资助的也统计在内，那么翻译的作品就更多了，而在这些翻译的作品中，比较有名的作家，譬如金河仁，他的作品在中国翻译得最多，然后是孔枝泳、申京淑、朴婉绪等。但总体来说,在中国比较流行的是那种电视剧剧本,还有网络小说,就是可爱淘啊,像这样的一些,所以韩国的资助从 2012 年开始就减少了很多。我在想,一个是中国的一些作品在韩国也有翻译,莫言的作品就有翻译,他们觉得总体上中韩两国读者对翻译作品的认可度不高,相互不认可,即使翻译了,也没有太多人看,出版社也不愿意出版。所以我就想了解,法国文学在中国的认可度,或者中国作品在法国的认可情况是什么样的?譬如说每年大概各翻译多少,译者的队伍情况又如何?像我们韩语的情况不太乐观,译者大概有一百多人,但是有名的不多,参与翻译的很多,能长期坚持的不多,大多数人都翻译一两部就不再翻译了。因为时间比较晚了,占用了您的时间。非常感谢!

许钧:

没有关系。实际上,我对你们韩语的情况很熟悉,韩国文学翻译院成立时的第一任院长原来是文化部长,他是德文专家,研究德国哲学与文论的,他召开第一届国际翻译家会议时请了 10 个人,把我也请过去了。我还当过韩国小说征文比赛评奖委员会主任。你刚才提到的一些作家,我跟他们都有过交流,实际上我是非常有意识地参与这些活动的。我觉得这又回到了刚才我们提出的一个问题,就是文化走出去的问题。很多人都以为中国文化"走出去"是强行"走出去",实际上不是,法国人也在推,他们设立傅雷翻译出版奖、傅雷资助出版计划等项目,我自己在 1992 年就曾获得过法国人的奖译金资助。还有歌德研究会、英国文化委员会等,都在做这个工作。我觉得这样的工作特别重要,就像歌德说的,在精神世界,每一个民族都应该把自己优秀的东西推到市场上去竞争、交换。关键就是效果问题,但我觉得效果是一个过程。至于中国文学在法国的接受情况,很长一段时间内,最受法国人欢迎的亚洲文学是日本文学,第二是韩国文学,第三才是中国文学。现在有点变化。我觉得韩国文学,包括日本文学、中国文学,都还是很有特点的。文学这个东西,你不要看它翻译了多少,什么人看,卖了多少本。文学产生影响的过程是缓慢的,所以我觉得不要着急。而且,我们一辈子可能会看一百本小说,但对你产生作用的可能只有一部,就像你一辈子可以遇上很多你喜欢的人,但最后热恋上的就这么一个。我相信就文学作品的交流来说,一定的水和土、一定的文化交往、一定的审美认同,在一定的时间之后,一定能结出一朵花来。

凌建侯:

非常感谢! 今天我们已经延长了 20 来分钟。我想,快三个钟头了,许老师一定已经非常累了。我们今天就到这里吧,尽管我知道大家仍然意犹未尽。让我们再次感谢许钧老师给我们做了这次非常精彩的讲座。

(2017 年 12 月 11 日下午,我应北京大学外国语学院世界文学研究所邀请,做客北京大学人文工作坊,在外国语学院新楼 501 会议厅做了讲座,并与师生进行了互动。演讲稿根据文学工作坊的录音整理而成。整理者为:刘海英,文学博士,中国农业大学外语系副教授;张凌燕,北京大学外国语学院世界文学研究所在读博士生,西安外国语大学讲师。)

图书在版编目(CIP)数据

谈译论学录/许钧著.—杭州:浙江大学出版社，
2019.9

(中华翻译研究文库)

ISBN 978-7-308-19533-1

Ⅰ.①谈… Ⅱ.①许… Ⅲ.①翻译－研究 Ⅳ.
①H059

中国版本图书馆 CIP 数据核字(2019)第 197972 号

中华译学馆 莫言题

谈译论学录

许 钧 著

出 品 人	鲁东明	
总 编 辑	袁亚春	
丛书策划	张 琛 包灵灵	
责任编辑	张颖琪	
责任校对	吴水燕	
封面设计	程 晨	
出版发行	浙江大学出版社	
	(杭州市天目山路 148 号　邮政编码 310007)	
	(网址:http://www.zjupress.com)	
排　　版	浙江时代出版服务有限公司	
印　　刷	浙江印刷集团有限公司	
开　　本	710mm×1000mm　1/16	
印　　张	18.5	
字　　数	257 千	
版 印 次	2019 年 9 月第 1 版　2019 年 9 月第 1 次印刷	
书　　号	ISBN 978-7-308-19533-1	
定　　价	68.00 元	